ALTE ABENTEUERLICHE REISEBERICHTE

JOHN TANNER
nach seiner Rückkehr in die Zivilisation 1830

John Tanner

Dreißig Jahre unter den Indianern Nordamerikas

1789 - 1822

Herausgegeben und mit einem Nachwort versehen
von Heinrich Pleticha

Mit 9 Abbildungen

EDITION ERDMANN

Tanner, John:
Dreißig Jahre unter den Indianern Nordamerikas : 1789–1822 /
John Tanner. Neu bearb. von Heinrich Pleticha. – Stuttgart ;
Wien : Ed. Erdmann in K. Thienemanns Verl., 1995
Einheitssacht.: A narrative of the captivity and adventures of John
Tanner during thirty years residence among the Indians in the
interior of North America ⟨dt.⟩
ISBN 3-522-61280-9

Der Neubearbeitung liegt die deutsche Übersetzung von Dr. Eva Lips
zugrunde, die 1953 beim Gustav Kiepenheuer Verlag in Weimar unter dem
Titel »Dreißig Jahre unter den Indianern« herausgegeben wurde.
Überarbeitet und gekürzt von Heinrich Pleticha

Umschlaggestaltung: Hilda und Manfred Salemke, Karlsruhe
Gesetzt in Garamond
Satz: KCS GmbH, Hamburg/Buchholz
Druck und Bindung: Friedrich Pustet, Regensburg

5 4 3 2 00 01 02 03

INHALT

ERSTES KAPITEL

Jugenderinnerungen – Gefangenschaft – Reise von der Quelle des Miami-Flusses nach Saguina – Wie ich in die Familie meiner Stiefeltern aufgenommen wurde – Schlimme Behandlung – Ich werde an Net-no-kwas *Familie verkauft – Umzug an den Michigan See.*

Meine früheste Jugenderinnerung, auf die ich mich ganz klar besinnen kann, ist der Tod meiner Mutter. Damals war ich zwar erst zwei Jahre alt, aber mehrere Begleitumstände machten einen so tiefen Eindruck auf mich, daß mein Gedächtnis sie noch heute ganz frisch bewahrt. Den Namen der Ortschaft, wo wir damals lebten, weiß ich nicht mehr, aber ich erfuhr später, daß sie in der Nähe des Kentucky-Flusses in beträchtlicher Entfernung des Ohio lag.

Mein Vater, John Tanner, stammte aus Virginia und war ursprünglich Geistlicher gewesen. Er lebte noch lange nach meiner Gefangennahme durch die Indianer und starb erst drei Monate nach dem großen Erdbeben von 1811, das einen Teil des sogenannten Neumadrid zerstörte und längs des gesamten Ohio-Ufers zu verspüren war.

Bald nach dem Tode meiner Mutter zog mein Vater an einen Ort namens Elkhorn. Dort gab es eine Höhle, die ich mit meinem Bruder zu besuchen pflegte. Dazu nahmen wir zwei Kerzen mit; die eine wurde angezündet, wenn wir hineinkrochen, und wir gingen vorwärts, solange sie brannte. Dann entzündeten wir die zweite und erreichten den Höhlenausgang, noch ehe sie abgebrannt war.

Zuweilen gelangten feindliche Truppen der Shawnee-Indianer bis zu dieser Niederlassung von Elkhorn, töteten einige Weiße und stahlen oder erlegten Kühe und Pferde. Bei einer derartigen Gelegenheit zog mein Onkel (der Bruder meines Vaters) ihnen mit einigen Männern entgegen und beschoß das Lager dieser Indianer. Er tötete einen und brachte seinen Skalp mit nach Hause; die anderen sprangen in den Fluß und entkamen.

Während unseres Aufenthaltes dort hatte ich ein Erlebnis, auf das ich viele der unglückseligen Vorkommnisse meines späteren Lebens zurückführe. Eines Morgens nämlich, als mein Vater ein ziemlich weit entferntes Dorf zu besuchen hatte, gab er meinen Schwestern Agatha und Lucy den strikten Auftrag, mich zur Schule zu schicken. Sie vergaßen dies jedoch, bis es ihnen am Nachmittag endlich einfiel. Inzwischen war das Wetter sehr schlecht geworden, es regnete, und ich wollte durchaus zu Hause bleiben. Als mein Vater am Abend wiederkam und erfuhr, daß ich den ganzen Tag lang zu Hause geblieben war, ließ er mich ein Bündel Ruten holen und schlug mich damit nach meinem Empfinden bedeutend unbarmherziger, als meine Verfehlung es verdiente. Ich war meinen Schwestern, die mir am Morgen nicht gesagt hatten, daß ich in die Schule gehen sollte und die alle Schuld auf mich schoben, sehr böse, und seitdem betrachtete ich mein Vaterhaus nicht mehr in dem Maße wie früher als meine Heimat. Oft dachte und sagte ich: »Ich wollte, ich könnte zu den Indianern gehen und unter ihnen leben.«

Ich weiß nicht mehr, wie lange wir noch in Elkhorn blieben. Als wir es verließen, reisten wir zwei Tage lang mit Pferden und Wagen. Wir erreichten den Ohio, wo mein Vater drei Flachboote[1] kaufte, deren Seiten Kugellöcher und Blutspuren aufwiesen. Ohne Zweifel waren darin Weiße von Indianern erschossen worden. Eines dieser Boote wurde mit den Pferden und Rindern beladen, das andere mit Betten, Möbeln und anderen Besitzstücken; im dritten waren einige Neger.[2] Das Boot mit den Tieren und das zweite, in dem die Familie Platz fand, wurden zusammengebunden; das dritte mit den Negern fuhr hinterher. Wir fuhren den Ohio hinunter und langten nach zwei oder drei Tagen in Cincinnati an; dort sank das Boot mit den Pferden und Rindern in der Flußmitte. Als mein Vater es untergehen sah, sprang er darauf und schnitt die Haltestricke durch, so daß die Tiere an das im Staate Kentucky gelegene Ufer schwimmen konnten und gerettet waren. Von Cincinnati kamen Leute in Booten herbei, um uns zu helfen, mein Vater konnte ihnen jedoch mitteilen, daß alle Rinder und Pferde gerettet seien

Wir brauchten eine Tagesreise von Cincinnati zur Mündung des Großen Miami-Flusses, wo wir uns niederlassen wollten. Hier gab es gerodetes Land und ein oder zwei Blockhäuser, die jedoch wegen der stets von den dort herumschweifenden Indianern drohenden Gefahr von ihren früheren Bewohnern verlassen worden waren. Mein Vater besserte diese Häuschen aus und umgab sie mit einem starken Zaun. Da wir im Frühling dort ankamen, machten wir uns sogleich daran, ein Maisfeld anzulegen. Etwa zehn Tage nach unserer Ankunft warnte uns der Vater eines Morgens, daß das Verhalten der Pferde darauf schließen ließe, daß Indianer sich in den Wäldern der Umgebung verborgen hielten. »John«, sagte er zu mir, »du darfst heute das Haus nicht verlassen.« Er legte meiner Stiefmutter dringend ans Herz, keines der kleinen Kinder aus den Augen zu lassen, und ging dann mit meinem älteren Bruder und mit den Negern aufs Feld, um Mais zu säen.

Außer mir und unserer Stiefmutter befanden sich noch drei kleine Kinder im Haus. Damit ich nicht fortliefe, beauftragte mich meine Stiefmutter, das kleinste, nur einige Monate alte Kind zu beaufsichtigen. Aber ich begann mich bald zu langweilen und zwickte meinen kleinen Bruder, der auch prompt zu weinen begann. Als die Mutter sah, daß er sich nicht wohl fühlte, sagte sie, ich sollte ihn auf den Arm nehmen und mit ihm im Haus herumlaufen. Ich tat das auch, aber ich fuhr fort, ihn heimlich zu zwicken. Da nahm sie ihn mir endlich ab und legte ihn an ihre Brust. Ich ergriff die Gelegenheit, ging in den Hof und entkam endlich erst durch eine kleine Zauntür, dann durch das große Tor in der Mauer, bis ich mich im Freien befand. In einiger Entfernung vom Hause stand ein Walnußbaum, wo ich mir die noch daranhängenden Nüsse vom Vorjahr zu holen pflegte. Aber um dorthin zu gelangen, ohne von meinem Vater gesehen zu werden, mußte ich einige Vorsicht anwenden. Als ich mich zu diesem Baum hinschlich, sah ich in der Mitte des Feldes meinen Vater mit dem Gewehr im Arm stehen und nach etwa in der Nähe verborgenen Indianern ausschauen, während seine Helfer Maiskörner säten. Ich war dem Baume schon ganz nahe und dachte bei mir: »Ich wollte, ich könnte diese Indianer sehen.« Ich hatte meinen Strohhut schon halb mit Walnüssen gefüllt, als ich ein Knacken hinter mir hörte. Ich sah mich um und – erblickte die Indianer. Gleichzeitig wurde ich an beiden Händen gepackt und zwischen zwei Indianern fortgezerrt. Einer nahm meinen Strohhut, leerte die Nüsse auf die Erde aus und setzte ihn mir wieder auf. Die Indianer, die mich ergriffen hatten, waren ein alter und ein junger Mann. Wie ich später erfuhr, hieß der Alte *Manito-o-geezhik* und sein Sohn *Kish-kau-ko*. Später, nachdem ich als Erwachsener den Roten Fluß verlassen hatte und in die Welt der Weißen zurückgekehrt war, bin ich auch in Detroit gewesen, wo *Kish-kau-ko* im Gefängnis saß. Ferner war ich in Kentucky, wo ich einige mit meiner Gefangennahme zusammenhängende Einzelheiten erfuhr, von denen ich zu jener Zeit nichts wußte. Scheinbar hatte die Frau des *Manito-o-geezhik* gerade ihren jüngsten Sohn durch den Tod verloren und ihrem Manne gesagt, daß sie nicht weiterleben könne, wenn er ihr nicht einen anderen Sohn verschaffe. Deshalb wollte er ihr einen Gefangenen bringen, den sie an seiner Statt adoptieren könnte. *Manito-o-geezhik*, sein Sohn und zwei andere Männer seiner am Huronsee lebenden Lokalgruppe waren ausschließlich zu diesem Zwecke ostwärts gezogen. Oberhalb des Erie-Sees hatten sich drei andere junge Männer (Verwandte des *Manito-o-geezhik*) zu ihnen gesellt, und sie waren nun, Sieben an der Zahl, bis zu den Niederlassungen am Ohio-Ufer vorgedrungen. In der Nacht vor meiner Gefangennahme waren sie an der Mündung des Großen Miami angekommen, hatten den Ohio überquert und sich in Sichtweite unseres Hauses versteckt. Am frühen Morgen noch hatte der alte *Manito-o-geezhik* die Ungeduld seiner jungen Begleiter, die keine Möglichkeit sahen, einen Knaben zu stehlen, beschwichtigen müssen. Sie wollen statt dessen auf die Männer schießen, die sie Mais säen sahen. Es war ungefähr Mittag, als sie mich vom Hause zum Walnußbaum gehen sahen, in dessen unmittelbarer Nähe sie versteckt waren. Nur wenige Minuten nachdem ich das Haus verlassen hatte, kam mein Vater vom Feld zurück und bemerkte mein Verschwinden. Meine Stiefmutter hatte überhaupt nicht wahrgenommen, daß ich fortgegangen war. Mein älterer Bruder lief sofort zum Walnußbaum, den ich, wie er wußte, gern besuchte, und als er die Nüsse, die der Indianer aus meinem Hute ausgeleert hatte, auf dem Boden sah, wurde es ihm klar, daß ich gefangengenommen worden war. Es wurde sofort eine Suche nach mir veranstaltet, die aber ergebnislos verlief. Man hat mir später erzählt, daß mein Vater über meine Entführung durch die Indianer außerordentlich verzweifelt gewesen sei.

Als ich mich von den beiden Indianern fest an beiden Handgelenken gepackt fühlte, war ich wie bewußtlos und bemerkte eine Zeitlang überhaupt nicht, was um mich herum vorging. Ich muß halb ohnmächtig gewesen sein, denn ich kann mich nicht entsinnen, was sich ereignete, bis man mich endlich auf einen großen Baumstamm legte – und das muß schon sehr weit von meinem Elternhaus entfernt gewesen sein. Den alten Mann sah ich zuerst überhaupt nicht; ich wurde zwischen *Kish-kau-ko* und einem sehr kleinen, dicken Mann vorwärtsgezerrt. Wahrscheinlich habe ich doch einigen Widerstand geleistet oder zumindest etwas getan, was den dicken Mann irritierte, denn er zog mich etwas zur Seite, zeigte mir seinen Tomahawk und machte mir ein Zeichen, daß ich um mich blicken sollte. Die Art wie er das tat und sein Gesichtsausdruck zeigten mir deutlich, was er meinte, nämlich, daß ich mich noch einmal in der Welt umsehen sollte, da er bereit wäre, mich zu töten. Als der Tomahawk sich schon abwärts bewegte, fing die Hand *Kish-kau-kos* ihn auf und verhinderte meinen Angreifer, ihn in meinen Kopf zu schlagen. Beide gerieten in einen lauten Wortwechsel. Da stieß *Kish-kau-ko* einen scharfen hellen Ruf aus, der von dem alten Manne und den vier anderen in ähnlicher Weise beantwortet wurde, worauf alle zu uns gelaufen kamen. Seitdem habe ich oft gehört, daß *Kish-kau-ko* sich bei seinem Vater darüber beschwerte, daß der dicke Mann versucht hätte, seinen kleinen Bruder, wie er mich nannte, zu töten. Nachdem der alte Häuptling diesen ausgescholten hatte, ergriff er meine Hand und *Kish-kau-ko* die andere. Sie ließen mich zwischen sich gehen, und der Mann, der mich mit dem Tode bedroht hatte, hielt sich in angemessener Entfernung zurück. Ich merkte ganz deutlich, daß ich sie durch meine Gegenwart an ihrer Flucht behinderte und daß sie fürchteten, eingeholt zu werden. Einige Männer der Gruppe hielten sich stets in ziemlich weiter Entfernung von uns auf.

Nachdem wir uns ungefähr eine Meile weit vom Hause meines Vaters entfernt hatten, warf man mich in ein Kanu aus Hickory-Rinde[3] das unter dem Gebüsch am Ufer des Flusses versteckt war. Alle sieben sprangen hinein, und wir überquerten sofort den Ohio, wo wir an der Südseite dieses Flusses an der Mündung des Big Miami an Land gingen. Hier verließen wir das Boot und steckten die Ruder in die Erde, so daß man sie vom Fluß aus sehen konnte. Wir gingen noch ein Stück in den Wald hinein, wo die Indianer einige Decken und Vorräte versteckt hatte. Mir wurde getrocknetes Hirschfleisch und Bärenfett angeboten, aber ich vermochte nichts davon zu verzehren. Von der Stelle, wo wir standen, konnte man deutlich mein Vaterhaus sehen; sie zeigten darauf, sahen mich an und lachten. Aber ich habe niemals erfahren, was sie dabei sagten.

Nachdem sie selbst etwas gegessen hatten, wanderten wir den Miami-Fluß aufwärts, wobei sie mich genau wie vorher mit sich mitzerrten. Die Schuhe, die ich noch zu

Hause getragen hatte, zogen sie mir aus, da sie dachten, ich könnte ohne sie besser laufen. Obgleich ich wußte, daß ich scharf bewacht war, gab ich noch längst nicht alle Fluchtpläne auf. So versuchte ich, ohne daß sie es bemerkten, mir genau gewisse Gegenstände zu merken, die mir auf dem Rückweg als Wegweiser hätten dienen können. Ich versuchte außerdem, sobald wir über langes Gras oder weichen Boden gingen, dort Fußspuren zu hinterlassen, denn ich hoffte, entkommen zu können, wenn sie während der Nacht eingeschlafen wären. Als es dunkel wurde, legten sie mich zwischen den alten Mann und *Kish-kau-ko* nieder, und zwar lagen wir so eng aneinander, daß ich sofort einschlief und nicht eher aufwachte, als bis die Sonne des nächsten Morgens schon am Himmel stand und die Indianer aufgestanden und reisefertig waren. In dieser Weise reisten wir etwa vier Tage, wobei die Indianer mich stets zur Eile ermahnten und ich immer wieder hoffte, entfliehen zu können, aber jede Nacht vom Schlafe übermannt wurde. Da meine Füße nackt waren, waren sie oft wund und manchmal auch sehr geschwollen. Der alte Mann bemerkte meinen Zustand und untersuchte eines Tages meine Füße, aus denen er zahllose Dornen und Splitter herauszog, um mir dann ein Paar Mokassins zu geben, die mir etwas Erleichterung verschafften. Meist ging ich zwischen dem alten Mann und *Kish-kau-ko*, die mich so lange laufen ließen, bis ich völlig erschöpft war. Tagelang konnte ich gar nichts oder nur sehr wenig essen.

Etwa vier Tagesreisen nachdem wir den Ohio verlassen hatten, kamen wir zu einem großen Flusse, der, wie mir schien, in den Miami mündete. Dieser Fluß war breit und so tief, daß man nicht hindurchwaten konnte. Der alte Mann nahm mich auf seine Schultern und trug mich hinüber, wobei ihm das Wasser bis zu den Achselhöhlen reichte. Mir kam dabei der Gedanke, daß ich diesen Fluß niemals allein überqueren könnte, und ich gab alle Hoffnung auf eine baldige Flucht auf. Als ich mich am anderen

Ufer niedersetzte, lief ich die Böschung hinauf und in den Wald, wo ein Truthahn direkt vor mir aufflog. Es war eine Pute, die ein Nest mit einigen Eiern verlassen hatte. Diese stopfte ich in mein Hemd und lief zum Flusse zurück. Als die Indianer mich erblickten, lachten sie mich aus, nahmen mir sofort die Eier ab, zündeten ein Feuer an und legten sie in einen kleinen Topf, um sie zu kochen. Ich war außerordentlich hungrig, und als ich dort saß und den Kessel beobachtete, sah ich den alten Mann eilig von der Furt herbeikommen, wo wir den Fluß durchquert hatten. Er ergriff hastig den Topf, schüttete die Eier mit dem Wasser aufs Feuer und flüsterte den jungen Männern einige Worte zu. Mir wurde klar, daß wir verfolgt wurden, und später hat sich diese Annahme auch bestätigt. Wahrscheinlich waren einige meiner Freunde zu jener Zeit auf dem anderen Flußufer, um mich zu suchen. Die Indianer sammelten schnell die Eier auf und verstreuten sich im Walde, wobei ich gezwungen wurde, mit äußerster Kraftanstrengung mit ihnen zu laufen.

Unsere Reise durch die Wälder war schwierig und qualvoll. Etwa zwei Wochen nach meiner Entführung kamen wir am Maumee-Fluß an. Dort verteilten sich die Indianer plötzlich im Walde und stießen Rufe aus, um einander nicht zu verlieren. Sehr bald hatten wir einen schönen Hickory-Baum ausgewählt, den sie fällten. Sie zogen ihm die Rinde ab und stellten ein Kanu daraus her. Wir alle bestiegen dieses Kanu und fuhren flußabwärts, bis wir zu einem großen Shawneedorf gelangten, das an der Mündung eines mit dem Maumee zusammenfließenden Flusses gelegen war. Als wir in dieser Niederlassung ankamen, umringten uns sofort eine große Anzahl Indianer, und eine junge Frau kam auf mich zu, die weinte und mir auf den Kopf schlug. Sie tat das aus Schmerz, weil einige ihrer Freunde von Weißen getötet worden waren. Überhaupt zeigten viele dieser Shawnee durch ihr Verhalten ganz deutlich an, daß sie mich am liebsten umgebracht hätten. Aber *Kish-kau-ko* und der alte Mann traten dazwischen und hinderten sie daran. Ich verstand bald, daß man sich oft über dieses Thema unterhielt, konnte aber nicht verstehen, was gesprochen wurde. Der alte *Manito-o-geezhik* konnte ein paar Worte Englisch, die er gelegentlich anwandte, um mir gewisse Pflichten zuzuweisen, die ich nun erfüllen mußte: Wasserholen, Feueranmachen und ähnliches. Wir blieben zwei Tage in diesem Shawnee-Dorf und setzten dann unsere Reise im Kanu fort. Bald nachdem wir es verlassen hatten, kamen wir zu einem Handelsposten[4], wo drei oder vier Männer waren, die die englische Sprache redeten. Sie sprachen sehr lange mit mir und sagten, daß sie mich am liebsten den Indianern abkaufen würden, damit ich zu meiner Familie zurückkehren könnte. Aber da der alte Mann sich keinesfalls von mir trennen wollte, sagten die Händler, daß ich mich damit abfinden müßte, mit den Indianern weiterzuziehen und anstelle des Verstorbenen der Sohn dieses alten Mannes zu werden. Allerdings versprachen sie mir gleichzeitig, in etwa zehn Tagen in das Dorf dieser Indianer zu kommen, um mich zu befreien. Während wir dort waren, behandelten sich mich sehr freundlich und gaben mir reichlich zu essen, was die Indianer nicht getan hatten. Als es notwendig wurde, dieses Haus in Gesellschaft der Indianer zu verlassen, mußte ich zum ersten Male seit meiner Gefangenschaft weinen. Ich tröstete mich jedoch mit dem Gedanken an ihr Versprechen, daß sie mich innerhalb von zehn Tagen holen würden. Bald nachdem wir diesen Handelsposten verlassen hatten, kamen wir zu einem See. Aber wir nahmen uns nicht die Zeit, dort ein Lager für die Nacht aufzuschlagen. Sobald es dunkel wurde, stießen die Indianer ihren Ruf aus, was bald durch einige am Ufer entzündete Feuer beantwortet wurde. Bald erblickten wir ein Kanu, das auf uns zukam und drei Mitglieder unserer Gruppe ans andere Ufer brachte.

Ich kann mich nicht mehr genau entsinnen, was von diesem Augenblick an bis zu unserer Ankunft in Detroit geschah. Jedenfalls ruderten wir in der Flußmitte, bis wir uns dem Stadtzentrum gegenüber befanden; dann gingen wir ans Ufer, wo ich eine weiße Frau sah, mit der die Indianer sich kurz unterhielten – jedoch konnte ich das Gesagte nicht verstehen. Ich sah auch verschiedene weiße Männer, die am Ufer standen oder umherliefen und hörte sie sprechen. Aber auch diese konnte ich nicht verstehen; wahrscheinlich sprachen sie französisch. Nachdem meine Begleiter ein paar Minuten mit jener Frau gesprochen hatten, setzten sie die Reise zu Wasser fort und entfernten sich ziemlich weit von der Stadt.

Erst gegen Mittag am nächsten Tage landeten wir in den Wäldern und zogen das Kanu ans Land. Die Indianer fanden einen großen hohlen Baumstamm, der an einem Ende offen war. Dort hinein stopften sie ihre Decken, ihren kleinen Kessel und einige andere Gebrauchsgegenstände, ließen mich hineinkriechen und verrammelten das Ende, durch welches ich hereingekommen war. Ich hörte noch draußen ihre Geräusche, dann wurde es eine Zeitlang still.

Hätte ich nicht schon längst alle Hoffnung auf Flucht aufgegeben gehabt, so würde ich auch jetzt wieder die Erfahrung gemacht haben, daß der Versuch, dieses Gefängnis zu verlassen, umsonst gewesen wäre. Denn nachdem ich lange Zeit so eingesperrt gewesen war, hörte ich sie die Baumstämme, mit deren Hilfe mein Gefängnis zugesperrt worden war, wegnehmen, und als ich herauskam, sah ich – trotzdem es noch Nacht war und der Morgen bald dämmern würde – daß sie inzwischen drei Pferde beschafft hatten. Eins war eine große eisengraue Stute, die anderen zwei kleine Braune. Ich wurde auf eins der letzteren gesetzt; das andere trug das Gepäck, und auf dem dritten Pferd ritt abwechselnd der eine oder der andere Indianer. Wir kamen sehr schnell vorwärts und erreichten in drei Tagen das Dorf des alten *Manito-o-geezhik*, Sau-ge-nong.

Dieses Dorf oder diese Siedlung bestand aus verschiedenen verstreuten Häusern. Zwei der uns begleitenden Indianer verließen uns dort bald nach unserer Ankunft; nur

Kish-kau-ko und sein Vater blieben. Aber statt sich sofort heim zu begeben, ließen sie erst die Pferde zurück und borgten sich ein Kanu, mit dem wir endlich an der Behausung des alten Mannes ankamen. Es war dies eine Hütte, die aus Baumstämmen errichtet war, so etwa wie es in Kentucky üblich ist. Sobald wir landeten, kam eine alte Frau zu uns ans Ufer, und nachdem *Manito-o-geezhik* einige wenige Worte zu ihr gesagt hatte, begann sie zu weinen und mich zu drücken und zu küssen, wobei sie mich zum Hause führte. Am nächsten Tage führten sie mich zu dem Ort, wo der Sohn der alten Frau begraben lag. Das Grab war nach Indianerart mit Pflöcken eingezäunt und hatte auf jeder Seite einen glatten, offenen Platz. Hier nun nahmen alle Platz: die Familie und die Freunde *Manito-o-geezhiks* auf der einen Seite, die Fernerstehenden auf der anderen. Die Freunde der Familie waren mit Geschenken gekommen: Mukkuks[5], die Ahornzucker enthielten, mit Mais gefüllte Säcke, Glasperlen, grober Deckenstoff, Tabak und ähnliches. Kaum waren alle versammelt, so begann *Manito-o-geezhik* zu tanzen und zog mich mit sich um das Grab herum. Die Art des Tanzes war lebhaft und fröhlich, etwa in der Art des Skalptanzes[6]. Während des Tanzes beschenkte man mich von Zeit zu Zeit mit einigen der mitgebrachten Gaben; aber sobald ich auf die andere Seite des Grabes kam, wurde mir alles, was mir auf der einen überreicht worden war, wieder abgenommen. So ging es fast den ganzen Tag lang weiter, bis alle Geschenke vergeben waren und wir heimkehrten.

Es muß etwa im zeitigen Frühling gewesen sein, als wir in Sau-ge-nong angekommen waren, denn ich kann mich entsinnen, daß zu jener Zeit die Blätter noch klein waren und daß die Indianer gerade ihren Mais zu pflanzen begannen. Teils mit Hilfe der Zeichensprache, teils mit den wenigen Worten Englisch, die der alte *Manito-o-geezhik* sprechen konnte, leiteten sie mich bei ihren Arbeiten zu Hilfeleistungen an. Nachdem der Mais gepflanzt war, verließen alle das Dorf, um zu jagen und das erbeutete Fleisch zu trocknen[7]. Sobald sie ihre Jagdgründe erreicht hatten, wählten sie einen Ort, wo vieles Rotwild vorkam, und dort bauten sie einen langen Zaun aus grünen Zweigen und kleinen Bäumchen. Nachdem ein Teil davon fertig war, zeigten sie mir, wie man die Blätter und trockenen Zweige von der Seite des Zauns, von der aus die Indianer die Hirsche schießen würden, beseitigt. Zuweilen halfen Frauen und Kinder bei dieser Arbeit, aber meist tat ich sie allein.

Das Wetter wurde nun warm, und eines Tages fand ich mich ganz allein bei der Arbeit. Da ich müde und durstig war, schlief ich ein. Ich weiß nicht, wie lange ich so geschlafen hatte, aber als ich aufwachte, schien mir, als hörte ich jemanden in ziemlich weiter Entfernung weinen. Ich versuchte, meinen Kopf zu heben, vermochte es aber nicht. Ich wurde langsam munterer und sah meine indianische Mutter und Schwester neben mir stehen. Mein Kopf und mein Gesicht waren feucht. Jetzt erst bemerkte ich, daß die alte Frau und ihre Tochter bitterlich weinten, aber es dauerte noch eine Weile, bis es mir zum Bewußtsein kam, daß mein Kopf mit Wunden bedeckt war. Es schien, daß, nachdem ich eingeschlafen war, *Manito-o-geezhik* bei mir vorbeikam und daß er mich mit seinem Tomahawk bearbeitet und ins Gebüsch geworfen hatte. Er war dann zum Lager zurückgegangen und hatte seiner Frau gesagt: »Alte, der Junge, den ich dir mitgebracht habe, taugt nichts. Ich habe ihn deshalb getötet, und du kannst ihn dort und dort finden.« Die alte Frau und ihre Tochter entdeckten, nachdem sie mich gefunden hatten, noch einige Lebenszeichen an mir und hatten weinend neben mir gestanden und kaltes Wasser über meinen Kopf gegossen, als ich erwachte.

Innerhalb weniger Tage war ich schon ziemlich wiederhergestellt und wurde sofort wieder zur Arbeit an das Wildgatter geschickt. Ich versuchte, diesen Indianern bei allen ihren Arbeiten zu helfen und stets ihre Anweisungen zu befolgen. Dennoch wurde ich mit großer Härte behandelt.

Als wir von der Jagd zurückkehrten, trug ich auf meinem Rücken eine große Ladung getrockneten Fleisches den ganzen Weg bis zum Dorfe. Aber obgleich ich dem Verhungern nahe war, wagte ich nicht, auch nur ein Stück davon anzurühren. Meine indianische Mutter, die Mitgefühl mit mir zu haben schien, stahl zuweilen etwas Eßbares und versteckte es für mich, bis der alte Mann fortgegangen war, um es mir dann zu geben. Als wir wieder im Dorfe lebten, beschäftigten sich die jungen Männer bei gutem Wetter damit, Fische zu speeren und benutzten mich dazu, ihr Kanu zu steuern. Da ich dies nicht gerade mit großem Geschick tat, fielen sie meist über mich her, schlugen mich und hieben mit dem Schaftende ihrer Speere auf mich ein. Beinahe jeden Tag wurde ich von dem einen oder anderen Bruder geschlagen. Andere, nicht zu unserer Familie gehörende Indianer hatten zuweilen Mitleid mit mir, und wenn der alte Mann nicht da war, gaben sie mir Nahrungsmittel und beschäftigten sich mit mir.

Nachdem der Mais im Herbst geerntet worden und in den *Sun-je-gwun-nun* oder Verstecken untergebracht worden war, wo er während des Winters gelagert wurde, gingen sie an den *Sau-ge-nong*-Fluß jagen. Obgleich ich bei ihnen fast immer Hunger gelitten habe, war es dort am schlimmsten. Da ich oft mit ihnen im Walde war, sah ich sie häufig dort etwas essen und versuchte, zu entdecken, was es war. Aber sie versteckten es mit großer Vorsicht vor mir. Einige Zeit darauf fand ich zufällig einige Bucheckern, und obgleich sie mir unbekannt waren, fühlte ich mich versucht, sie zu kosten. Sie schmeckten ausgezeichnet. Ich zeigte sie den Indianern, die mich auslachten und mir mitteilten, daß sie solche Bucheckern schon während der ganzen Zeit gegessen hatten. Nachdem der Schnee gefallen war, zwang man mich, mit den Jägern auszuziehen und manchmal einen ganzen Hirsch in die Hütte heimzuschleppen, obwohl ich dies nur unter den größten Schwierigkeiten fertigbrachte. Nachts mußte ich immer zwischen dem Feuer und dem Hütteneingang liegen[8], und sobald jemand herausging oder hereinkam, bekam ich für gewöhnlich einen Fußtritt. Wenn jemand Trinkwasser holte, so wurde ich regelmäßig damit begossen. Besonders der alte Mann behandelte mich außerordentlich grausam, wobei seine schlechte Laune sich bei manchen Gelegenheiten deutlicher zeigte als bei anderen. Eines Morgens stand er auf, zog seine Mokassins an und verließ die Hütte. Als er zurückkehrte, packte er mich beim Schopfe, zerrte mich ins Freie und drückte mich mit dem Gesicht in einen Haufen Unrat, wie man es etwa mit einer Katze tut, und warf mich dann in den tiefen Schnee. Ich fürchtete mich, in diesem Zustand in die Hütte zurückzukehren. Aber endlich kam meine Mutter heraus und gab mir etwas Waschwasser. Wir wollten gerade aufbrechen, und wie stets ließ man mich ein großes Bündel tragen. Aber da ich nicht imstande gewesen war, mein Gesicht reinzuwaschen, nahmen die anderen Indianer den üblen Geruch an mir wahr und fragten mich nach der Ursache. Mit Hilfe der Zeichensprache und der paar wenigen Worte, die ich in der Indianersprache kannte, machte ich ihnen verständlich, wie ich behandelt worden war. Sie hatten Mitleid mit mir, halfen mir, mich sauber zu waschen und gaben mir etwas zu essen.

Meine Mutter pflegte mich im allgemeinen freundlich zu behandeln, und oft, wenn der alte Mann mich schlagen wollte, legte sie ihre Arme um mich, und er traf uns beide.

Gegen Ende des Winters zogen wir wieder weiter, und zwar zu den Ahornbäumen[9]. Zu jener Zeit tat *Kish-kau-ko*, der damals etwa zwanzig Jahre alt war, sich mit vier anderen jungen Leuten zusammen, um einen Kriegszug (gegen die Weißen) zu unternehmen. Auch der alte Mann, der, sobald der Sirup fertig war, ins Dorf zurückkehrte, verband sich mit einigen anderen Männern und bereitete sich zum Aufbruch vor. Ich war jetzt etwa ein Jahr unter ihnen gewesen und verstand etwas von ihrer Sprache. Als der alte Mann uns verließ, sagte er zu mir: »Ich gehe jetzt, um deinen Vater, deinen Bruder und alle deine Verwandten umzubringen.«

Kish-kau-ko kam zuerst wieder; aber er war schwer verwundet. Er sagte, er wäre mit seiner Gruppe am Ohio-Fluß gewesen, wo sie auf der Lauer gelegen hätten, um dann auf ein kleines flußabwärts fahrendes Boot zu schießen. Er hätte einen Mann getötet; die anderen wären ins Wasser gesprungen. Er hatte sich selbst bei der Verfolgung der Fremden an der Hüfte verletzt, und zwar mit seinem eigenen Speer. Den Skalp des von ihm getöteten Mannes brachte er mit.

Einige Tage danach kam auch der *Manito-o-geezhik* wieder. Er brachte einen mir bekannten alten weißen Hut mit, der meinem Bruder gehörte. Er sagte, daß er alle Mitglieder meiner Familie getötet hätte, außerdem die Neger und die Pferde und daß er den Hut meines Bruders mitgebracht hätte, um mich von der Wahrheit seiner Erzählung zu überzeugen. Ich glaubte nun, daß ich gänzlich ohne Freunde in der Welt sei und hatte kaum mehr das Bedürfnis zurückzukehren. Scheinbar war es genau das, was der alte Mann hatte erreichen wollen, indem er mir seine Geschichte, die nur zum kleinsten Teil wahr war, erzählte. Jahre später, nachdem ich vom Red River in die Zivilisation zurückgekehrt war und *Kish-kau-ko* wiedertraf, fragte ich ihn: »Hat dein Vater damals wirklich alle meine Verwandten getötet?« Er antwortete, daß dies nicht der Fall gewesen sei. Ein Jahr nach meiner Gefangennahme war *Manito-o-geezhik* zur selben Jahreszeit zu dem Feld zurückgekehrt, wo er mich gefangengenommen hatte. Auch damals fand er meinen Vater und seine Leute beim Maispflanzen, und zwar vom Morgen bis zum Mittag, als alle, außer meinem neunzehnjährigen Bruder, ins Haus gingen. Dieser pflügte noch draußen mit einem Pferdegespann und hatte dabei die Zügel um seinen Nacken geschlungen, als die Indianer ihn überfielen. Die Pferde gingen durch, mein Bruder verfing sich in den Zügeln und wurde niedergeworfen, worauf die Indianer ihn fingen. Sie töteten die Pferde mit Pfeil und Bogen und verschleppten meinen Bruder in den Wald. Noch ehe es dunkel wurde, überquerten sie den Ohio und waren schon in der Nähe des Miami. Während der Nacht hatten sie meinen Bruder, wie sie dachten, sicher an einen Baum gefesselt. Seine Hände und Arme waren hinter ihm festgebunden, und Schnüre liefen über seine Brust und seinen Hals. Aber nachdem er einige dieser Stricke durchgebissen hatte, vermochte er, ein Federmesser aus seiner Tasche zu nehmen, mit dem er sich losschnitt, um sofort zum Ohio zurückzulaufen, den er schwimmend überquerte. Er erreichte etwa zur gleichen Zeit des Sonnenaufgangs das Haus unseres Vaters. Die Indianer hörten das von ihm verursachte Geräusch und verfolgten ihn bis in den Wald hinein. Da es aber sehr dunkel war, konnten sie seiner nicht habhaft werden. Seinen im Lager zurückgebliebenen Hut überbrachten sie mir, damit ich glauben sollte, sie hätten meinen Bruder getötet.

So blieb ich zwei Jahre in dieser Familie, und jedwede Hoffnung auf eine Flucht schwand mir mehr und mehr. Jedoch erinnerte ich mich immer noch der Worte der englischen Händler aus Maumee, die mir versprochen hatten, mich aus der indianischen Gefangenschaft zu befreien. Oft waren die Indianer betrunken, und stets, wenn sie sich in diesem Zustand befanden, versuchten sie, mich zu töten. Ich lernte es, bei diesen Gelegenheiten davonzulaufen und mich im Walde zu verstecken, und wagte nicht eher zurückzukehren, als bis ihre Orgie vorüber war. Stets während dieser zwei Jahre in *Sau-ge-nong* litt ich Hunger; und obwohl Fremde oder andere, die nicht zu meiner Familie gehörten, mir zuweilen Nahrung gaben, hatte ich niemals genug zu essen.

Meine Mutter, die man die Otter-Frau (*Nie-kiek-uas-ki-tschimi-kua*) nannte, da der Otter ihr Totem war, behandelte mich wie ihre Töchter und ihren jüngsten Sohn *Bi-ness-sa* (»Der Vogel«) mit Freundlichkeit. Blutdürstig und grausam hingegen waren *Kish-kau-ko*, sein Vater und die beiden Brüder *Kwo-ta-she* und *She-mung*, und noch heute sind die überlebenden Mitglieder dieser Familie verbitterte Feinde aller Weißen. *Bi-ness-sa*, der mich später in Detroit besuchte, und immer freundlich zu mir war, war ein besserer Mensch, aber leider ist er schon tot. Während meines Aufenthalts in *Sau-ge-nong* sah ich nur einmal Weiße. Es fuhr damals ein kleines Boot bei uns vorüber, und die Indianer nahmen mich in einem Kanu in seine Nähe, in der richtigen Annahme, daß mein mitleiderregendes Aussehen das Herz der Händler, oder wer immer diese weißen Männer waren, rühren würde. Sie gaben mir Brot, Äpfel und andere Geschenke, die mir von den Indianern alle, bis auf einen Apfel, abgenommen wurden. Diese Familie nannte mich *Shaw-shaw-wa ne-ba-se* (»Der Falke«), ein Name, den ich immer unter den Indianern beibehalten habe. Ich war ungefähr zwei Jahre in Sau-ge-nong, als die britischen Handelsagenten in Mackinac einen großen Stammesrat zusammenriefen. Hieran nahmen teil: die Sioux, die Winnebago, die Menomini und viele entfernte Stämme, auch die Ojibwa, Ottawa usw. Als der alte *Manito-o-geezhik* von diesem Treffen zurückkehrte, erfuhr ich, daß er dort seine Verwandte *Net-no-kwa* getroffen hatte, die trotz ihres Geschlechts zu jener Zeit der Oberhäuptling der Ottawa war. Diese Frau hatte ihren etwa in meinem Alter befindlichen Sohn durch den Tod verloren. Und da sie von mir gehört hatte, wollte sie mich kaufen, damit ich seinen Platz ausfüllte. Meine erste indianische Mutter, die Otter-Frau, protestierte scharf dagegen. Ich hörte sie sagen: »Mein Sohn war schon einmal tot und ist mir wiedergegeben worden; ich kann ihn nicht nochmals verlieren.«

Aber diese Einwände hatten wenig Erfolg, als *Net-no-kwa* mit einem großen Vorrat Schnaps und anderen Geschenken ankam. Sie brachte ein Faß mit etwa fünfzig Litern Whisky, dazu Schlafdecken, Tabak und andere Gegenstände von beträchtlichem Wert. Scheinbar kannte sie genau die Veranlagung derer, mit denen sie verhandeln wollte. Es wurden zwar noch immer Widersprüche gegen den Tausch erhoben, bis das Whiskyfaß einige Male im Kreise herumgewandert war. Dann vervollständigten ein weiteres Faß und neue Geschenke den Handel, und ich wurde *Net-no-kwa* übergeben.

Diese damals schon in vorgerückten Jahren befindliche Frau war ein liebenswürdigerer Mensch als meine erste indianische Mutter. Nachdem der Handel abgeschlossen war, nahm sie mich bei der Hand und führte mich in ihr eigenes nahe gelegenes Zelt. Hier konnte ich bald feststellen, daß ich viel freundlicher als vorher behandelt wurde. Sie ernährte mich reichlich, kleidete mich gut und erlaubte mir, mit ihren Söhnen zu spielen. Wir blieben nur noch kurze Zeit in *Sau-ge-nong*. Sie hielt sich auch nicht mit mir in Mackinac auf, wo wir während der Nacht vorüberkamen, sondern eilte mit mir nach Point St. Ignace[10], wo sie einige Indianer engagierte, während sie selbst mit einigen ihrer jungen Leute nach Mackinac zurückkehrte. Nachdem sie ihre Angelegenheiten dort geordnet hatte, kam sie wieder. Wir setzten unsere Reise fort und langten nach ein paar Tagen in *Shab-a-wy-wy-agun* an. Als wir diesen Ort erreichten, war der Mais reif, und nach einem kurzen Aufenthalt zogen wir in drei Tagesreisen flußaufwärts, wo wir den Winter verbringen wollten. Wir ließen unsere Kanus zurück, reisten über Land und schlugen dreimal ein Nachtlager auf, ehe wir zu dem Ort kamen, wo wir unsere Winterzelte errichteten. Der Ehemann *Net-no-kwas* war ein Ojibwa von Red River und hieß *Taw-ga-we-ninne* (»Der Jäger«). Er war siebzehn Jahre jünger als *Net-no-kwa* und hatte, um sie heiraten zu können, seine erste Frau verstoßen. *Taw-ga-we-ninne* war stets nachsichtig und freundlich gegen mich und behandelte mich eher als seinesgleichen denn als einen von ihm Abhängigen. Wenn er zu mir sprach, nannte er mich stets seinen Sohn. Eigentlich war er selbst innerhalb der Familie nur von geringerer Bedeutung, da alles *Net-no-kwa* gehörte und sie in allen Angelegenheiten stets zu entscheiden hatte. Während des ersten Jahres ließ sie mich einige Sonderaufgaben erfüllen. So mußte ich für sie Holz fällen, Wild heimbringen, Wasser holen und andere Dienstleistungen ausführen, die man im allgemeinen von Knaben meines Alters nicht verlangte; aber sie behandelte mich stets mit so großer Freundlichkeit, daß ich bei ihr viel glücklicher und zufriedener war als je in *Manito-o-geezhiks* Familie. Es kam vor, daß sie mich wie ihre eigenen Kinder auch gelegentlich schlug, aber niemals so hart und so oft, wie ich es von früher her gewöhnt gewesen war.

ZWEITES KAPITEL

Erste Jagderlebnisse – Die Masern – Umzug nach Red River – Der Tod meines Stiefvaters und -bruders – Ankunft am Winnipeg See

Während der ersten Frühlingstage machten sich *Net-no-kwa* und ihr Mann mitsamt ihrer Familie nach Mackinac auf. Wie beim letzten Male wurde ich in Point St. Ignace zurückgelassen, denn sie wollten das Risiko, daß man mich in Mackinac sehen könnte, nicht auf sich nehmen. Auf dem Rückweg – wir hatten uns etwa schon fünfundzwanzig bis dreißig Meilen von Point St. Ignace entfernt – hielten uns scharfe Gegenwinde bei Me-nau-ko-king, einer in den See hineinragenden Landspitze, auf. Hier schlugen wir mit einigen anderen Indianern und Händlern unser Lager auf. In den Wäldern gab es sehr viele Tauben, die von den Jungen meines Alters und von den Händlern geschossen wurden. Ich hatte vor jener Zeit noch niemals ein Stück Wild erlegt, ja, noch nicht einmal mit einem Gewehr geschossen. Meine Mutter hatte in Mackinac ein Faß Pulver gekauft, dessen etwas feucht gewordener Inhalt hier zum Trocknen ausgebreitet wurde. *Taw-ga-we-ninne* besaß eine große Pistole, wie die Pferdehalter sie benutzen, und da ich mich durch seine mir erzeigte Freundlichkeit etwas ermutigt fühlte, bat ich ihn um die Erlaubnis, mit dieser Pistole einige Tauben schießen zu dürfen. *Net-no-kwa* unterstützte meine Bitten, indem sie sagte: »Es wird Zeit, daß unser Sohn zu lernen beginnt, wie man ein Jäger wird.« Daraufhin gab mir *Taw-ga-we-ninne* die geladene Pistole mit den Worten: »Geh, mein Sohn, und wenn es dir gelingt, etwas zu erlegen, so sollst du auf der Stelle ein Gewehr bekommen und lernen, wie man jagt.« Ich habe während meiner Jünglings- und Mannesjahre oft vor schwierigen Situationen gestanden, aber niemals habe ich einen Erfolg heißer ersehnt als während dieser meiner ersten Jagdunternehmung.

Ich hatte mich kaum vom Lager entfernt, als ich auch schon die ersten Tauben sah, die sich aus dem mich umgebenen Busch in die Luft erhoben. Ich spannte den Hahn meiner Pistole und brachte ihr Ende bis an meine Nase heran. Ich zielte auf eine Taube, drückte ab und hörte ein summendes Geräusch, als ob man einen Stein schnell durch die Luft schleuderte. Ich fand die Pistole einige Schritte von mir entfernt auf dem Boden wieder, aber auch eine Taube unter dem Baume, auf dem sie gesessen hatte. Mein Gesicht war verbeult und mit Blut verschmiert. Ich lief heim, um triumphierend meine Taube zu zeigen. Meine Eltern verbanden mir das Gesicht und tauschten mir die Pistole gegen eine Vogelflinte um. Außerdem bekam ich ein Pulverhorn und Schrot und erhielt die Erlaubnis, auf die Vogeljagd zu gehen. Einer der jüngeren Indianer begleitete mich, um meine Schießkünste zu beaufsichtigen. Während des Nachmittags erlegte ich drei weitere Tauben und schoß nicht ein einziges Mal, ohne eine Beute zu erlangen. Von jetzt an wurde ich mit weit mehr Achtung behandelt[1] und durfte nun oft auf die Jagd gehen, damit ich immer geschickter würde.

Den ganzen Sommer und einen Teil des Herbstes lang blieben wir dort, ehe wir nach *Shab-a-wy-wy-agun* zurückkehrten. Bei unserer Ankunft fanden wir viele Indianer schwer an den Masern leidend vor[2], und da *Net-no-kwa* diese Krankheit als ansteckend kannte, wollte sie ihre Familie dieser Gefahr nicht aussetzen. So hielten wir uns denn gar nicht erst im Dorfe auf, sondern zogen nordwärts zum Flusse. Aber trotz dieser Vorsichtsmaßnahmen wurden wir nicht verschont. Von den zu unserer Familie gehörenden zehn Personen (es waren auch zwei junge Frauen *Taw-ga-we-ninnes* dabei[3], blieben nur *Net-no-kwa* und ich gesund.

Manche unserer Angehörigen waren sehr schwer erkrankt, und wir taten alles in unseren Kräften Stehende zu ihrer Pflege. Im Dorfe starben viele Indianer an den Masern, aber unsere Familie hatte keine Opfer zu beklagen. Als der Winter herannahte, genasen unsere Kranken und gingen mit uns zum Jagdgrund, demselben, wo wir im vergangenen Winter gewesen waren.

Dieser Winter verlief wie der vorige; aber da ich ein immer erfahrenerer und erfolgreicherer Jäger und Fallensteller wurde, verlangte man von mir nicht mehr das Verrichten von Frauenarbeit im Zelte.

Im Frühling ging *Net-no-kwa* wie üblich nach Mackinac, und zwar mit einer Flagge in ihrem Kanu. Sie erzählte mir, daß sie bei ihrer Ankunft in Mackinac als Häuptlingin stets mit einem Kanonensalut begrüßt würde. Ich befand mich nun in meinem dreizehnten Lebensjahr. Ehe wir das Dorf verließen, hörte ich *Net-no-kwa* sagen, daß sie nach Red River gehen wollte, um dort Verwandte ihres Mannes zu besuchen. Als die Ottawa dies hörten, beschlossen viele, sie zu begleiten, und zwar wurden es sechs Kanus voll reisender Indianer.

Diesmal wurde ich nicht in Point St. Ignace zurückgelassen. In der Nacht landeten wir unter den Zedern in der Nähe von Mackinac. Meine Mutter brachte mich zum Hause eines französischen Händlers namens Chaboyer, den sie gut genug kannte, um mich ihm anvertrauen zu können, und der mich für einige Tage in seinem Keller einsperrte. Dort wurde ich zwar gut behandelt, durfte mich aber nicht von der Stelle rühren. Es war aber ganz unnötig, mich einzusperren, denn als wir dann weiterreisen wollten, verhinderten scharfe Gegenwinde unsere Abfahrt an der Stelle, wo jetzt die Missionare sitzen, und ich durfte dort frei herumlaufen. Während wir uns dort aufhielten, betranken sich die Indianer. Auch mein Vater war betrunken, aber noch imstande, umherzugehen. Er sprach zwei junge Männer an, packte den einen am Hemdsärmel und zerriß diesen aus Versehen. Dieser junge Mann, *Sug-gut-taw-gun* (»Zunderholz«), ärgerte sich hierüber und versetzte meinem Vater einen heftigen Stoß, worauf dieser auf den Rücken fiel. *Sug-gut-taw-gun* hob einen großen Stein auf, warf ihn nach meinem Vater und traf ihn an der Stirn. Als ich das sah, begann ich für meine eigene Sicherheit zu fürchten, denn ich wußte, daß *Me-to-saw-gea*, ein Ojibwa-Häuptling, der mit einer Gruppe Krieger die Weißen überfallen wollte, sich zu dieser Zeit auch auf der Insel befand. Ich wußte, daß er nach einer Gelegenheit suchte, mich zu töten, und sah mich deshalb in Gefahr. Ich entfloh in den Wald, wo ich mich während des folgenden Tages und der Nacht versteckte. Der Hunger trieb mich dann zurück. Ich versteckte mich unter den jungen Zedern in der Nähe unseres Zeltes, um zu sehen, was vorging und um festzustellen, ob ich sicher zurückkehren könnte. Endlich entdeckte ich meine Mutter, die mich zu sich rief und mir sagte, ich solle zu meinem Vater hingehen, den man umgebracht hatte. Als ich hineinging, sagte mein Vater: »Sie haben mich totgeschlagen« und verlangte, daß ich und die anderen Kinder sich bei ihm niedersetzten. Lange sprach er zu uns[4]. Ich entsinne mich seiner Worte: »Nun, meine Kinder, muß ich euch verlassen. Es tut mir leid, daß ich euch in solcher Armut zurücklassen muß.« Er forderte uns nicht etwa auf, den Indianer, der den Stein nach ihm geworfen hatte, zu töten, wie andere getan haben würden. Dazu war er viel zu gut. Er wollte keinesfalls seine Familie in die aus einer solchen Tat entstehenden Folgen verwickeln. So blieb denn der junge Mann, der ihn verwundet hatte, bei uns, obwohl *Net-no-kwa* ihm sagte, daß er in Red River, wo ihr Mann zahlreiche und mächtige Verwandte besaß, die an ihm Rache nehmen würden, nicht sicher wäre. Mein Vater starb jedoch noch nicht.

Als wir zum Mariensprung kamen, legten wir unser gesamtes Gepäck in das kleine Handelsboot, das zum oberen Ufer des Lake Superior fuhr, und folgten ihm in unseren Kanus. Der Wind war günstig, so daß wir schneller als das Schiffchen vorwärtskamen und zehn Tage vor ihm die Portage[5] erreichten. Wir verankerten unser Kanu etwas vom Ufer entfernt, und mein Vater und seine beiden Söhne, *Wa-me-gon-a-biew* (»Der sich mit Federn Schmükkende«), der Jüngere, und *Ke-wa-tin* (»Der Nordwind), der Älteste, holten unser Gepäck im Kanu ab. Als sie in den Schiffsraum sprangen, fiel *Ke-wa-tin* mit dem Knie auf einen Haufen Taue, mit denen ein Warenbündel verschnürt war, und zog sich eine Verletzung zu, von der er niemals wieder genesen sollte. Sein Knie schwoll schrecklich an, und am nächsten Tag war er bereits unfähig, das Zelt zu verlassen. Als wir nach acht oder zehn Tagen die Große Portage zu überqueren begannen, trugen wir ihn in einer Decke an zwei Pfählen auf unseren Schultern. Er war jedoch so krank, daß wir oft anhalten mußten, was unser Vorwärtskommen sehr behinderte. Wir ließen unsere Kanus im Handelsposten, und als wir die andere Seite der Portage erreicht hatten, mußten wir einige Tage damit verbringen, kleinere Kanus zu bauen. Als diese beinahe fertig waren, sandte mein Vater mich mit einer seiner Frauen zum Handelsposten zurück, um irgend etwas versehentlich dort Liegengebliebenes zu holen. Auf dem Rückwege trafen wir zwei Jungen, die uns sagten, wir sollten schnellstens kommen, da mein Vater im Sterben läge und mich noch einmal zu sehen verlangte. Als ich das Zelt betrat, sah ich, daß er diesmal wirklich dem Tode nah war, denn obgleich er mich sah, vermochte er nicht mehr zu mir zu sprechen. Es dauerte nur einige Minuten, bis er zu atmen aufhörte. Neben ihm lag das Gewehr, das er eben zur Hand genommen hatte, um den jungen Mann, der ihn in Mackinac verletzte, doch noch zu erschießen. Am Morgen noch, als ich ihn verließ, um zur Portage zu gehen, hatte er sich ganz wohl gefühlt. Meine Mutter erzählte mir, daß er erst am Nachmittag über Schmerzen klagte. Er hatte das Zelt mit den Worten betreten: »Nun muß ich doch sterben. Aber da ich gehen muß, muß der junge Mann, der meinen Tod verursacht hat, mit mir gehen. Ich hatte gehofft, so lange leben zu dürfen, bis ich euch alle zu Männern erzogen hätte. Jetzt aber muß ich sterben. In Armut lasse ich euch zurück und ohne jemanden, der für euch sorgen kann.« Nachdem er das gesagt hatte, verließ er das Zelt wieder, um den jungen Mann, der gerade vor seinem eigenen Zelteingang saß, zu erschießen. *Ke-wa-tin*, der seine Worte hörte, begann zu weinen und sagte zu ihm: »Mein Vater, wenn ich gesund wäre, würde ich dir helfen, diesen Mann zu töten und wäre auch in der Lage, nach seinem Tode meine jüngeren Brüder vor der Rache seiner Freunde zu beschützen; aber du siehst, wie es mir geht, und daß auch ich sterben muß. Meine Brüder sind noch jung und schwach, und wenn du diesen Mann umbringst, so werden wir alle ermordet werden.« Mein Vater hatte ihm geantwortet: »Mein Sohn, ich liebe dich zu sehr, um dir irgendeine Bitte abzuschlagen.« Mit diesen Worten kehrte er in sein Zelt zurück, und nachdem er noch einige Sätze gesprochen hatte, fragte er nach mir und gab Anweisung, mich sofort zu holen. Dann starb er.

Meine Mutter besorgte einen Sarg von den weißen Händlern, und sie schafften die Leiche meines Vaters auf einem Wagen zum Handelsposten bei der großen Portage, wo er auf dem Friedhof der Weißen begraben wurde. Seine zwei Söhne sowohl wie der junge Mann, der seinen Tod verursacht hatte, gaben ihm das Geleit. Dieser wäre beinahe von dem einen meiner Brüder getötet worden, aber der andere hinderte ihn daran, als er gerade zum Schlage ausholte.

Kurz nach dem Tode meines Vaters setzten wir unsere Reise nach Red River fort. Wie bereits vorher, trugen wir meinen Bruder *Ke-wa-tin* auf einer Bahre, sobald wir ihn aus dem Kanu nehmen mußten. Wir waren schon an zwei Portages vorüber und kamen zur dritten, die Moose-Tragplatz heißt, als er zu uns sagte: »Ich kann nicht mehr weiter. Ich muß hier sterben.« Daraufhin entschloß sich *Net-no-kwa*, die Reise an dieser Stelle zu unterbrechen, während unsere Begleiter weiterzogen. Auch ein Teil unserer eigenen Familie schloß sich den nach Red River reisenden Indianern an. Als sie alle aufgebrochen waren, blieben nur *Net-no-kwa*, eine der jüngeren Frauen *Taw-ga-we-ninnes*, mein älterer Bruder *Wa-me-gon-a-biew*, ferner *Ke-wa-tin*, der zweite und ich, der jüngste, zurück. Es war etwa um die

Mitte des Sommers, denn die Beeren waren schon reif, als wir am Ufer von Moose Lake haltmachten, dessen Wasser kühl und klar sind wie die des Lake Superior. Der See ist klein und rund, und man kann auch das entfernteste Kanu auf ihm vom Ufer aus sehen. Nur zwei Mitglieder unserer Gruppe verstanden sich auf die Jagd. Da ich selbst noch recht jung und ohne Jagderfahrung war, fürchteten wir, daß wir in unserer Einsamkeit bald Not leiden würden. Wir hatten eines der in Mackinac gebrauchten Netze bei uns, stellten es über Nacht und fingen etwa achtzig Forellen und Weißfische darin. Als wir die Gegend etwas besser kennengelernt hatten, gelang es uns, dort sechs Biber und einige Otter und Moschusratten zu erlegen. Da wir Mais und Fett bei uns hatten, konnten wir von den gefangenen Fischen und dem erlegten Wild recht gut leben. Aber als der Winter näher kam, sagte *Net-no-kwa*, daß er lang und kalt werden würde, und daß sie es für zu gewagt hielte, hier allein zu bleiben, da weder Indianer noch Weiße sich in unserer Nähe aufhielten. *Ke-wa-tin* war bereits so krank und schwach, daß wir den Rückweg zur Portage nur sehr langsam vornehmen konnten. Als wir ankamen, begann das Wasser schon zu gefrieren. Er erlebte nur noch einen Monat nach unserer Ankunft und starb zu Beginn des Winters. Die alte Frau begrub ihn an der Seite ihres Mannes.

Als der Winter immer strenger wurde, gerieten wir ins Elend. *Wa-me-gon-a-biew* und ich waren nicht imstande, das von uns benötigte Fleisch zu beschaffen. Er war nur siebzehn Jahre alt, ich dreizehn, und es gab dort kein Wild im Überfluß. Es wurde immer kälter, weshalb wir den Handelsposten verließen und unser Zelt im Walde aufschlugen, wo es leichter war, Holz zu erhalten. Damit wir nicht Hungers stürben, taten mein Bruder und ich hier unser Äußerstes.

Zwei oder drei Tagesreisen von unserem Zelt entfernt pflegten wir auf die Jagd zu gehen, aber wir brachten nur wenig Fleisch heim. Auf einem unserer Jagdpfade hatten wir uns einen Windschirm aus Zedernzweigen errichtet, hinter dem wir schon oft unser Feuer angezündet hatten, so daß er sehr trocken geworden war und einmal, als wir gerade dahinter schliefen, abbrannte. Da das Holz so trocken war, explodierte es wie Pulver, aber zum Glück entkamen wir mit geringen Verletzungen. Auf dem Heimweg, noch weit entfernt von unserem Zelt, versuchten wir einen Fluß zu überqueren, dessen Wasser so reißend war, daß er niemals vollkommen zufror. Obgleich es so kalt war, daß die Bäume vor Frost krachten, brachen wir im Eise ein, und zwar erst ich und danach mein Bruder. Als er versuchte, sich auf die Eisschollen zu werfen, wurde er vollkommen durchnäßt, während bei mir nur die Füße und Beine naß waren. Da unsere Hände vor Kälte erstarrt waren, dauerte es eine lange Zeit, bis wir unsere Schneeschuhe[6] abbinden konnten, und kaum waren wir aus dem Wasser heraus, so waren schon unsere Mokassins und hohen Ledergamaschen[7] steif gefroren. Mein Bruder verlor jeden Mut und sagte, er wollte auf der Stelle sterben. Da auch unser Zunderholz naß geworden war, konnten wir, nachdem wir das Ufer endlich erreicht hatten, kein Feuer anmachen. Unsere Mokassins und Gamaschen waren so hart gefroren, daß wir uns nicht vorwärtsbewegen konnten, und wir dachten wirklich, daß unsere letzte Stunde gekommen sei. Aber ich war nicht wie mein indianischer Bruder und deshalb auch nicht gewillt, mich einfach hinzusetzen und auf den Tod zu warten. Ich hielt mich in Bewegung, soweit es mir möglich war, während er sich auf einem trockenen Platz am Ufer hingelegt hatte, der durch den Wind schneefrei war. Endlich fand ich etwas trockenes morsches Holz, das ich als Zunder verwandte, und war so glücklich, ein Feuer anmachen zu können. Dann beschäftigten wir uns damit, unsere Mokassins aufzutauen und zu trocknen, und als sie wenigstens zum Teil trocken waren, zogen wir sie an und konnten nun Feuerholz sammeln und ein großes Feuer unterhalten. Als die Nacht anbrach, hatten wir ein warmes Feuer und trockene Kleider an, und obgleich wir nichts zu essen hatten, war dies nicht allzu schlimm, denn die Kälte ist schlimmer als der Hunger. Im zeitigsten Morgengrauen verließen wir unser Lager und schlugen den Heimweg ein. Zum Glück begegneten wir unserer uns entgegenkommenden Mutter, die uns trockene Kleider und etwas Nahrung brachte. Sie hatte uns bereits gegen Sonnenaufgang des Vortages erwartet und kannte auch den reißenden Fluß, den wir zu überqueren hatten. Als es dunkel geworden war, nahm sie an, daß wir im Eise des Flusses eingebrochen seien und machte sich sofort auf den Weg.

Sie wanderte die ganze Nacht durch und traf uns auch richtig in der Nähe der Unglücksstelle.

Leidend und stets dem Hungertode nahe, lebten wir so für einige Zeit, als endlich ein Muskegoe oder Sumpf-Indianer[8], »Der Raucher« genannt, zu dem Handelsposten kam. Er sah, in welch armseligem Zustande wir uns befanden und lud uns ein, mit ihm in seine Gegend zu kommen. Er wollte für uns jagen und uns im Frühling zum Handelsposten zurückbegleiten. Wir machten mit ihm zwei lange Tagesreisen nach Westen und erreichten endlich einen *We-sau-ko-ta-see-bee* oder »Fluß des Verbrannten Holzes« genannten Ort, wo sein Zelt sich befand. Er nahm uns mit sich in sein Zelt und wir litten, solange wir bei ihm waren, keine Not mehr. Denn dies ist noch immer die Sitte der entfernt von den Weißen wohnenden Indianer. Die Ottawa jedoch und andere in der Nähe der Siedlungen lebenden Indianer sind wie die Weißen geworden und geben nur denen etwas, die dafür bezahlen können. Selbst wenn jetzt nach so vielen Jahren ein Mitglied der Familie *Net-no-kwas* einen Angehörigen des »Rauchers« treffen würde, so würden wir ihn »Bruder« nennen und wie einen solchen behandeln.

Es wurde beschlossen, daß wir nach Red River weiterziehen wollten, deshalb setzten wir unsere Reise nach dem Waldsee (Lake of the Woods) weiter fort. Die Indianer nennen diesen See *Pub-we-kwaw-waung-gaw-Sau-gi-e-*

gun oder »See der Sandhügel«. Warum ihn die Weißen »Waldsee« nennen, weiß ich nicht, besonders weil es dort gar nicht viel Wald gibt. Dort wehten scharfe Winde, und die Wellen schlugen so in unser Kanu hinein, daß ich es mit meinem großen Kessel nur mit großer Mühe schnell genug wieder herausschöpfen konnte.

Im Herbst erreichten wir den »See des Schmutzigen Wassers« (Lake of Dirty Water), den die Weißen Lake Winnipeg[9] nennen. Hier begann die alte *Net-no-kwa* ganz gegen ihre sonstige Gewohnheit zu trinken, wohl infolge des vielen Leides, das sie durchgemacht und der vielen Verluste, die sie erlitten hatte. Wir, die wir töricht und nicht daran gewöhnt waren, unsere Handlungen selbst zu überlegen, beschlossen trotz des aufkommenden starken Windes, die alte Frau ins Kanu zu setzen und mit ihr zur anderen Seite des Sees hinüberzufahren. Die Händler rieten uns, dies bei der herrschenden Windrichtung nicht zu tun, aber wir hörten nicht auf sie und fuhren trotzdem ab. Da der Wind vom Ufer weg wehte, war das Wasser dort verhältnismäßig ruhig, aber wir waren kaum etwas weiter draußen, als die Wellen auch schon mit großer Wucht in unser Kanu schlugen. Wir bemerkten nun, daß es noch gefährlicher sein würde zu drehen, um das verlassene Ufer wieder anzulaufen, als direkt vor dem Wind zu fahren. Jetzt ging auch noch die Sonne unter, und der Wind wurde immer heftiger. Wir betrachteten uns bereits als verloren und begannen zu weinen. Da wurde die alte Frau plötzlich nüchtern, erkannte die Gefahr unserer Lage, sprang auf und richtete ein lautes und ernstes Gebet an den Großen Geist, worauf sie mit erstaunlicher Tatkraft ihr Paddel ergriff, uns ermutigte und *Wa-me-gon-a-biew* zeigte, wie er das Kanu zu steuern hatte. Wir erreichten tatsächlich das Ufer, aber als sie die Stelle, der wir uns näherten, erkannte, sagte sie: »Meine Kinder, es scheint wirklich, als ob wir alle untergehen müßten. Denn dieses Ufer ist voll großer Felsen, die unter Wasser liegen, und unser Kanu wird in Stücke gerissen werden. Wir können nichts anderes tun, als direkt auf das Ufer zuzusteuern. Wir können die Felsen zwar nicht sehen – vielleicht gelingt es uns, zwischen ihnen hindurchzukommen.« Und so war es tatsächlich. Unser Kanu wurde auf einen Sandstrand geschleudert, wo es anlief. Sofort sprangen wir heraus und zogen es außerhalb des Bereichs der Wellen. Wir schlugen unser Lager auf, und kaum brannte das Lagerfeuer, als wir auch schon die alte Frau wegen ihrer Betrunkenheit auslachten und wegen der Aufregung, die sie beim Nüchternwerden gezeigt hatte. Am Morgen sahen wir, daß das Ufer tatsächlich so beschaffen war, wie sie es beschrieben hatte und daß wir in völliger Dunkelheit an einer Stelle gelandet waren, wo es der kühnste Indianer noch nicht einmal bei Tageslicht wagen würde. Wir kampierten, um unsere Habe zu trocknen, dort während des nächsten Tages, der schön und ruhig war, und fuhren am Abend nach der Mündung des Red River weiter. Wir erreichten unser Ziel erst spät am Abend, und da wir in der Nähe ein Zelt bemerkten, legten wir uns nieder, ohne erst ein Feuer anzuzünden oder irgendwelche Geräusche zu machen, die die Leute stören konnten, von denen wir nicht wußten, wer sie waren. Am Morgen kamen sie und weckten uns, und es stellte sich heraus, daß es die Familie eines der Brüder von *Taw-ga-we-ninne* war, die Verwandten, die zu besuchen wir gekommen waren.

Mándeh-Páchu – ein junger Mandan-Indianer

DRITTES KAPITEL

Freundlicher Empfang durch die Indianer am Assiniboin-Prärie-Portage – Net-no-kwas *Traum und seine Erfüllung – Zusammentreffen mit* Pe-shau-ba, *einem hervorragenden Krieger der Ottawa – Reise nach* kau-wau-koning *und Aufenthalt dort – Rückkehr zum Lake Superior – Kriegszug gegen die Minnetauks*

Kurz darauf reisten wir den Red River flußaufwärts und kamen zwei Tage später zur Mündung des Assiniboin, wo zahlreiche Ojibwa und Ottawa ihre Lager aufgeschlagen hatten. Sofort nach unserer Ankunft traten die Häuptlinge zusammen, um über unseren »Fall« zu beraten und unseren Lebensunterhalt zu regeln. »Diese unsere Verwandten«, sagte einer der Häuptlinge, »sind aus der Ferne zu uns gekommen. Die beiden Jungen sind noch nicht imstande, für den Lebensunterhalt der Gruppe zu sorgen, und wir können nicht zulassen, daß sie unter uns darben.« So erbot sich denn ein Mann nach dem anderen, für uns zu jagen, und da unsere Jäger ja gestorben waren und wir hierher gekommen waren, um Biber zu erlegen, kamen sie außerdem überein, daß jeder uns einen Teil seiner Jagdbeute überlassen sollte. Gemeinsam brachen wir alle zum Assiniboin-Fluß auf und lagerten schon während der ersten Nacht in der Gegend, wo es Büffel gab

Am Morgen erhielt ich die Erlaubnis, mich einigen Indianern, die zur Büffeljagd auszogen, anzuschließen. Wir begegneten vier Bullen und töteten einen davon. Dann setzten wir zehn Tage lang unsere Reise an den Ufern des Assiniboin fort und erlegten unterwegs zahlreiche Bären. Der Assiniboin ist breit, flach und gewunden, und sein Wasser ist trübe wie das des Red River; jedoch ist sein Flußbett im Gegensatz zu dem schlammigen des Red River sandig. Unser Ziel lag zu Lande siebzig Meilen entfernt von der Mündung des Assiniboin; aber wenn man im Kanu reist, ist die Entfernung bedeutend größer. Die Ufer dieses Flusses sind auf beiden Seiten mit Pappeln, Weißeichen und anderen Bäumen bewachsen, die eine beträchtliche Höhe haben.

Jedoch reicht die Prärie nahe an diesen Fluß heran und geht manchmal bis zu seinen Ufern. Der Ort, wo wir haltmachten, heißt Prärie-Portage. Die Indianer gaben dort dem uns begleitenden Händler den Rat, ein Blockhaus zu erbauen und während des Winters hier zu bleiben. Wir alle verließen unsere Kanus und gingen ins Innere, um in der Nähe der zahlreichen kleinen Flüsse Biber zu jagen. *Wa-me-gon-a-biew* und mir wurde von den Indianern ein kleiner Wasserlauf zugeteilt, wo es viele Biber gab und wo nur wir allein jagen sollten. Meine Mutter gab mir drei Fallen[1] und zeigte mir, wie sie mit Hilfe einer um die Feder gebundenen Schnur zu stellen seien, da ich es noch nicht fertigbrachte, sie wie die erwachsenen Indianer mit meinen Händen zu spannen. Ich stellte also meine drei Fallen und fand am nächsten Morgen zwei Biber darin vor. Da ich noch nicht verstand, die Beute herauszunehmen, schleppte ich die Biber in den Fallen heim, und zwar je einen auf meinem Rücken, wobei die alte Frau mir half. Wie stets, war sie entzückt und erfreut über meinen Erfolg. Immer war sie freundlich zu mir und ergriff stets meine Partei, wenn einmal die Indianer mich verhöhnen oder ärgern wollten.

Etwa drei Monate lang blieben wir dort und lebten während dieser Zeit genausogut wie jedes andere Mitglied der Gruppe; denn sobald unser eigenes Wild nicht für uns ausreichte, waren wir sicher, daß stets einer unserer Freunde für uns sorgen würde, solange überhaupt irgendetwas erlegt wurde. Als der Winter herannahte, trennte ein Teil unserer Gefährten sich von uns. Die Verbleibenden wohnten in zwei Zelten, unseres war das dritte. Es kamen aber noch vier von Cree bewohnte Zelte hinzu. Diese Leute sind mit den Ojibwa und Ottawa verwandt, aber ihre Sprache ist etwas anders und konnte von uns nicht leicht verstanden werden. Ihr Land grenzt an das der Assiniboin oder Steinekocher, und obwohl sie nicht mit den genannten Stämmen verwandt oder verbündet sind, leben sie meistens in Frieden mit ihnen und haben sich mit ihnen mehr oder minder vermischt. Langsam begann nun das Wild dort rarer zu werden, und wir alle litten Hunger. Der Häuptling unserer Gruppe hieß *As-sin-ne-boi-nainse* (Der kleine Steinekocher«). Er machte uns den Vorschlag, weiterzuziehen, da diese Gegend nun ausgebeutet war. Wir setzten den Tag der Abreise fest, aber noch ehe er kam, wurde unsere Not fast unerträglich. Am Abend vor unserem Aufbruch sprach meine Mutter ausführlich von dem von uns erlittenen Unglück und von unseren Verlusten und von der dringenden Not, in der wir uns wieder einmal befanden. Ich ging wie immer zu der Stunde schlafen, in der alle jüngeren Mitglieder unserer Familie sich zur Ruhe begaben, wurde aber durch das laute Singen und Beten unserer Mutter wieder aufgeweckt, die ihre religiöse Andacht fast während der ganzen Nacht fortsetzte.

Sehr zeitig am folgenden Morgen rief sie uns alle zusammen und ließ uns unsere Mokassins anziehen. Dann sprach sie leise mit *Wa-me-gon-a-biew* und sagte zu ihm: »Mein Sohn, letzte Nacht habe ich zu Ehren des Großen Geistes gesungen und gebetet, und als ich dann eingeschlafen war, kam er in Menschengestalt zu mir und sagte: ›*Net-no-kwa*, morgen wirst du Bärenfleisch essen. Etwas entfernt von dem Pfad, den du morgen entlangreisen wirst und in der Richtung‹ (die sie genau beschrieb), ›ist eine kleine runde Wiese mit einem dorthin führenden Weg – dort befindet sich ein Bär.‹ Nun, mein Sohn, bitte ich dich, dorthin zu gehen, ohne jemandem etwas davon zu sagen, und du wirst dort ganz bestimmt den von mir beschriebenen Bären finden.« Der junge Mann jedoch, der nicht gerade sehr ernst veranlagt war und auf die Worte seiner Mutter keinen besonderen Wert legte, verließ das Zelt und sprach in Gegenwart anderer Indianer verächtlich über jenen Traum. »Die alte Frau behauptet«, so sagte er, »daß wir heute einen Bären verspeisen würden; aber ich weiß wirklich nicht, wer ihn erlegen soll.« *Net-no-kwa* hörte das, rief ihn wieder ins Zelt und machte ihm Vorwürfe, aber sie konnte ihn nicht veranlassen, auf die Jagd zu gehen.

Die Indianer zogen nun zu dem Platze hin, wo wir die Nacht verbringen wollten. Zuerst gingen die Männer allein voran. Alle trugen einige Gepäckstücke, und als sie am Lagerplatz ankamen, warfen sie ihre Bündel nieder und gingen jagen. Einige der Jungen, unter denen auch ich mich befand, begleiteten die Männer und blieben bei den Bündeln, um die Ankunft der Frauen zu erwarten. Ich hatte mein Gewehr bei mir und dachte an die Unterhaltung meiner Mutter mit *Wa-me-gon-a-biew* über ihren Traum. Ich entschloß mich, die von ihr beschriebene Stelle aufzusuchen, und ohne jemandem von meiner Absicht etwas mitzuteilen, lud ich mein Gewehr, so wie man es für Bären lädt, und ging auf dem Wege, den wir gekommen waren, ein Stück zurück. Dort traf ich meine Tante, die mit einem der Brüder *Taw-ga-we-ninnes* verheiratet war. Diese Frau liebte uns nicht gerade sehr, da sie uns als eine ihrem Manne auferlegte Last betrachtete, der uns manchmal mit etwas Nahrung versorgte, und sie hatte mich oft lächerlich gemacht. Sie fragte mich sofort, was ich hier täte und ob ich mit geladenem Gewehr etwa einige Indianer zu töten beabsichtigte. Ich gab ihr keine Antwort und dachte nur, daß ich mich jetzt an der Stelle befand, wo meine Mutter *Wa-me-gon-a-biew* angewiesen hatte, den Pfad zu verlassen. So bog ich ab und beachtete genauestens alle ihre Anordnungen. Endlich sah ich einen kleinen, runden Platz im Walde, der aussah, als wäre er früher ein Tümpel gewesen. Dort gab es Gras und einige Büsche. Ich glaubte, daß dies die »Wiese« sei, die meine Mutter erwähnt hatte, und untersuchte sie von allen Seiten. Zwischen den Büschen war eine offene Stelle, von wo wahrscheinlich ein kleiner Bach in die Rundung einmündete; aber der Schnee war so tief, daß ich nichts Genaues unterscheiden konnte. Meine Mutter hatte außerdem noch erwähnt, daß sie, als sie in ihrem Traum den Bären sah, auch etwas Rauch wahrgenommen hatte, der vom Boden aufstieg. Ich war fest davon überzeugt, mich an der von ihr beschriebenen Stelle zu befinden. Lange Zeit wartete ich auf den aufsteigenden Rauch, aber ich wurde endlich des Wartens müde, machte einige Schritte auf die offene Stelle zu und sank plötzlich bis zur Mitte meines Körpers in den tiefen Schnee ein. Ich kletterte ohne Mühe heraus, erinnerte mich aber plötzlich daran, daß die Indianer zuweilen vom Töten von Bären in ihren Höhlen gesprochen hatten. Vielleicht war das Loch, in das ich gefallen war, eine Bärenhöhle. Ich bückte mich und sah hinein, und da bemerkte ich den Kopf eines Bären, der auf dem Boden der Höhle lag.

Ich setzte ihm die Mündung meines Gewehres zwischen die Augen und drückte ab. Sobald der Rauch sich verzogen hatte, nahm ich einen Ast und stieß ihn in die Augen und in die Kopfwunde des Bären, und nachdem ich so festgestellt hatte, daß er tot war, versuchte ich, ihn aus der Höhle herauszuziehen. Aber da ich dazu nicht imstande war, kehrte ich um, wobei ich der Spur folgte, die ich beim Kommen gemacht hatte. Sobald ich das Lager erreichte, wo die Frauen inzwischen die Zelte errichtet hatten, traf ich zuerst dieselbe Frau, die mich schon auf dem Hinwege verhöhnt hatte. Ihre erste Frage war: »Hast du etwa einen Bären geschossen, da du so schnell zurückkommst und solche Eile hast?« Ich dachte bei mir selbst: »Woher weiß sie, daß ich einen Bären erlegt habe?« Aber ich ging an ihr vorüber, ohne etwas zu ihr zu sagen und betrat sofort das Zelt meiner Mutter. Die alte Frau sagte zu mir: »Mein Sohn, sieh in diesen Kessel. Dort wirst du ein kleines Stück Biberfleisch finden, das ein Mann mir gegeben hat, nachdem du mich am Morgen verlassen hast. Du mußt aber die Hälfte für *Wa-me-gon-a-biew* übriglassen, der noch nicht von der Jagd zurückgekommen ist und heute noch nichts zu essen gehabt hat.« Ich aß das Stück Biberfleisch, und als ich es verzehrt hatte, nahm ich eine Gelegenheit wahr, als sie allein stand, ging zu ihr hin und flüsterte ihr ins Ohr: »Meine Mutter, ich habe einen Bären geschossen.« – »Was sagst du, mein Sohn?« fragte sie. »Ich habe einen Bären erlegt.« – »Bist du sicher, daß du ihn auch getötet hast?« – »Ja.« – »Ist er wirklich tot?« – »Ja.« Sie sah mich einen Augenblick lang an und nahm mich dann in ihre Arme, um mich lange Zeit mit großem Ernste an sich zu drücken und zu küssen. Ich berichtete ihr dann, was meine Tante auf dem Hin- und Rückwege zu mir gesagt hatte, und als ihr Mann es bei seiner Rückkehr erfuhr, machte er ihr nicht nur die heftigsten Vorwürfe, sondern schlug sie auch, und zwar sehr heftig. Der Bär wurde geholt, und da er der erste von mir erlegte war, wurde alles Fleisch zum Essen zubereitet, und nach der Sitte der Indianer luden wir alle Jäger der Gruppe ein, das Mahl mit uns festlich zu begehen.[2]

Am selben Tage noch erlegte einer der Cree einen Bären und einen Elch und gab meiner Mutter einen großen Anteil von seiner Jagdbeute ab. Jetzt hatten wir wirklich viel Fleisch, denn auch *Wa-me-gon-a-biew* erlegte seinen ersten Büffel, und meine Mutter gab bei dieser Gelegenheit ein weiteres Fest, zu dem die gesamte Gruppe eingeladen wurde.

Bald darauf verließen uns die Cree, um in ihr eigenes Gebiet zurückzukehren. Sie waren freundliche und gastliche Gefährten und es tat uns leid, uns von ihnen zu trennen. Wir selbst gingen dann zu dem Orte zurück, wo wir den Händler verlassen hatten und kamen dort am letzten Dezembertage an, denn ich entsinne mich, daß der nächste Tag Neujahr war.

In der Nähe dieses Handelspostens blieben wir einige Zeit lang allein, bis der Händler nach uns schickte. Bei ihm fanden wir *Pe-shau-ba,* einen berühmten Kriegshäuptling der Ottawa, der vor einigen Jahren vom Lake Huron in dieses Gebiet gekommen war. Er hatte von einer alten Ottawafrau erzählen hören, die mit zwei Frauen, zwei Knaben und drei kleinen Kindern nach dem Tode der Männer der Familie am Assiniboin-Fluß leben und Not leiden sollte. Er war deshalb herbeigekommen und hatte drei

Gefährten mitgebracht. Solche Gefährten eines Häuptlings pflegen die Indianer seine »jungen Männer« zu nennen, obwohl einer von ihnen älter war als er selbst. Ihre Namen waren: *Waus-so* (»Der Blitz«), *Sag-gi-to* (»Der, vor dem sich alle fürchten«) und *Sa-ning-wub* (»Der seine Flügel Ausbreitende«). *Waus-so* war ein alter Mann und selbst ein berühmter Krieger. Aber er war unterwegs krank geworden und man hatte ihn deshalb zurückgelassen. *Pe-shau-ba* war, den Berichten der Indianer folgend, uns von Ort zu Ort nachgezogen und hatte uns endlich in der Nähe der Prärie-Portage gefunden. Er war ein großer und sehr schöner alter Mann, und als wir zu ihm kamen, erkannte er in *Ne-no-kwa* sofort eine Verwandte. Dann betrachtete er uns und fragte: »Wer sind diese?«

Sie antwortete: »Das sind meine Söhne.« Er sah mich sehr genau an und sagte: »Komm zu mir, mein Bruder.« Dann hob er einen Zipfel der Decke, die er trug, auf und zeigte mir eine tiefe und gefährliche Wunde auf seiner Brust. »Entsinnst du dich, mein jüngerer Bruder, wie wir zusammen mit Speeren und Gewehren spielten und du mir diese Wunde beibrachtest?« Er sah meine Verlegenheit und belustigte sich noch einige Zeit damit, die Begleitumstände zu beschreiben, unter denen er seine Wunde erhalten hatte. Endlich erlöste er mich aus meiner Spannung und Besorgnis, indem er sagte, es sei zwar nicht ich persönlich gewesen, der ihn verwundet habe, wohl aber einer meiner Brüder, und zwar an einem Orte, dessen Namen er nannte. Er sprach von *Ke-wa-tin*, der, wäre er leben geblieben, nicht viel älter gewesen wäre als ich, und erkundigte sich besonders nach den Einzelheiten meiner Gefangennahme, die nach seinem Weggang aus dem Lake-Huron-Gebiet stattgefunden hatte.

Kurz nach Neujahr gingen wir mit *Pe-schau-ba* in seine Gegend, die weit entfernt lag. Der Schnee lag sehr hoch, und da unser Reiseweg hauptsächlich durch die offene Prärie hindurchführte, so kamen wir bei starkem Wind überhaupt nicht vorwärts. Wir begannen die Reise in hungrigem Zustand, fanden aber bald eine Menge Büffel, die fett und wohlschmeckend waren. Trotz des hohen Schnees und des strengen Winters konnten sich die Büffel gut ernähren, indem sie den Schnee mit ihren Köpfen wegschoben und auf diese Weise das Gras erreichten. Wir hatten unsere aus Schilf geflochtenen *Puk-kwi*-Decken weggeworfen, da die Reise zu lang war, um sie mit uns herumzutragen. Bei schlechtem Wetter bauten wir uns Windschirme und bedeckten sie mit drei oder vier frischen Büffelfellen, die schnell froren und uns gut vor Wind und Schnee schützten. Bei windstillem Wetter übernachteten wir nur unter dem Schutze unserer Schlafdecken. Während der gesamten Reise trugen *Pe-shau-ba* und *Sa-ning-wub* die beiden kleinen Kinder meiner Schwester auf ihrem Rücken. So zogen wir denn zwei und einen halben Monat lang dahin, so schnell das Wetter es uns gestattete. Etwa auf der Hälfte der Reise kamen wir am Handelsposten und an dem Fort vorüber, die am Mouse River (Maus-Fluß) gelegen waren. Die Hauptrichtung unserer Reise lag nordwestlich. Endlich erreichten wir einen Ort namens *Kau-wau-ko-ming Sah-kie-gun*, »See des klaren Wasser«, in den ein kleiner Fluß namens *Sas-kaw-ja-wun* (»Schnelles Wasser«) einmündet, der aber nicht der weiter nördlich gelegene Saskatchewan-Fluß ist. Der See des klaren Wassers ist jedoch nicht die Hauptquelle des kleinen *Sas-kaw-ja-wun*, die sich hoch oben im Norden befindet. Am Ufer dieses Flusses befand sich das kleine Blockhaus, wo *Pe-schau-ba* mit seinen drei Gefährten seit einigen Jahren gewohnt hatte. Er hatte seine Frau am Lake Huron zurückgelassen; und auch die anderen Männer hatten, ob sie nun verheiratet waren oder nicht, keine Frauen bei sich. Sofort nach seiner Ankunft öffnete er sein *Sun-je-gwun* und entnahm ihm große Mengen von Biberfellen, getrocknetem Fleisch, zubereitetem Leder und anderen Dingen und übergab alles dies den Frauen mit den Worten: »Wir sind lange genug unsere eigenen Squaws gewesen, aber das muß nun aufhören. Ihr müßt nun dafür sorgen, daß unsere Felle zubereitet, unser

Fleisch getrocknet, unsere Mokassins angefertigt und alle unsere Frauenarbeit getan wird.« Besonders die alte Frau übernahm die Sorge für *Pe-shau-bas* Eigentum. Sie nannte ihn ihren Sohn und behandelte ihn auch dementsprechend. Ihre Tochter und Schwiegertochter nahmen sich der anderen drei Männer an. *Wa-me-gon-a-biew* und ich genossen noch immer die besondere Sorgfalt unserer Mutter. Bei der Jagd war ich der Gefährte *Pe-shau-bas*, der stets freundlich mit mir umging und mich mit großem Vergnügen alles lehrte, was dazu gehört, ein guter Jäger zu sein. Es muß schon zu Ende des Winters gewesen sein, als wir am Klarwassersee ankamen, aber es war noch immer so kalt, daß alles Wasser, das wir aus unserem Zelt heraustrugen, sofort gefror. Wenn wir zur Jagd auszogen, gingen wir lange vor Sonnenaufgang und kehrten erst zurück, als es bereits dunkel war. Um die Mittagszeit erreichte die Sonne kaum die Spitzen der Bäume, obwohl diese dort sehr niedrig sind.

Das Gebiet lag in der Prärie und wies nur einige niedrige Zedern und Kiefern auf, es gab aber dort sehr viele Biber und anderes Wild. Es liegt nicht weit vom Lande der Mandan am Missouri entfernt. Vom Mausfluß aus kann ein Mann in einem Fußmarsch von vier Tagen das nächste Mandan-Dorf erreichen. Kurz ehe im Frühling die Blätter sich entfalten, fuhren wir mit allen unseren Pelzen, großen Mengen getrockneten Fleisches und getrockneten Biberschwänzen[3] zum Handelsposten am Mausfluß.

Dort gibt es weder Birken noch Zedern, deren Rinde sich zum Bau eines Kanus eignen würde. So machten wir uns für diese Reise ein Boot aus frischen Elchfellen, die, wenn man sie sehr sorgfältig zusammennäht, über einen geeigneten Rahmen spannt und trocknen läßt, starke und widerstandsfähige Boote ergeben, die jedoch bei warmem Wetter nicht lange haltbar bleiben. In einem Kanu dieser Art, das etwa eine halb so große Tragfähigkeit hat wie ein normales Mackinac-Boot (etwa fünf Tonnen), beförderten wir uns und alle unsere Habe, da *Net-no-kwa* und *Pe-*

shau-ba beschlossen hatten, zum Lake Huron zurückzukehren.

Einige Tage lang fuhren wir den Kleinen Saskatschewan entlang. Wir kamen dort in ein Dorf der Assiniboin, bei denen wir für eine Weile blieben. Keiner von uns außer *Waus-so*, der irgendwo ihre Sprache erlernt hatte, konnte sich mit ihnen verständigen. Als wir vom Kleinen Saskatschewan in den Assiniboin-Fluß einbogen, kamen wir zu den Stromschnellen, wo sich ein Dorf der Assiniboin und einiger Cree befand, das aus einhundertfünfzig Zelten bestand. Wir brauchten nun neue Nahrungsmittel und beschlossen, einen oder zwei Tage lang dort Störe zu fangen, die in genügender Anzahl vorhanden waren. Bei den Assiniboin sahen wir einen alten Mann, der gerade einen Stör aus dem Wasser zog, einen Teil seines Maules abschnitt und ihn dann in rohem Zustande ohne irgendwelche Würze aß.[4] Diese Leute erschienen uns überhaupt schmutzig und brutal. Es kann auch sein, daß wir sie deshalb nicht leiden konnten, weil zwischen den Ojibwa und den *Abbwoi-nug* (»Spießröstern«, da sie ihr Fleisch an Holzspießen braten) eine allgemeine Antipathie besteht. Zwei Tagesreisen nach den Stromschnellen kamen wir zum Monk River, wo sowohl die Northwest- wie auch die Hudson's Bay Company je einen Handelsposten hatten. Hier begannen *Pe-shau-ba* und seine Freunde zu trinken, und innerhalb kurzer Frist waren alle in langer und erfolgreicher Jagd erbeuteten Pelze vertan. An einem Tage verkauften wir hundert Biberpelze gegen Schnaps. Der Preis war damals sechs Biberfelle für einen Liter Rum, aber sie taten reichlich Wasser hinein. Nachdem die Männer dort getrunken hatten, machten wir Kanus aus Birkenrinde, immer noch in der Absicht, unsere Reise fortzusetzen. Aber zu jener Zeit versammelten sich dort gerade die Assiniboin und Cree und alle anderen Indianer dieser Gegend, die mit den Mandan Frieden geschlossen hatten und von den Mandan in deren Gebiet eingeladen worden waren, um sich zu einem Kriegszug gegen einen Stamm zusammenzutun, den die Ojibwa *A-gutch-a-ninne* nennen. Sie leben zwei Tagesreisen von den Mandan entfernt. Als *Waus-so* dies hörte, beschloß er sofort, sich den Kriegern anzuschließen, die sich am Mausfluß versammelten. »Ich möchte nicht in mein Land zurückkehren«, sagte er, »ehe ich nicht noch einige Narben davongetragen haben. Ich möchte die Leute, die meine Brüder getötet haben, treffen.« *Pe-shau-ba* und *Net-no-kwa* versuchten vergebens, ihn von seinem Vorhaben abzubringen, und schließlich begann auch *Pe-shau-ba*, als er die Begeisterung seiner Gefährten sah, sich für den Plan zu erwärmen. Nachdem sie sich einen oder zwei Tage lang beraten hatten, sagte er zu der alten Frau: »Ich kann nicht ohne *Waus-so* in das Land der Ottawa zurückkehren. Auch *Sa-ning-wub* und *Sag-git-to* wollen mit ihm gehen, um den Nachbarn der Mandan einen Besuch abzustatten. So will ich denn ebenfalls mitgehen. Wartet auf mich am Winnipeg-See, wo ich im Herbst eintreffen werde, und vergeßt nicht, ein Faß Rum dort für mich bereitzuhalten, denn ich werde bei meiner Rückkehr sehr durstig sein.«

Sie ließen die unfertigen Kanus zurück und gingen alle zusammen fort, um sich dem Kriegszug anzuschließen. Auch *Wa-me-gon-a-biew* schloß sich ihnen an und ließ mich allein mit den drei Frauen und den drei Kindern. Aber diese Unternehmung, um derentwillen die Mandan Hilfstruppen aus den entlegensten Gebieten zusammengebracht hatten, scheiterte an dem mangelnden Zustand der einzelnen Gruppen. Da einige von ihnen traditionelle Feinde der anderen waren, entstanden Streitereien, und der Kriegszug wurde aufgegeben, so daß die *A-gutch-a-ninne* sich in ihrem Dorfe weiter des Friedens erfreuen konnten.

Als die Händler wie erwartet eingetroffen waren, reisten wir mit ihnen zum Handelsposten am Lake Winnipeg, wo wir zwei Monate blieben. Sie fuhren dann zum Assiniboin zurück, und wir kauften ein Rindenkanu, in dem wir sie begleiteten. Wir hatten eine Menge Biberfelle zum Bezahlen der Waren der weißen Händler, und *Net-*

no-kwa hatte für *Pe-shau-ba* das versprochene Rumfaß bei sich. Das Faß enthielt etwa vierundzwanzig Liter und wir hatten für jeden Liter sechs Biberfelle bezahlt. Die meisten dieser Biber hatte ich selbst erlegt. Oft erbeutete ich pro Monat hundert Biber, kannte aber damals ihren Wert noch nicht.

VIERTES KAPITEL

Auf der Elchjagd – Biber- und Büffeljagd – Gefahren beim Erlegen einer Büffelkuh – Die Indianer der Wasserfälle – Rückkehr nach Rainy Lake – Der Begwionusko-Fluß und -See – Gastfreundschaft – Die Leiden des Hungers – Red River – Verlust unserer Bündel – Angebliche Unehrlichkeit der Händler – Unglück nach dem Verlust unserer Felle.

Am Assiniboin-Ffluß, und zwar zwei oder drei Tagesreisen oberhalb der Prärie-Portage, befindet sich eine Stelle namens *Ke-new-kau-neshe-way-boant* (»Wo sie den grauen Adler niederwerfen«); dort machen die Indianer oft halt. Hier sahen wir bei unserer Ankunft einige kleine in den Boden gesteckte Stäbe, an denen Birkenrindenstücke befestigt waren, auf die die Bilder von Bären und anderen Tieren eingeritzt waren. *Net-no-kwa* erkannte in ihnen sofort die Totems von *Pe-shau-ba, Waus-so* und ihrer Gefährten. Die Zeichen waren ohne Zweifel von ihnen an dieser Wegkreuzung aufgestellt worden, um uns mitzuteilen, daß *Pe-shau-ba* hier gewesen sei und um uns zu sagen, wo wir ihn finden würden. Wir verließen deshalb die Händler, folgten der Richtung, die *Pe-shau-ba* angegeben hatte und fanden ihn und seine Begleiter zwei Tagesreisen vom Flusse entfernt wieder. Sie waren von dem verunglückten Kriegsausflug zum Handelsposten am Mouse River zurückgekehrt, hatten die unfertig hinterlassenen Kanus fertiggebaut und waren nach *Ke-new-kau-neshe-way-boant* hinuntergefahren, wo sie geblieben waren, weil es dort gute Jagdgründe gab. In ihrem Lager fanden wir einen reichlichen Wildvorrat; fernerhin hatten sie eine Menge Biber erlegt. Dort gab es vor allem auch zahlreiche Elche, und es war gerade Brunstzeit. Ich entsinne mich, daß *Pe-shau-ba* mich eines Tages mit den beiden jungen Frauen fortschickte, um etwas Fleisch von einem von ihm in der Nähe getöteten Elch zu holen. Da die Frauen sahen, daß der Elch groß und fett war, beschlossen sie, an der Stelle zu bleiben, um das Fleisch erst zu trocknen, ehe sie es zum Lager trugen. Ich belud mich mit einem Teil des frischen Fleisches und begab mich auf den Rückweg. Ich hatte mein Gewehr bei mir, und da ich wußte, daß es hier viele Elche gab, lud ich es, versteckte mich im Gebüsch und ahmte den Ruf des Elchweibchens nach. Prompt kam auch schon ein großer Elchbock so direkt auf die Stelle, wo ich war, und mit solcher Heftigkeit auf mich zu, daß ich für meine Sicherheit fürchtete. Ich ließ meine Last fallen und riß aus. Er drehte sich bei meinem Anblick um und lief in entgegengesetzter Richtung davon. Da ich wußte, daß die Indianer mich wegen dieses Benehmens verspotten würden, beschloß ich, noch einen weiteren Versuch zu machen. Diesmal sollte die Angst um meine eigene Sicherheit nicht zur Ursache eines nochmaligen Mißlingens werden. So verbarg ich mich wieder an einem etwas besser ausgewählten Platz und wiederholte ab und zu meinen Elchruf, bis tatsächlich ein anderer Elchbock auf mich zukam. Diesen tötete ich. So verbrachte ich einen großen Teil des Tages und fühlte, daß es nun Zeit sei, mit meiner Last heimzukehren.

Die Frauen hatten sich wegen meiner langen Abwesenheit gesorgt und sandten *Wa-me-gon-a-biew* aus, um mich zu suchen. Er sah mich, als ich aus dem Wald in die große Prärie hinaustrat. Er trug eine schwarze Kapuze, die er bei meinem Anblick über seinen Kopf stülpte, so daß er wie ein Bär aussah. Zuerst hielt ich ihn für einen gewöhnlichen schwarzen Bären und versuchte, auf ihn zu zielen, aber da er mich sehen konnte, wußte ich, daß er, wenn er wirklich ein Bär gewesen wäre, umgekehrt und geflohen wäre. Ich schloß aus seinem Verhalten, daß er ein Grizzlybär sein müsse, drehte mich um und begann vor ihm fortzulaufen. Je schneller ich lief, um so schneller schien er mir zu folgen. Obgleich ich große Angst hatte, entsann ich mich des Rates von *Pe-shau-ba,* niemals auf einen Grizzly zu schießen, wenn nicht Bäume in der Nähe waren, auf die ich mich retten könnte; auch soll man, wenn ein Grizzly einen verfolgt, nur aus nächster Nähe auf ihn schießen. Dreimal drehte ich mich um und erhob mein Gewehr zum Schuß, aber da ich ihn noch für zu weit entfernt hielt, drehte ich mich wieder um und lief weiter. Die Angst muß mir die Augen verschleiert haben, denn ich hätte sehen müssen, daß dieses kein Bär war. Endlich gelang es mir, zwischen ihn und das Zelt zu kommen, und als ich mein allerhöchstes Tempo anschlug, um ihn im Laufen zu übertreffen, hörte ich hinter mir *Wa-me-gon-a-biews* Stimme. Ich sah mich vergebens nach dem Bären um, bis er mich endlich überzeugte, daß es nur seine Verkleidung mit Hilfe eines alten schwarzen Umhangs war, die mich in solchen Schrecken versetzt hatte. Als wir heimkamen, wurde dies den alten Leuten berichtet, die *Wa-me-gon-a-biew* deshalb zurechtwiesen und ihm sagten, daß ich, wenn ich ihn in dieser Verkleidung erschossen hätte, vollkommen im Recht gewesen wäre und daß sie entsprechend den Sitten der Indianer keinen Fehler in meiner Tat gesehen haben würden.

Wir jagten dort vor allem noch Biber in großen Mengen, bis das Eis zu dick wurde; darauf gingen wir in die Prärie, um Büffel zu erlegen. Als der Schnee die Prärie verkrustet hatte, sagten die Männer, daß sie mich bei den Frauen zurückließen, da sie nach dem Klarwasser-See gehen wollten, um Kanus zu bauen und auf dem Hinwege Biber zu jagen. Aber ehe sie gingen, versprachen sie noch Wild für uns zu erlegen, damit wir während ihrer Abwesenheit versorgt wären. *Waus-so,* der ein großer Jäger war, ging allein aus und schoß einen Büffel; aber während der Nacht, als das Wetter sehr kalt und stürmisch wurde, kamen die Büffel in die Wälder in der Nähe unseres Lagers, um Schutz zu suchen. Früh am Morgen kam *Net-no-kwa* zu uns und sagte, daß eine große Herde sich in unmittelbarer Nähe unseres Zeltes befände. *Pe-shau-ba* und *Waus-so* mit *Wa-me-gon-a-biew, Sa-ning-wub* und *Sag-git-to* pirschten sich heran und bezogen Stellungen, um die Herde einzukreisen. Sie wollten mir nicht erlauben, daran teilzunehmen und lachten, als sie mich mein Gewehr laden sahen – aber die alte *Net-no-kwa,* die stets meine Partei ergriff, führte mich, nachdem sie aufgebrochen waren, zu einer Stelle in der Nähe der Zelte, wo, wie ihre Erfahrung sagte, die Herde durchbrechen würde. Die Indianer begannen zu feuern, konnten aber kein einziges Tier erlegen. Die Herde raste an meinem Standort vorüber, und ich hatte das Glück, zur Befriedigung meiner Mutter meine erste große Büffelkuh zu erlegen.

Die Indianer schossen später noch eine beträchtliche Menge Büffel, worauf sie uns verließen. Wir waren nun insgesamt sechs Personen: ich selbst, die alte Frau, eine der jungen Frauen und drei Kinder, mit niemandem als mich, der sie alle zu versorgen hatte; und ich war damals noch sehr jung. Wir trockneten eine große Menge des von den Indianern erbeuteten Fleisches, was eine Zeitlang vorhielt. Dann merkte ich, daß ich wirklich imstande war, Büffel zu schießen, so daß wir lange keine Not zu leiden hatten. Einmal griff eine alte Kuh, die ich verwundet hatte, mich an, obwohl sie kein Kalb hatte, und es war mir gerade noch möglich, mich vor ihr auf einen Baum zu retten. Nicht die Wunde, die ich ihr beigebracht hatte, machte sie rasend, sondern die Hunde. Ich glaube, daß es nur sehr selten vorkommt, daß eine Büffelkuh einen Menschen angreift, es sei denn, die Hunde hätten sie allzusehr beunruhigt.

Als die Blätter an den Bäumen sich zu entfalten begannen, kehrten *Pe-shau-ba* und seine Gefährten in Birkenrindenkanus zu uns zurück und brachten viele Biberfelle und andere kostbare Pelze mit. Die alte *Net-no-kwa* sowohl wie *Pe-shau-ba* wollten nun durchaus an den Lake Huron zurückkehren, aber *Waus-so* und *Sa-ning-wub* mochten nicht dorthin gehen, und *Pe-shau-ba* hatte keine Lust, sich von ihnen zu trennen. *Sag-git-to* war schon seit einiger Zeit sehr krank, er hatte ein großes Geschwür in der Nähe des Nabels. Er betrank sich ein paar Tage lang und hatte furchtbare Leibschmerzen, bis das Geschwür endlich immer mehr anschwoll und aufbrach. *Pe-shau-ba* sagte zu der alten Frau: »Es wäre nicht gut, wenn *Sag-git-to* hier so weit entfernt von allen seinen Freunden stürbe; und da es offensichtlich ist, daß er nicht mehr lange leben wird, denke ich, es wäre das beste, wenn du mit ihm und den kleinen Kindern zum Huronensee zurückkehrtest. Vielleicht erreicht ihr die Stromschnellen (den Mariensprung), ehe *Sag-git-to* stirbt.« So wurde unsere Familie seinem Rate gemäß aufgeteilt. *Pe-shau-ba, Waus-so* und *Sa-ning-wub* blieben, wo sie waren, während *Net-no-kwa* und die beiden anderen Frauen, ferner *Sag-git-to, Wa-me-gon-a-biew*, ich, ein kleines Mädchen, das die alte Frau gekauft hatte, und die drei anderen Kinder uns auf den Weg nach dem Huronensee machten. *Net-no-kwa* hatte das kleine Mädchen, das aus dem Lande der *Bahwegetoweninnewug,* der Indianer des Wasserfalles, stammte, einer auf einem Kriegszug befindlichen Gruppe Ojibwa abgekauft[1]. Die Indianer des Wasserfalles leben in der Nähe des Felsengebirges und wandern meistens mit den Schwarzfußindianern herum. Ihre Sprache ähnelt weder der der Sioux noch der der Ojibwa. Diese letzteren sind wie die Cree mehr mit den Schwarzfußindianern als mit den Indianern des Wasserfalles befreundet. Das von *Net-no-kwa* gekaufte kleine Mädchen war damals zehn Jahre alt und hatte durch ihren Aufenthalt bei den Ojibwa deren Sprache erlernt.

Als wir am Rainy Lake ankamen, hatten wir zehn Bündel Biberpelze, von denen jedes vierzig Felle enthielt. *Net-no-kwa* verkaufte einige zusätzliche Felle gegen Rum und war danach zwei Tage lang betrunken. Wir trafen dort einige Händlerkanus, die zum Red River wollten, und da der nun achtzehn Jahre alte *Wa-me-gon-a-biew* keine Lust hatte, zum Huronensee zurückzukehren, beschloß er, mit den Händlern wieder nordwärts zu fahren. Die alte Frau suchte ihn zum Bleiben zu überreden, aber er sprang einfach in eines der Händlerkanus, als sie abfahren wollten, und obgleich sie auf die Bitten der alten Frau ihn zurückzujagen versuchten, weigerte er sich, das Kanu zu verlassen. *Net-no-kwa* war hierüber ganz außer sich, denn sie konnte es nicht ertragen, sich von ihrem einzigen Sohn zu trennen. So beschloß sie, bei ihm zu bleiben.

Da sie der Ehrlichkeit der Händler nicht vertraute, wollte sie die Pelzbündel nicht bei ihnen lassen. Wir trugen sie deshalb zu einer entlegenen Stelle im Walde und richteten dort in der üblichen Weise ein *sunjegwun* oder Versteck her. Dann kehrten wir zum Waldsee zurück. Es gibt dort einen Weg, den nur die Indianer zum Red River benutzen und auf dem Weiße ihnen nicht folgen können, dieser Weg führte durch den sogenannten Muskeek oder Sumpftragplatz. Wir fuhren einen Fluß hinauf, den die Indianer *Muskeego-ne-gum-me-we-see-bee* oder Sumpffluß nennen und zogen dann unsere Kanus einen Tag lang über die Sümpfe.

Als der Schnee gefallen war und das Wasser so kalt wurde, daß wir keine Biber mehr erlegen konnte, begannen wir Hunger zu leiden. *Wa-me-gon-a-biew* war nun unser Hauptversorger geworden, und er gab sich jede erdenkliche Mühe, die von uns benötigte Nahrung zu verschaffen. Auf einem seiner weitausgedehnten Jagdausflüge traf er auf eine Zeltgemeinschaft von Ojibwa, die, obwohl sie viel Fleisch hatten und wußten, daß er und seine Angehörigen sich in Not befanden, ihm nur soviel Nahrung gaben, als er unmittelbar essen konnte. Er verbrachte die Nacht bei ihnen und machte sich am Morgen auf den Heimweg. Unterwegs gelang es ihm, einen jungen dürren Elch zu erlegen. Als wir dieses bißchen Fleisch aufgegessen hatten, zwang uns die Not, unser Lager in die Nähe jener ungastlichen Leute aufzuschlagen, die *Wa-me-gon-a-biew* getroffen hatte. Wir fanden sie reichlich mit Fleisch versehen, aber für alles, was wir von ihnen erhielten, mußten wir ihnen silberne Schmuckstücke oder andere Wertsachen geben. Ich erwähne die Knauserei und Ungastlichkeit dieser Menschen deshalb, weil ich nie vorher etwas Derartiges unter Indianern erlebt hatte, die sonst stets alle ihre Vorräte mit jedem, der sich in Not befindet, freiwillig teilen.

Wir waren gerade drei Tage bei diesen Indianern, als es ihnen gelang, zwei Elche zu erlegen. Sie riefen *Wa-me-gon-*

a-biew und mich und sagten, wir sollten uns etwas Fleisch holen, gaben uns aber nur den schlechtesten Teil eines Unterschenkels. Daraufhin kauften wir ihnen für unseren Silberschmuck etwas fettes Fleisch ab. Aber die Geduld der alten *Net-no-kwa* war nun erschöpft, und sie verbot uns allen, von diesen Menschen überhaupt noch irgend etwas zu kaufen. Obgleich wir den ganzen Winter lang mit ihnen verbrachten, litten wir den unerträglichsten Hunger. Eines Morgens stand *Net-no-kwa* ganz zeitig auf, hüllte sich in ihre Decke und nahm ihr Beil mit. Sie blieb über Nacht aus und kam erst am Abend des nächsten Tages, als wir alle schon im Zelt lagen, wieder, rüttelte *Wa-me-gon-a-biew* an der Schulter und sagte zu ihm: »Steh auf, mein Sohn. Du bist ein großer Läufer, und nun wollen wir einmal sehen, wie schnell du uns das Fleisch bringen kannst, das der Große Geist mir vorige Nacht gegeben hat. Ich habe die ganze Nacht gebetet und gesungen, und als ich gegen Morgen einschlief, kam der Große Geist zu mir und gab mir einen Bären, damit ich meine hungrigen Kinder ernähren kann. Geh sofort, der Bär wird nicht vor dir davonlaufen, selbst wenn er dich kommen sieht.«

»Nein, meine Mutter«, erwiderte *Wa-me-gon-a-biew*, »es wird schon Abend; bald wird die Sonne untergehen, und man kann dann die Spuren im Schnee nicht mehr sehen. Schick mir am Morgen meinen kleinen Bruder, *Shaw-shaw-wa ne-ba-se*, mit einer Decke und einem Kochtopf nach; ich werde den Bären finden und töten, und wir können dann die Nacht an der Stelle verbringen, wo ich ihn erlegt habe.«

Aber die alte Frau ließ sich von dem jungen Jäger nicht überzeugen. Es folgte ein Zank, und laute Worte wurden gewechselt, denn *Wa-me-gon-a-biew* hatte nicht viel Respekt für seine Mutter, und er tat, was kaum ein anderer Indianer zu tun gewagt haben würde: er machte ihren Glauben an eine persönliche Verbindung mit dem Großen Geiste lächerlich und belustigte sich darüber, daß ein Bär, dem die Jäger auf den Fersen waren, angeblich nicht davonlaufen sollte. Die alte Frau fühlte sich von seinen Worten tief beleidigt, und nachdem sie ihrem Sohn über seine Frivolität Vorwürfe gemacht hatte, verließ sie das Zelt, erzählte den anderen Indianern ihren Traum und wies sie an, zu der Stelle zu gehen, wo der Bär sicherlich zu finden sein würde. Aber sie stimmten mit *Wa-me-gon-a-biew* überein und sagten, es wäre zu spät, jetzt noch jagen zu gehen; da sie dennoch einiges Vertrauen in die Gebete der alten Frau setzten, folgten sie, sobald der Morgen graute, den von ihr gegebenen Anweisungen. Tatsächlich fanden sie den Bären an der von ihr angegebenen Stelle und konnten ihn ohne Schwierigkeit erlegen. Er war groß und fett, aber *Wa-me-gon-a-biew,* der mit ihnen gegangen war, erhielt für unsere Familie nur ein kleines Stück Fleisch. Die alte Frau war hierüber sehr ärgerlich, und das nicht ohne Berechtigung, denn obwohl sie behauptete, daß der Bär ihr vom Großen Geiste gegeben worden sei und daß ein Traum ihr den Aufenthaltsort des Bären enthüllt habe, war sie in Wirklichkeit seinen Spuren nachgegangen, die in ein Gestrüpp führten, um das sie herumging, um sich zu überzeugen, daß er es nicht verlassen hatte. Es war eine ihrer Liebhabereien, solche Tricks anzuwenden und ihre eigene Fähigkeiten dem Großen Geiste zuzuschieben.

Die Not, in der wir uns befanden, veranlaßte uns, weiterzuziehen; und zwar machten wir uns, sobald unser kleiner Anteil an dem Bären aufgegessen war, auf Schneeschuhen zum Red River auf, immer in der Hoffnung, entweder einigen anderen Indianern zu begegnen oder während der Reise einiges Wild erlegen zu können. Ich hatte inzwischen den Fang von Schneehasen in Schlingen gelernt, und sobald wir zum ersten Male unser Lager für die Nacht aufschlugen, lief ich auf dem am nächsten Tag einzuschlagenden Wege voraus und legte dort einige Schlingen, die ich dann beim Vorbeikommen nachsehen wollte. Nach dem Abendbrot, das wir in Zeiten der Not als einzige Mahlzeit zu uns zu nehmen pflegten, waren alle uns verbleibenden Nahrungsvorräte auf etwa ein Liter Bärenfett in einem Topfe zusammengeschmolzen. Es war hart gefroren, und der Topf war mit einem Stück Leder zugebunden.

Am Morgen stellte ich diesen Topf zusammen mit einigen anderen Sachen auf meinen Schlitten und ging voraus, um nach meinen Schlingen zu sehen. Ich fand einen Schneehasen und dachte, es würde meiner Mutter Spaß machen, ihn lebendig zu sehen. So steckte ich ihn in den Topf mit Bärenfett und band den Lederdeckel wieder darüber. Am Abend im Lager beobachtete ich sie, als sie den Topf öffnete, um uns etwas zu essen zu geben, und dachte, der Hase würde herausspringen; aber zu meiner Enttäuschung war das Fett trotz der schrecklichen Kälte flüssig geworden und das Tierchen beinahe ertrunken. Die alte Frau machte mir damals hierüber ernste Vorwürfe, aber noch Jahre später sprach sie lachend über den Hasen und sein plötzliches Erscheinen, als sie den Topf öffnete. Ihr ganzes Leben lang hat sie auch immer wieder von dem boshaften Geiz jener Indianer gesprochen.

Nach einigen Tagesreisen entdeckten wir die Fährten einiger Jäger und waren endlich so glücklich, einen von ihnen weggeworfenen Büffelkopf zu finden. Dies erlöste uns von der Marter des Hungers und wir folgten ihren Spuren, bis wir endlich das Lager einiger Freunde von Red River erreichten.

Es war dies eine große Gruppe von Cree, deren Häuptling *Assin-ne-boi-naise* (Kleiner Assiniboin) hieß. Er war von seinem Schwiegersohn *Sin-a-peg-gun* begleitet. Sie empfingen uns mit Herzlichkeit und Freundschaft, gaben uns reichlich zu essen und versorgten uns mit den notwendigsten Dingen. Nachdem wir etwa zwei Monate mit ihnen verbracht hatten, wurden die Büffel und das andere Wild dort knapp, und die ganze Lagergemeinschaft begann Hunger zu leiden. *Wa-me-gon-a-biew* und ich durchstreiften die Prärie einen Tag lang, bis wir einen Fluß namens Pond River erreichten. Dort fanden wir einen alten Bullen, der so armselig war, daß nicht einmal mehr Haare auf ihm wuchsen. Alles, was von ihm genießbar war, war die

Zunge. Im Laufe dieses Tages hatten wir sehr weite Strecken zurückgelegt und waren sehr müde, ein kalter Wind wehte, und es herrschte ein wildes Schneegestöber. So weit unser Blick über diese flache Prärie hinreichte, war keinerlei Holz zu sehen. Es gab dort nur ein paar junge Eichen, kaum so hoch wie die Schulter eines Mannes; und so sahen wir uns gezwungen, hinter dieser ungenügenden Deckung unser Lager aufzuschlagen. Mit allergrößter Mühe brachten wir es endlich fertig, dieses dünne frische Eichenholz zum Brennen zu bringen, aber es war nur ein schwaches Feuer. Nachdem der Boden unter diesem Feuer ausgetrocknet war, nahmen wir die Glut weg und legten uns auf die heiße Asche. Wir verbrachten diese Nacht schlaflos und machten uns am nächsten Morgen trotz des noch schlechter gewordenen Wetters und des scharfen Windes auf den Heimweg. Da Hunger und Kälte uns geschwächt hatten, war dies ein harter Tagesmarsch, und erst spät kamen wir in unserem Zelt an. *Wa-me-gon-a-biew* vermochte noch schneller zu gehen als ich, und als er sich nach mir umwandte, erkannten wir beide, daß unsere Gesichter erfroren waren. Kurz vor dem Zelt konnte ich einfach nicht mehr weiter. So ließ er mich zurück, ging zum Zelt und schickte ein paar Frauen aus, um mich heimzuholen. Aber obgleich unsere Hände und Gesichter erfroren waren, waren unsere Füße, da wir gute Mokassins anhatten, unverletzt.

Da im Lager weiterhin Hunger herrschte, hielten wir es für notwendig, uns zu trennen, und zwar in verschiedenen Richtungen. *Net-no-kwa* beschloß, mit unserer Familie zu dem Handelsposten eines Mr. Henry zu gehen, der durch das Umschlagen seines Bootes im Columbia River ertrunken war. Wo einst dieser Handelsposten war, ist seitdem ein Ort namens Pembina entstanden. Den Rest des Winters verbrachten wir mit den indianischen Angestellten der Pelzhändler auf gemeinsamer Jagd. Als der Frühling kam, kehrten wir mit diesen Indianern zu dem See zurück, wo wir unsere Kanus gelassen hatten. Wir fanden unsere

Indianische Bisonjagd

gesamte Habe unbeschädigt vor, und nachdem wir die Pelze aus unseren *sunjegwuns* mit den am Red River erbeuteten zusammengetan hatten, hatten wir elf Bündel Biberfelle, von denen jedes vierzig Pelze enthielt, und zehn Bündel andere Felle. Wir hatten nun die Absicht, zum Lake Huron zurückzukehren und unsere Pelze in Mackinac zu verkaufen. Außerdem besaßen wir noch das große *sunjegwun* am Rainy Lake, dessen Inhalt gemeinsam mit den Fellen, die wir bei uns hatten, genügte, um uns reich zu machen. Der Leser wird sich noch erinnern, daß *Net-no-kwa,* die kein Zutrauen zur Ehrlichkeit des Händlers hatte, viele kostbare Pelze in der Nähe des Handelsposten von Rainy Lake zurückgelassen hatte. Als wir dorthin zurückkehrten, fanden wir das *sunjegwun* erbrochen vor. Nicht ein einziges Bündel oder Fell war zurückgelassen worden. Wohl sahen wir im Handelsposten ein Bündel Felle, das wie eines unserer eigenen aussah, aber es gelang uns nicht, zu ermitteln, ob der Händler oder einige Indianer sie gestohlen hatte. Die alte Frau war sehr aufgeregt und zögerte nicht, dem Händler den Diebstahl zuzuschreiben.

Als wir alle Vorbereitungen zur Reise zum Sault Ste. Marie getroffen hatten und alles Gepäck in den Kanus war, konnten wir plötzlich *Wa-me-gon-a-biew* nicht finden. Wir suchten ihn in allen Himmelsrichtungen und erfuhren erst nach mehreren Tagen von einem Franzosen, daß er sich bei der Familie *Bit-te-gish-sho* jenseits der Tragstelle aufhielt. Ich wurde ausgeschickt, ihn zu holen, konnte ihn aber mit keinem mir zur Verfügung stehenden Mittel veranlassen, mir zu folgen. Die alte Frau, die seine Hartnäckigkeit kannte, begann zu weinen. »Hätte ich zwei Kinder«, sagte sie, »so wäre ich bereit, dieses eine zu verlieren, aber da ich nur ihn habe, muß ich mit ihm gehen.« Sie gab ihrer verwitweten Nichte, die seit ihrer Kindheit bei ihr gelebt hatte, fünf Bündel Biberfelle. Eines davon sollte sie für sich selbst behalten; die anderen vier, denen *Net-no-kwa* noch sechzig Otterfelle hinzufügte, sollte sie nach Mackinac bringen. Die Nichte schaffte die Felle im Kanu des Händlers zu Monsieur Lapomboise von der Nordwestkompanie und erhielt von ihm für den Wert der Pelze eine regelrechte Quittung. Dieses Papier ging jedoch später durch den Brand unseres Zeltes verloren, und bis zum heutigen Tage haben weder *Net-no-kwa* noch einer ihrer Angehörigen auch nur einen Pfennig für diese Pelze erhalten.

Die alte Frau, die sich über das schlechte Verhalten ihres Sohnes, über ihre gescheiterten Hoffnungen, nach dem Huronensee zurückkehren zu können und über alles andere ihr widerfahrene Mißgeschick sehr betrübte, begann nun wieder zu trinken. Während eines einzigen Tages verkaufte sie einhundertzwanzig Biberfelle, eine große Anzahl Büffelfelle, dazu andere gegerbte und geräucherte Felle – um sich dafür Rum zu beschaffen.[2] Sie hatte die Angewohnheit, daß sie, wenn sie trank, alle in der Nähe befindlichen Indianer mit betrunken machte, soweit ihre Mittel ihr dies gestatteten.

Von unseren vielen Pelzbündeln, der Frucht so vieler Tage schwerer Arbeit und so langer und schwieriger Reisen blieben uns nur eine Schlafdecke und drei Fässer Rum – außer der ärmlichen und schon fast ganz abgetragenen Kleidung, die wir auf dem Leibe trugen. Bei dieser sowohl wie bei anderen Gelegenheiten war es mir unmöglich, die sinnlose und leichtfertige Vergeudung unserer Pelze und anderen Eigentums mit der gleichen Gelassenheit hinzunehmen wie die Indianer.

Endlich wurde die Rückreise beschlossen, und wir fuhren mit *Bit-te-gish-sho* und einigen anderen Indianern zum Waldsee ab. Sie halfen uns beim Kanubau, beim Überqueren der Tragstellen usw. Am Waldsee wurden wir von kaltem Wetter überrascht, und obgleich die meisten anderen weiterzogen, beschloß *Net-no-kwa,* zu bleiben. Hier stellte es sich zum Glück heraus, daß die zwischen *Wa-me-gon-a-biew* und der Tochter des *Bit-te-gish-sho* bestehende Verbindung nicht unabbrechbar war, und es erscheint mir in der Tat als etwas zweifelhaft, ob nicht die

Gier, die die Händler der Großen Tragstelle nach unseren Pelzen empfanden, vielleicht ebensoviel mit unserer damaligen verhinderten Abreise zu tun hatte, wie die Handlungsweise des jungen Mannes.

Nachdem die anderen uns verlassen hatten, empfanden wir unsere Lage als verzweifelt und als zu hoffnungslos, um allein bleiben zu können, da wir für den kommenden Winter völlig unzureichend vorbereitet waren. So kehrten wir nach dem Handelsposten am Regensee zurück und erhielten dort Kredit für einhundertzwanzig Biberfelle[3], wofür wir einige Schlafdecken, Kleidungsstücke und andere im Winter benötigte Gegenstände einhandeln konnten. Hier gesellte sich ein Mann namens *Waw-be-benais-sa* zu uns, der sich erbot, während des Winters für uns zu jagen und für uns zu sorgen. Leider aber war er ein sehr schlechter Jäger, und ich war stets imstande, mehr zu erlegen als er.

FÜNFTES KAPITEL

Jagd mit »Medizin« – Gleichgültigkeit eines indianischen Jägers und die dadurch verursachten Leiden seiner Familie – Hilfe durch menschlich fühlende Händler – Ein Büffel bewacht seine tote Gefährtin – Schreckliche Leiden durch Kälte – Feuer zerstört mein Zelt und fast mein gesamtes Eigentum.

Mit dem tiefen Schnee und dem dicken Eis kamen Armut und Hunger als unabwendbare Begleiterscheinungen. Wir konnten nun keine Biber mehr in Fallen fangen oder Elche mit Hilfe der üblichen Methoden erlegen, obwohl es einige gab. Als unser Hunger unerträglich zu werden begann, griff die alte Frau auf ihr bewährtes Mittel, eine Nacht betend und singend zu verbringen, zurück. Am Morgen darauf sagte sie zu ihrem Sohn und zu *Waw-be-be-nais-sa:* »Geht aus und jagt, denn der Große Geist hat mir etwas Fleisch gewährt.« Aber *Wa-me-gon-a-biew* widersprach ihr und sagte, daß man bei diesem kalten und ruhigen Wetter keinesfalls auf Schußweite an einen Elch herankommen könne. »Ich kann auch keinen Wind herbeizaubern«, sagte *Net-no-kwa,* und obwohl es jetzt ruhig und kalt ist, wird der warme Wind noch vor dem Abend kommen. Geht, meine Söhne, ihr werdet auf jeden Fall etwas töten. In meinem Traum sah ich *Wa-me-gon-a-biew* mit einem Biber in unser Zelt eintreten, außerdem hatte er eine große Ladung Fleisch auf seinem Rücken.« Endlich gingen sie wirklich fort und trugen an ihren Köpfen und Patronentaschen herabbaumelnd die kleinen Medizinbeutel[1], die die alte Frau für sie angefertigt hatte, da sie nach ihrer Meinung vollen Jagderfolg gewährleisteten.

Sie waren noch nicht lange fort, als ein an Stärke zunehmender Wind sich von Süden her erhob, wodurch das Wetter gleichzeitig wärmer wurde. Gegen Abend kamen die Jäger mit dem Fleisch eines fetten Elches beladen heim, und

Wa-me-gon-a-biew hatte einen Biber auf seinem Rücken, genau wie die alte Frau ihn im Traume gesehen hatte. Da der Elch sehr groß und sehr fett war, zogen wir mit unserem Zelt zu der Stelle, wo er lag, und trafen dort gleich die Vorbereitungen zum Trocknen des Fleisches. Dieser Vorrat war trotz allem nur ein vorübergehender, obwohl wir außerdem ein paar Biber entdeckten und zu töten vermochten. Aber nach etwa zehn Tagen waren wir schon wieder ohne Nahrung.

Als ich mich eines Tages in einiger Entfernung von unserem Zelt auf der Biberjagd befand, bemerkte ich die Spuren von vier Elchen. Ich brach die oberste Spitze eines Busches, an dem sie geknabbert hatten, ab und trug sie heim. Nachdem ich das Zelt betreten hatte, warf ich sie vor *Waw-be-be-nais-sa,* der in seiner gewohnten faulen Art am Feuer lag, nieder und sagte: »Sieh dir das an, du guter Jäger, und geh und schieße uns ein paar Elche.« Er nahm den Zweig in die Hand, sah ihn einen Augenblick lang an und fragte: »Wie viele sind es?« – »Vier«, antwortete ich. Darauf erwiderte er: »Ich muß sie töten.« – Zeitig am nächsten Morgen folgte er meinen Spuren und tötete drei der Elche. Er war ein guter Jäger, wenn er sich dazu aufraffen konnte, meistens aber war er so faul, daß er lieber verhungert als auf Wildsuche gegangen wäre – selbst wenn welches aufgefunden worden war, hatte er meist keine Lust, es zu verfolgen. Wir hatten nun wenigstens reichlich zu essen, bis die Zeit des Hungerns wieder begann. Oft hatten wir zwei, drei Tage lang nichts zu essen, bis dann ein paar Schneehasen oder ein Vogel die äußerste Hungersnot wieder ein wenig hinausschoben. Wir versuchten, *Wa-be-be-nais-sa* zu größerem Kraftaufwand zu überreden, da wir wußten, daß er Wild heimbringen könnte, wenn es überhaupt welches gab, meistens aber gab er uns die Antwort, daß er kränklich und in schlechter Körperverfassung sei. Eines Morgens machten *Wa-me-gon-a-biew* und ich uns in der Hoffnung, etwas zu finden, auf, reisten den ganzen Tag lang und gingen weiter vom Zelte fort als sonst. Ehe es dunkel wurde, erlegten wir einen jungen Biber, und *Wa-me-gon-a-biew* sagte zu mir: »Mein Bruder, du mußt uns jetzt ein Lager herrichten und etwas von dem Biber zubereiten, während ich weitergehe und noch etwas anderes zu schießen versuche.« Ich tat, wie er gesagt hatte. Er kam kurz vor Sonnenuntergang und brachte viel Fleisch mit, denn er hatte zwei Karibus geschossen.[2] Am nächsten Morgen ganz zeitig holten wir die beiden Karibus und schleiften sie den weiten Weg zu unserem Zelt zurück.

Ich vermochte mit meiner Last nicht ganz heimzugelangen, aber *Wa-me-gon-a-biew* schickte mir sofort nach seiner Ankunft die junge Frau entgegen, die mir half, so daß ich vor Mitternacht im Zelte eintraf.

Wir sahen jetzt ein, daß unser Leben dauernd gefährdet sein würde, wenn wir noch länger allein blieben, und da der gewonnene kleine Fleischvorrat uns die Möglichkeit gab, weiterzuziehen, beschlossen wir, uns nach Menschen umzusehen. Der nächste Handelsposten befand sich etwa vier bis fünf Tagesreisen entfernt am Klarwassersee (Clear Water Lake). Wir ließen unser Zelt in der Wildnis zurück, nahmen nur unsere Schlafdecken, einen oder zwei Kochtöpfe und einige zur Reise notwendige Dinge mit und machten uns nach dem Handelsposten auf. Die Gegend, die wir durchwanderten, war voller Seen, Inseln und Sümpfe, aber sie waren alle gefroren, so daß wir versuchten, in gerader Linie vorwärtszukommen.

Nach einigen Tagen waren wir wirklich verzweifelt, da wir nicht wußten, welchen Weg wir einschlagen sollten und außerdem zu schwach waren, um überhaupt weiterzureisen. In dieser Notlage errichtete die alte Frau, die in der höchsten Verzweiflung stets über weit größere Kräfte verfügte als wir anderen alle, unser Zelt wie gewöhnlich, schaffte eine große Ladung Holz herbei, damit wir während ihrer Abwesenheit ein Feuer unterhalten konnten, band ihre Decke um, ergriff ihr Tomahawk und ging, wie wir sehr wohl wußten, um irgendeinen Ausweg aus unserer Notlage zu finden. Am folgenden Tag kam sie wieder und verfiel wieder auf ihr oft erprobtes Mittel, uns zu äußerster Anstrengung aufzustacheln, indem sie sagte: »Meine Kinder, ich schlief vorige Nacht an einem einsamen und entfernten Orte, wo ich lange im Gebet verharrte. Dann begann ich zu träumen und sah den Pfad, auf dem ich gekommen war und sein Ende, dort, wo ich schlief, und ganz nahe davon erblickte ich den Anfang eines anderen Weges, der direkt zum Hause eines Händlers führte. In meinem Traume sah ich weiße Männer; laßt uns deshalb keine Zeit verlieren, denn der Große Geist will uns jetzt zu einem guten Feuer[3] führen.«

Das Vertrauen und die Hoffnung, die die alte Frau mit derartigen Worten zu entfachen verstand, belebten uns wieder etwas, und wir brachen sofort auf. Als wir aber schließlich das Ende des von ihr am Vortage eingeschlagenen Weges erreicht hatten und ein beträchtliches Stück darüber hinausgegangen waren, ohne auf menschliche Spuren zu stoßen, verloren wir unseren Glauben an ihre Worte, machten der alten Frau Vorwürfe und verspotteten sie – dennoch fanden wir kurz darauf zu unserer großen Freude eine frische Jagdfährte, die, wie wir wußten, zum Hause des Händlers führen mußte. Wir verdoppelten unsere Anstrengungen und kamen am nächsten Abend dort an. Hier fanden wir denselben Händler vor, der uns am Regensee einen Kredit von einhundertzwanzig Biberfellen gewährt hatte, und da er bereit war, die von uns inzwischen gejagten Felle holen zu lassen, konnten wir ihm unsere Schulden zurückzahlen und hatten noch zwanzig Biberfelle übrig. Von diesen kaufte ich vier Fallen, deren jede fünf Felle kostete. Außerdem gab er der alten Frau drei kleine Fässer Rum.

Nachdem wir uns dort einige Tage aufgehalten hatten, kehrten wir wieder in die Richtung zurück, aus der wir gekommen waren. Zuerst benutzten wir den großen Jagdpfad der zum Handelsposten gehörigen Leute, dann erreichten wir die Stelle, wo wir ihn verlassen mußten. Dort gab die alte Frau *Wa-be-be-nais-sa* die drei kleinen Rumfässer mit dem Auftrag, auf dem Jagdpfad weiterzugehen, bis er die Jäger träfe, ihnen den Rum gegen Fleisch zu geben und dann damit zu uns zurückzukehren. Er aber öffnete sofort eines der drei kleinen Fässer, trank es halb aus und legte sich schlafen. Am nächsten Morgen jedoch war er wieder nüchtern und ging, nachdem wir ausgemacht hatten, wo er uns treffen sollte, den Weg, auf den die alte Frau ihn geschickt hatte. *Wa-me-gon-a-biew* begleitete ihn. Nachdem sie fortgegangen waren, zog ich mit den Frauen nach *Skut-tah-waw-wo-ne-gun* (»Der trockene Tragplatz«), dem ausgemachten Treffpunkt, weiter. Wir waren gerade einen Tag dort, als *Wa-me-gon-a-biew* mit einer Fleischlast erschien; aber *Waw-be-be-nais-sa* kam nicht, obwohl seine kleinen Kinder an diesem Tage gezwungen gewesen waren, ihre Mokassins zu essen. Wir gaben seiner Frau und seinen Kindern eine Mahlzeit und schickten sie dann fort zu ihrem Mann. Die Jäger, bei denen *Wa-be-be-nais-sa* geblieben war, sandten uns eine Einladung durch *Wa-me-gon-a-biew*, auch zu ihnen zu kommen und mit ihnen zu leben; es war aber vor allem erst einmal notwendig, unser Zelt und unsere dort gelassene Habe zu holen. Auf dem Rückwege machten wir wieder am »Trockenen Tragplatz« halt, weil wir vor Hunger nicht mehr weiter konnten. Wir hatten eine lange Zeit fast ausschließlich von der inneren Rinde der Bäume und von einer dort vorkommenden Rankpflanze gelebt, und unsere Kräfte waren außerordentlich geschwächt. *Wa-me-gon-a-biew* konnte überhaupt nicht mehr gehen, und nur die alte Frau hatte als Einzige noch etwas Kraft. Sie vermochte fünf bis sechs Tage völlig zu fasten, ohne scheinbar davon beeinträchtigt zu werden. Nur weil sie dachte, daß die anderen Familienmitglieder in ihrer Abwesenheit umkommen würden, erlaubte sie, daß ich mich hilfesuchend nach dem Handelsposten aufmachte, von dem wir glaubten, daß er näher läge als das Lager der Jäger, nämlich etwa zwei gewöhnliche Tagesreisen weit. Aber es war mehr als zweifelhaft, wann ich in meinem geschwächten Zustande imstande sein würde, dort anzukommen.

Ich verließ meine Familie früh am Morgen bei kaltem Wetter und scharfem Wind. Ich mußte einen großen See überqueren, und da der Wind hier noch eisiger blies, litt ich dort am meisten. Kurz vor Sonnenuntergang kam ich auf der anderen Seite an und setzte mich hin, um etwas auszuruhen. Sobald ich zu frieren begann, versuchte ich aufzustehen, fand dies aber so schwierig, daß ich beschloß, keinesfalls mehr zu ruhen, ehe ich den Handelsposten erreicht hätte. Die Nacht war nicht sehr dunkel, und da der Wind nachgelassen hatte, kam ich jetzt besser vorwärts. Ich ging die ganze Nacht hindurch weiter und erreichte den Handelsposten am nächsten Morgen.

Sobald ich die Tür öffnete, sah man mir am Gesicht an, daß ich am Verhungern war, und sie fragten mich sofort, wie es meiner Familie ginge. Sobald ich die notwendigen Auskünfte gegeben hatte, schickten sie einen schnellen Franzosen mit einem Nahrungsvorrat zu ihnen hin. Ich hatte mich erst ein paar Stunden im Handelsposten aufgehalten, als ich draußen die Stimme *Net-no-kwas* hörte, die fragte: »Ist mein Sohn hier?« Und als ich die Tür öffnete, drückte sie bei meinem Anblick die allergrößte Freude aus. Sie war dem Franzosen, der einen anderen Weg eingeschlagen hatte, nicht begegnet. Sobald ich das Lager verlassen hatte, begann der Wind außerordentlich heftig zu werden, und die alte Frau, die glaubte, daß ich den See nicht überqueren könnte, war mir nachgegangen. Im Schneetreiben war meine Spur verwischt worden, so daß sie ihr nicht mehr folgen konnte, und so kam sie zu dem Handelsposten in der Meinung, daß ich irgendwo auf dem Wege umgekommen sei. Einen oder zwei Tage später kamen die durch die von dem Franzosen gebrachte Nahrung neubelebten anderen Mitglieder unserer Familie an. Außerdem hatten auch die Indianer *Waw-be-be-nais-sa* mit einer Ladung Fleisch zum »Trocknen Tragplatz« geschickt, da sie wußten, daß wir ihr Lager ohne Nahrungszufuhr, die wir uns selbst wahrscheinlich nicht verschaffen konnten, kaum zu erreichen imstande wären. Kurz nachdem ich weggegangen war, hatte er sich bereits in nächster Nähe unseres Aufenthaltsortes befunden, hatte ihn aber entweder absichtlich oder aus Dummheit nicht gefunden. Er hatte fast in Rufweite der Familie übernachtet und nahm gerade ein reichliches Mahl zu sich, als sie ihn durch die von ihm hinterlassenen Spuren fanden.

Als das Wetter ein wenig wärmer zu werden begann, trennten wir uns wieder von ihnen und jagten Biber in der Nähe des Handelsposten. Da wir so schrecklichen Hunger hatten erleiden müssen, fürchteten wir uns jetzt davor, in abgelegenen Gegenden zu jagen, wo man hauptsächlich von Großwild abhängig ist. In der Nähe des Handelspostens jedoch fanden wir eines frühen Morgens eine Elchspur. Bei uns befand sich jetzt ein Mann namens *Pa-bah-mew-in* (»Der Mann, der etwas mit sich herumträgt«); er machte sich gemeinsam mit *Wa-me-gon-a-biew* und einem Rudel Hunde auf, das Tier zu verfolgen. Die meisten Hunde folgten ihnen nur ein bis zwei Stunden und kamen dann zurück. Das entmutigte *Pa-bah-mew-in* so sehr, daß er umkehrte, aber *Wa-me-gon-a-biew* suchte weiter. Dieser junge Mann vermochte sehr schnell zu laufen und überholte alle Hunde, von denen einer oder zwei die Spur hartnäckig weiterverfolgten. Gegen Mittag erreichte *Wa-me-gon-a-biew* den See, den der Elch zu überqueren versuchte. Da aber das Eis dort an verschiedenen Stellen schon dünn war, konnte das Tier nicht so schnell laufen wie gewöhnlich. So vermochte *Wa-me-gon-a-biew* es zur Strecke zu bringen. Als er nahe herankam, überholte der vorderste Hund, der kurz hinter *Wa-me-gon-a-biew* lief, den Elch, der nun leicht getötet werden konnte.

Während des ganzen Frühlings blieben wir nur etwa eine Tagereise vom Handelsposten entfernt und erbeuteten beträchtliche Mengen Wild. Ich allein erlegte außer zahlreichen Bibern und anderen Tieren zwanzig Otter. Als ich eines Tages nach meinen Fallen sah, bemerkte ich auf einem Teiche einige Enten. Ich ersetzte die Kugel in meinem Gewehr durch eine Ladung Schrot und kroch zu ihnen hin.

Als ich da so vorsichtig durch die Büsche schlich, erhob sich neben mir ein Bär und kletterte auf eine Weißfichte, fast genau über meinem Kopfe. Eilig tat ich eine Kugel in mein Gewehr und feuerte; aber die obere Hälfte meines Gewehrlaufes brach plötzlich ab. Der Bär war scheinbar unverletzt, denn er kletterte noch höher in den Baum hinauf. Ich lud nochmals das, was von meinem Gewehr übriggeblieben war, zielte ein zweites Mal und brachte ihn herunter.

Während wir uns dort aufhielten, sammelten wir eine Anzahl Pelzbündel an, und da es unpraktisch war, sie in unserem kleinen Zelt zu behalten, gaben wir sie von Zeit zu Zeit den Händlern zur Aufbewahrung. Als die Zeit herannahte, wo man zur »Großen Tragstelle« zurückkehrte, nahmen sie unsere Bündel ohne unsere Zustimmung mit; aber die alte Frau folgte ihnen zum Regensee und nahm ihnen alles, was uns gehörte, wieder ab. Jedoch ließ sie sich überreden, sie zu verkaufen.

Der in den Regenfluß einmündende Fluß wird *Koche-che-se-bee* (»Quellfluß«) genannt. In ihm befindet sich in der Nähe des Sees ein ziemlich großer Wasserfall. Als ich eines Tages an dieser Stelle fischte, kam ein sehr großer Stör den Wasserfall herunter, geriet in flaches Wasser und vermochte sich nicht zu befreien. Ich tötete ihn mit Hilfe eines Steines, und da er der erste in dieser Gegend erlegte Stör war, veranstaltete *Sah-muk* ein Fest zu Ehren dieses Vorkommnisses.

Nach einigem Aufenthalte dort verließen wir diese Gegend in Gesellschaft einer beträchtlichen Gruppe Ojibwa, um den Regensee zu überqueren. Ehe sie nach verschiedenen Richtungen aufbrachen, wurde vor unserer Trennung ein Trinkgelage abgehalten. Als alle betrunken waren, stahlen die Ojibwa unsere gesamten Vorräte an Mais und Fett, so daß wir völlig ohne Nahrungsmittel dastanden.

Dieses war das erste Mal gewesen, daß ich an einem derartigen Gelage der Indianer teilnahm, und als ich mich davon erholt hatte, machte mir die alte Frau scharfe, aber berechtigte Vorwürfe, obwohl sie selbst weit mehr getrunken hatte als ich.

Sobald ich meine fünf Sinne wieder beisammen hatte und sah, in welche Situation wir uns durch unsere Achtlosigkeit gebracht hatten, setzte ich die alte Frau in das Kanu und fuhr zu einer Stelle, wo gute Fischfangmöglichkeiten bestanden. Die Ojibwa hatten uns nicht einen Mundvoll Nahrung zurückgelassen; aber ich fing bald drei »Dories«, so daß wir keinen Hunger leiden mußten. Am nächsten Morgen hielten wir, um zu frühstücken, an einer Tragstelle, wo diese Fische besonders häufig vorkamen; und während die alte Frau Feuer machte und einen eben gefangenen Fisch zubereitete, fing ich noch etwa hundert dazu. Wir machten uns gerade für die Abfahrt fertig, als ein Händlerkanu vorüberkam, und die alte Frau, die die Folgen der Betrunkenheit noch nicht ganz überwunden hatte, verkaufte meine eben gefangenen Fische gegen Rum. Es kamen an diesem Tage noch mehr Händler vorüber, und ich versteckte vor der alten Frau genug Fische, um damit einen großen Sack Mais und außerdem Fett zu kaufen. Als *Net-no-kwa* endlich nüchtern wurde, lobte sie mich hierfür.

In der Mitte des Waldsees befindet sich eine kleine, aber sehr felsige Insel, auf der es fast keine Bäume oder Büsche gibt. Dort befanden sich viele junge Möwen und Kormorane, die ich in großer Anzahl mit einem Stock erschlug. Wir suchten einhundertzwanzig der Fettesten aus, räucherten sie, packten sie in Säcke und nahmen sie als Proviant mit.

Von dort aus fuhren wir über den Moskeeg-Tragplatz zum Roten Fluß. Als wir diesen Fluß herunterfuhren, schoß ich in der Nähe des Flußufers einen großen Bären. Er stieß einen höchst ungewöhnlichen Schrei aus, lief zum Wasser und versank.

An dieser jetzt *Pembinah* genannten Stelle, wo der *Nebenin-nah-ne-se-bee* in den Roten Fluß einmündet, hatte sich früher ein Handelsposten befunden. Wir trafen dort weder Weiße noch Indianer an, und da wir reichlich mit Vorräten versehen waren, fuhren wir die ganze Nacht lang in der Hoffnung weiter, bald einige Menschen zu treffen. Wir landeten am nächsten Morgen nach Sonnenaufgang, und während die alte Frau etwas Feuerholz sammelte, sah sie im Walde einige Büffel. Sobald ich das wußte, lief ich hin und tötete einen Bullen; aber da er recht mager war, kroch ich noch weiter und erlegte eine große, fette Kuh. Sie lief noch weiter und fiel endlich in der offenen Prärie. Ein ihr etwa in einer Entfernung von dreihundertfünfzig Metern folgender Bulle raste, als er mich in der offenen Prärie sah, mit solcher Geschwindigkeit auf mich zu, daß ich es für weiser hielt, mich in den Wald zurückzuziehen. Dort blieb ich den ganzen Tag; und sobald ich mich an die Kuh heranmachen wollte, zeigte es sich, daß derselbe Bulle sie unablässig bewachte, so daß ich mich am Schlusse gezwungen sah, sie liegenzulassen. Während der Brunstzeit ist es nicht ungewöhnlich, daß ein Bulle sich derart benimmt.

Am nächsten Tage trafen wir Händler, die den *Nebenin-nah-ne-se-bee* herunterfuhren, und gaben ihnen etwas Büffelfleisch von dem zuerst erlegten Bullen. Dann reisten wir ohne großen Aufenthalt zur Prärie-Tragstelle des Assiniboin-Flusses weiter, wo wir *Wa-me-gon-a-biew* und *Waw-be-be-nais-sa* mit den anderen Mitgliedern unserer Familie vorfanden, von denen wir so lange getrennt gewesen waren.

Nachdem wir sie verließen, hatte *Waw-be-be-nais-sa* seine frühere Frau verstoßen, um die Tochter von *Net-no-kwas* Schwester zu heiraten, die in unserer Familie aufgewachsen und von der alten Frau stets wie ein eigenes Kind behandelt worden war. Kaum hatte *Net-no-kwa* gehört, was geschehen war, als sie auch schon die wenigen Besitztümer *Waw-be-be-nais-sas,* die ihr im Zelt gerade in die Augen fielen, ins Freie warf und zu ihm sagte: »Du hast mich schon beinahe verhungern lassen, und ich will nichts mehr mit dir zu tun haben. Geh und sorge für deine eigenen Bedürfnisse – und das ist mehr, als ein so schlechter Jäger wie du leisten kann. Du sollst meine Tochter nicht bekommen!«

Auf diese Weise herausgeworfen, lief er ein paar Tage lang allein herum; aber als *Net-no-kwa* erfuhr, daß seine frühere Frau einen anderen Mann geheiratet hatte und daß er sich in hilfloser Lage befand, erlaubte sie ihm doch wieder, ins Zelt zu kommen. Es war wahrscheinlich aus Angst vor der alten Frau, daß er nun tatsächlich ein besserer Jäger wurde.

Im folgenden Winter jagte ich für einen Händler, den die Indianer *Aneeb* (»Ulme«) nannten. Mit zunehmendem Winter, als das Wetter kälter und kälter wurde, fand ich es schwierig, die sonst von mir erlegte und vom Händler erwartete Menge Wild heimzubringen. Etwa in der Mitte des Winters verfolgte ich früh am Morgen einen Elch, den ich bei Einbruch der Dunkelheit beinahe erlegte, aber Kraft und Hoffnung verließen mich. Trotz der herrschenden schrecklichen Kälte hatte ich meine Kleidungsstücke durchgeschwitzt und fühlte sie auf dem Heimweg langsam festfrieren. Meine Gamaschen waren nur aus Stoff und außerdem vom Rennen durch das Gebüsch zu Fetzen zerrissen. Ich war halb erfroren, ehe ich noch an dem Ort anlangte, wo am Morgen unser Zelt gestanden hatte. Jetzt war es Mitternacht. Ich wußte, daß die alte Frau die Absicht gehabt hatte, weiterzuziehen, und ich wußte auch wohin; aber ich hatte nicht geahnt, daß es schon heute sein würde. Als ich ihren Spuren nachging, fühlte ich bereits die Kälte nicht mehr, sondern empfand jene typische Schläfrigkeit, die, wie ich wußte, das letzte Schwächestadium derer einleitet, die vor Kälte sterben. Ich verdoppelte meine Anstrengungen, aber trotzdem ich mir über die Gefahr der Lage völlig im klaren war, konnte ich mich nur mit äußerster Anstrengung vor dem Hinlegen bewahren. Endlich verlor ich für einige Zeit – wie lange, kann ich nicht sagen – jedwedes Bewußtsein. Dann erwachte ich wie aus einem Traum und sah, daß ich in einem Umkreis von etwa zwanzig Meter Durchmesser immer wieder herumgelaufen war. Sobald ich mein volles Bewußtsein zurückerlangt hatte, versuchte ich mich hinsichtlich der einzuschlagenden Richtung neu zu orientieren. Während ich um mich sah, entdeckte ich in einiger Entfernung ein Licht, nach dem ich mich richtete.

Noch einmal verlor ich, ehe ich das Zelt erreichte, mein Bewußtsein, aber fiel zum Glück nicht hin; sonst wäre es mir nie mehr möglich gewesen, mich je wieder zu erheben.

Aber aufs neue lief ich im Kreise herum wie vorher. Als ich endlich das Zelt erreichte, fiel ich sofort nieder, aber ohne diesmal das Bewußtsein zu verlieren. Noch heute sehe ich die dicke, glitzernde Eisschicht im Inneren der aus Schilf geflochtenen Pukkwi-Zeltbedeckung und höre meine Mutter sagen, daß sie in Erwartung meines Kommens ein großes Feuer unterhalten habe; sie hätte nicht gedacht, daß ich so lange ausbleiben würde, ich hätte längst vor dem Dunkelwerden merken müssen, daß sie weitergezogen sei. Da mein Gesicht, meine Hände und Füße stark erfroren waren, dauerte es einen Monat, ehe ich wieder ausgehen konnte.

Als ich wieder jagen konnte, war es etwas wärmer geworden, und der Schnee begann schon an manchen Stellen zu schmelzen. Zu jener Zeit konnte *Wa-me-gon-a-biew* nicht mit auf die Jagd gehen, da er sich während eines Trinkgelages so gefährlich verbrannt hatte, daß er nicht imstande war, auf seinen Füßen zu stehen. Einige Tage später ging ich mit *Waw-be-be-nais-sa* wieder auf die Elchjagd. Wir entdeckten einige Tiere in der Prärie und krochen hinter einer uns verbergenden Bodenunebenheit nahe an sie heran. Wir sahen einen sehr fetten und großen Bock, den ich zu schießen wünschte. Aber *Wa-be-be-nais-sa* sagte zu mir: »Tu das nicht, Bruder, du könntest ihn verfehlen. Da er der beste der Herde ist, will ich ihn schießen, und du kannst einen der kleineren aufs Korn nehmen.« Ich sagte ihm daraufhin, daß ich (weil dies schwerer ist) auf einen liegenden Elch schießen wollte; wir schossen beide zur gleichen Zeit, wobei er fehlte und ich traf. Die Herde floh und ich folgte ihr, ohne das von mir erlegte Tier zu schlachten oder es auch nur anzusehen. Ich verfolgte die Herde den ganzen Tag lang und hatte vor Dunkelwerden zwei weitere Tiere erlegt, weil die Elche bereits so müde waren, daß ich leicht an sie herankonnte. Da es nun schon Nacht war, kehrte ich zum Zelt zurück, wo ich *Waw-be-be-nais-sa* vorfand, der eine Ladung Fleisch heimgebracht hatte und die Familie mit der Beschreibung unterhielt, wie er angeblich den Elch getötet hatte. Ich sagte zu ihnen: »Ich freue mich sehr, daß auch er einen Elch geschossen hat, denn ich habe drei, und morgen werden wir reichlich Fleisch haben.« Aber ich hatte gleich Verdacht geschöpft, nahm ihn draußen beiseite und fragte ihn wegen des von ihm getöteten Elches. Er mußte mir sofort zugeben, daß es sich um den von mir geschossenen handelte, von dem er etwas Fleisch mitgebracht hatte. Wir schickten ihn zu den Händlern, um Männer zu rufen, die das Fleisch holen sollten. Und wieder verkaufte er alle drei Elche als seine eigenen, obwohl er nicht geholfen hatte, auch nur einen einzigen davon zu schießen. Als die alte Frau dies erfuhr, machte sie ihm das Leben so unerträglich, daß er sich veranlaßt sah, uns zu verlassen.

Auch *Wa-me-gon-a-biew,* der im Herbst eine Objibwa-Frau geheiratet hatte, ging von uns, um mit der Familie seines Schwiegervaters zu leben. So verblieben in unserer Familiengemeinschaft nur die alte Frau, ich, das zugekaufte Mädchen; *Ke-zhik-o-weninne* (ein Sohn *Taw-ga-weninnes,* der nun schon ein größerer Junge war), und die beiden kleinen Kinder. Ich war nun zum ersten Male in meinem Leben allein und ohne einen Helfer verantwortlich für eine von mir zu versorgende Familie.

Waw-be-be-nais-sa hatte eine Tagesreise entfernt von uns sein Lager aufgeschlagen. Während des Herbstes hatte ich eine ziemliche Anzahl Biber und andere Tiere erlegt, und wir besaßen für einige Zeit genug, um gut leben zu können. Auch hatten wir genügend Schlafdecken und Kleidungsstücke. An einem sehr kalten Wintermorgen legte ich, ehe ich auf die Jagd ging, meinen gesamten Silberschmuck ab und hängte ihn im Zelte auf. Als die alte Frau mich fragte, warum ich dies täte, sagte ich, daß ich mich bei dieser Kälte mit dem Schmuck nicht wohlfühlte und daß ich ihn außerdem auf der Jagd verlieren könnte. Sie widersprach mir, aber ich bestand auf meinem Willen und ging ohne den Schmuck auf die Jagd. Als ich fort war, ging die alte Frau zu *Waw-be-be-nais-sas* Zelt, und zwar wollte sie zwei Tage lang wegbleiben. Unser Zelt blieb unter der Obhut von *Skwahshish,* wie wir das Bowwetig-Mädchen nannten, und *Ke-zhik-o-weninne* zurück. Als ich spät nachts nach langer und erfolgloser Jagd zurückkehrte, fand ich diese beiden Kinder frierend und weinend bei der Asche unseres Zeltes vor, das durch ihre Unvorsichtigkeit samt aller unserer Habe verbrannt war. Auch mein Silberschmuck, eines meiner Gewehre, viele Schlafdecken und Kleidungsstücke waren verloren. Wir waren unter den Indianern dieser Gegend als wohlhabende Leute angesehen worden; nun war uns nichts mehr übriggeblieben als ein Medizinbeutel und ein Faß Rum. Besonders als ich das Faß Rum sah, wurde ich böse darüber, daß nur das Nutzlose und Schädliche uns blieb, während alles Wertvolle zerstört war. Ich hob es auf und warf es fort. Dann nahm ich dem Bowwetig-Mädchen seine Decke ab und schickte es fort, damit es im Schnee allein bliebe, wobei ich ihm sagte, daß es nur recht wäre, wenn es, dessen Nachlässigkeit uns aller unserer Habe beraubt hätte, die Kälte auch mehr als ich fühlte. Dann holte ich den kleinen Jungen, *Ke-zhik-o-weninne,* und wir legten uns zusammen auf die warme Asche.

Sehr zeitig am nächsten Morgen ging ich auf die Jagd, und da ich sehr genau wußte, wie die alte Frau reagieren würde, wenn sie von dem neuen Unglück erführe, hatte ich nicht den Wunsch, unser Heim vor Nachteinbruch aufzusuchen. Als ich dann den Ort, wo unser Zelt gewesen war, wieder erreichte, hörte ich die alte Frau das kleine Mädchen auszanken und schlagen. Endlich, als ich ans Feuer kam, fragte sie mich, warum ich sie nicht getötet hätte, als ich am ersten Abend heimkam und das niedergebrannte Zelt vorfand. »Da du es nicht getan hast«, sagte sie, »so muß ich sie nun töten.« – »O meine Mutter«, rief die Kleine, »töte mich nicht. Ich will dich für alles, was du verloren hast, bezahlen.«

»Was hast du denn zu geben? Was kannst du mir bezahlen?« sagte die alte Frau. »Ich gebe dir Manito«, sagte das kleine Mädchen, »der große Manito wird kommen und dich belohnen, wenn du mich nicht tötest.«

Wir hatten nun alle unsere Nahrungsmittel verloren und gingen fast nackt; aber wir beschlossen, *Aneebs* Handelsposten in *Ke-nu-kau-ne-she-way-boant* aufzusuchen, wo wir Kredit für den Wert eines Bündels Biberfelle erhielten. Mit den so eingehandelten Decken und Kleidern gingen wir zu *Wa-me-gon-a-biews* Zelt, von wo er und seine Frau uns zu unserer ehemaligen Heimstätte begleiteten.

Sofort begannen wir, unseren Verlust wieder gutzumachen, indem wir ein kleines Graszelt bauten, in dem wir die *pukkwis* für unseren neuen *wigwam* flochten.

Die Frauen strengten sich sehr an, diese recht bald fertigzustellen und keine war fleißiger als *Skwah-shish*, das Bowwetig-Mädchen. Während der Nacht, wenn es zu dunkel zum Jagen war, nahmen auch *Wa-me-gon-a-biew* und ich an dieser Arbeit teil. Innerhalb weniger Tage war unser neues Zelt fertig, und *Wa-me-gon-a-biew,* der drei Elche erlegt hatte, verließ uns, um zu seiner eigenen Wohnstätte zurückzukehren.

In kurzer Zeit waren unser Wohlstand und unsere gute Stimmung zurückgekehrt. Eines Abends rief die alte Frau das kleine Bowwetig-Mädchen herbei und fragte es, ob es noch wüßte, welches Versprechen es gegeben habe, als es wegen unseres abgebrannten Zeltes geschlagen worden war. *Skwah-shish* konnte ihr keine Antwort geben; aber die alte Frau nahm die Gelegenheit wahr, sie darauf hinzuweisen, daß man den göttlichen Namen nicht leichtfertig und unehrerbietig nennen darf.

SECHSTES KAPITEL

Mißlingen eines Versuchs, an einem Kriegszug zum Missouri teilzunehmen – Umzug zum Elchfluß – Einige Nadoways aus Südkanada auf meinen Jagdgründen – Gastfreundschaft der Cree – Medizin – Streit mit einem Nadoway – Eine Gruppe Tus-kwa-go-nees – *In Brine Spring am Elchfluß – Ich verletze mich schwer durch einen Fall vom Pferde – Ich teile die Schwierigkeiten meines Stiefbruders*

Wir blieben dort bis zum Frühling und gingen dann zu Anfang der Zucker-Jahreszeit nach *Ke-nu-kau-ne-she-way-boant.* Wir baten die dortigen Indianer, uns einige Bäume zur Zuckergewinnung abzutreten. Sie wiesen uns eine Stelle mit einigen wenigen Bäumen an, aber die alte Frau war damit unzufrieden und weigerte sich, dort zu bleiben. Wir reisten deshalb allein weiter, bis wir einen guten Zuckerplatz fanden. In derselben Gegend gab es viele Biber und auch Birken zur Herstellung von Trögen für den Ahornsaft. Als wir dort lange genug geblieben waren, um unseren Sirup zu kochen, kam *Wa-me-gon-a-biew,* der sich in Not befand, mit seinem Vater und seiner ganzen großen Familie zu uns. Wir konnten ihnen einiges abgeben, aber *Net-no-kwa* konnte nicht umhin, *Wa-me-gon-a-biews* Schwiegervater zehn meiner besten und größten Biberfelle mit folgender Bemerkung zu überreichen: »Alle diese und noch viele mehr sind von meinem kleinen Sohn erbeutet worden, der viel schwächer und weniger erfahren ist als sowohl du wie *Wa-me-gon-a-biew.*« Sie war über dieses Geschenk durchaus nicht erbaut, und der alte Mann war etwas beschämt, als er es annahm. Sie verließen uns einige Tage später, um zum Handelsposten zu gehen. Als wir in Gesellschaft zum Mausfluß-Handelsposten aufbrachen, kam *Waw-be-be-nais-sa* zu uns und schloß sich uns an. Die Blätter der Bäume hatten sich schon entfaltet, die Rinde war geschält, und wir fingen Störe in den Flüssen, da fiel noch einmal knietiefer Schnee, und es setzte ein so scharfer Frost ein, daß die Bäume wie in der Mitte des Winters zu knacken begannen. Der Fluß gefror, und viele Bäume gingen ein.

Im Handelsposten am Mausfluß versammelten sich aufs neue zahlreiche Assiniboin, Cree und Ojibwa, die sich mit den Mandan zu einem neuen Kriegszuge gegen die bereits erwähnten *A-gutch-e-ninne-wug* zusammentun wollten. Diesmal wollte auch ich mich ihnen anschließen und sagte zu der alten Frau: »Ich will meine Onkel[1] begleiten, die zu den Mandan gehen.« Sie versuchte mich von der Idee abzubringen, aber da sie mich immer noch widerspenstig fand, nahm sie mir mein Gewehr und meine Mokassins ab. Diese Handlungsweise verstärkte nur noch meinen Entschluß, und so folgte ich denn den Indianern barfuß und unbewaffnet in der Hoffnung, daß sie mir das Fehlende ersetzen würden. Aber ich hatte mich in dieser Annahme getäuscht, denn sie schickten mich zurück und wollten mir keinesfalls erlauben, sie zu begleiten. Ich war darüber sehr verärgert und unzufrieden, sah aber keinen anderen Ausweg, als zu den Frauen und Kindern zurückzukehren.

Ich bat die alte Frau nicht darum, mir mein Gewehr wiederzugeben, sondern nahm meine Fallen, verließ das Zelt und kehrte nicht eher wieder zurück, als bis ich genügend Biber gefangen hatte, um mir von den Fellen ein neues Gewehr selbst kaufen zu können. Als ich dies erreicht hatte, war mir mein Wunsch, die Krieger noch einzuholen und auf ihrem Zuge zu begleiten, vergangen. Viele der von ihnen zurückgelassenen Frauen begannen nun Hunger zu leiden, aber es machte mir und den wenigen zurückgelassenen sehr jungen Knaben und alten Männern wenig Mühe, sie ausreichend mit Nahrung zu versorgen.

Endlich kamen die Krieger zurück – und zwar hatten sie wenig oder überhaupt nichts erreicht. Wir trennten uns von ihnen und machten uns in Begleitung eines Verwandten von *Net-no-kwa* namens *Wau-zhe-gaw-maish-kum* (»Der am Ufer Entlanggehende«) nach dem Elchfluß (Elk River) auf. Dieser Mann hatte zwei Frauen, von denen die eine *Me-sau-bis* (»Daunen einer jungen Gans«) hieß.

Ihn begleitete noch ein anderer vorzüglicher Jäger, *Kau-wa-be-nit-to* (»Er, der sie alle zum Aufbruch veranlaßt«). Wir schlugen vom Mausfluß aus eine scharf nördliche Route ein, und da wir sechs Pferde besaßen, kamen wir schnell vorwärts. Dennoch dauerte es viele Tagesreisen, bis wir den Elchfluß erreicht hatten. Hier verließ uns *Wau-zhe-gaw-maish-kum*, um an den Missouri zu gehen, wo er einen Kriegszug unternehmen wollte; aber *Kau-wa-be-nit-to* blieb bei uns und gab uns stets das beste Wild, das er erlegte. Er führte mich auch zu einem Teich, in dessen Nähe sich ein Biberdamm befand. Dorthin ging ich eines Abends, setzte mich nieder und fand den Pfad, den die Biber benutzten, um Baumstrünke und Zweige zum Teiche zu schleppen, aus denen sie ihr Haus bauten. Kaum hatte ich mich niedergesetzt, als ich auch schon in ziemlicher Nähe ein Geräusch hörte, so wie Frauen es beim Zubereiten von Fellen verursachen. Da ich in dieser Gegend keine Indianer vermutete, war ich etwas beunruhigt und fürchtete, daß vielleicht ein uns feindlicher Stamm sich hier niedergelassen haben könnte. Dennoch war ich entschlossen, heimzukehren und mich nicht darum zu kümmern, wer sie sein könnten. Ich nahm mein Gewehr schußbereit in den Arm und schlich vorsichtig vorwärts, um die Lage zu erkunden. Meine Augen waren dabei weit nach vorn gerichtet; aber als ich zufällig zur Seite sah, erblickte ich in nächster Nähe einen nackten und bemalten Indianer[2], auf dem Bauche liegend, der genau wie ich sein Gewehr in Schußbereitschaft hielt. Kaum hatte ich ihn gesehen, so sprang ich schon, ohne selbst zu wissen, was ich tat, auf die andere Seite des Pfades und legte mein Gewehr direkt auf ihn an. Diese Bewegung erwiderte er mit einem herzlichen Lachen, worauf er sich erhob und mich in der Ojibwa-Sprache anredete. Wie ich, hatte auch er angenommen, daß sich zu dieser Zeit keine anderen Indianer in dieser Gegend befänden, und er hatte sein ganz in der Nähe des Biberdammes befindliches Zelt gerade verlassen, als er sich von einem Manne überrascht sah, der durch das Gebüsch auf ihn zuschlich. Er hatte sich daraufhin versteckt, da er nicht wußte, ob er Freund oder Feind sei. Nachdem wir uns etwas unterhalten hatten, begleitete er mich heim, und *Net-no-kwa* entdeckte, daß er ein Verwandter von ihr war. Wir blieben zehn Tage lang mit dieser Familie zusammen. Später ließen sie sich in einiger Entfernung von uns nieder.

Zum zweiten Male in meinem Leben sah ich mich nun allein dem kommenden Winter gegenüber, in dem ich für meine Familie sorgen mußte. Aber noch ehe das kalte Wetter einsetzte, kamen von *Mo-ne-ong* (Montreal) sieben Nadoway-Jäger zu uns, von denen einer ein Neffe *Net-no-kwas* war. Sie blieben während des Herbstes und der ersten Hälfte des Winters bei uns, und wir erlegten eine Menge Biber. Ich war ein besserer Jäger als fünf dieser Nadoway, und obwohl sie jeder zehn Fallen besaßen und ich nur sechs, fing ich mehr Biber als sie. Die beiden anderen allerdings übertrafen mich in allem. Während des Winters kamen noch zwei weitere Nadoway zu uns, die im Dienste der von den Indianern *Ojibwa-Way-met-e-goosh-she-wug* (»die Ojibwa-Franzosen«) genannten Handelskompanie standen[3]. Nachdem wir einige Zeit zusammen gejagt hatten, wurde das Wild knapp, und wir begannen zu hungern.

Eines Tages gingen wir auf die Büffeljagd. Als es dunkel wurde, waren alle zurückgekehrt, außer einem hochaufgeschossenen jungen Mann und einem sehr kleinen alten, beide Nadoway. Am nächsten Tag kam der Jüngling zurück, und zwar mit einer neuen Büffeldecke und einem schönen Paar neuer Mokassins. Er sagte, er hätte sieben Zeltgemeinschaften von Cree getroffen, die ihn nicht kannten und seine Sprache nur mit größten Schwierigkeiten verstanden. Aber da man ihn in eines der Zelte eingeladen, mit Nahrung versorgt und mit großer Freundlichkeit behandelt hatte, so war er dort über Nacht geblieben. Am Morgen faltete er das Büffelfell, auf dem er geschlafen hatte, zusammen und wollte es zurückgeben, aber man sagte ihm, daß er es als Geschenk behalten sollte. Da außerdem seine Mokassins sich in schlechtem Zustand befanden, hatte ihm eine der Frauen ein neues Paar gegeben.

Diese Art Gastfreundschaft ist unter den Indianern, die noch nicht mit den Weißen umgegangen sind, allgemein üblich und gehört zu den Haupttugenden, die die alten Männer den Kindern während der abendlichen Unterhaltung einprägen: aber die Nadoway hatten in der Gegend, aus der dieser Mann kam, eine derartige gegenseitige Hilfe noch kaum erlebt.

Endlich traf auch der alte Mann ein, der behauptete, fünfzig Zelte mit Assiniboin gesehen zu haben und von ihnen sehr freundlich aufgenommen worden zu sein. Und obwohl er nichts bei sich hatte, um diese Behauptungen zu beweisen, vor allem, daß sie sehr viel Fleisch hätten und sehr gastfreundlich wären, überredete er uns, daß es am besten wäre, sich diesen Indianern anzuschließen. Am Morgen waren wir alle zum Aufbruch bereit, aber er sagte: »Ich kann jetzt nicht fort, ich muß erst meine Mokassins ausbessern«. Damit unnötiger Aufschub vermieden würde, gab ihm einer der jungen Leute ein Paar Mokassins, aber der Alte sagte, er müßte auch erst noch ein Stück von seiner Schlafdecke abschneiden, um sich ein Paar Handschuhe zu machen. Ein anderer, der ein paar Stücke Stoff hatte, half ihm, sich Fausthandschuhe zu machen. Aber der Alte fuhr fort, neue Ausflüchte zu ersinnen, die alle darauf hinausliefen, daß wir ihm seine verschiedenen Wünsche erfüllten. Endlich begannen wir den Verdacht zu hegen, daß er löge. Wir schickten jemanden aus, seiner Spur zu folgen und fanden, daß er weder weit gewandert war, noch Indianer gesehen oder auch nur einen Mundvoll Nahrung zu sich genommen hatte, seit er unser Zelt verließ.

Da wir nun wußten, daß es sinnlos gewesen wäre, die fünfzig Assiniboin-Zelte zu suchen, gingen wir zu den Cree, die unser anderer Nadoway gesehen hatte, aber wir trafen unerwartet auf eine andere Gruppe desselben Stammes. Diese waren uns unbekannt, und wir erkundigten uns nach ihrem Anführer, gingen in dessen Zelt und setzten uns dort nieder. Die Frauen hingen sofort den Kessel über das Feuer und nahmen dann aus einem Sack ein uns unbekanntes Nahrungsmittel, das uns außerordentlich interessierte. Als es vor uns stand, fanden wir, daß es lauter kleine Fische gleicher Größe waren, nur etwas über zwei Zentimeter lang. Als sie in den Kessel getan worden waren, war es eine große, zusammengefrorene Masse. Diese kleinen Fische, die wir fangen und essen lernten, befinden sich in den Öffnungen, die im Eise von Teichen mit niedrigem Wasserstand verbleiben, und zwar drängen sie sich dort in solchen Massen zusammen, daß man Hunderte von ihnen mit der Hand herausschöpfen kann.

Nachdem wir unsere Mahlzeit beendet hatten, untersuchte die Frau, die die Hauptfrau des Häuptlings zu sein schien, unsere Mokassins und gab jedem von uns ein Paar neue. Da diese Indianer sich auf der Reise befanden, verließen sie uns bald darauf. Wir beschlossen nun, ein *sunjegwun* anzulegen und dort alle unsere Habe, die uns auf der kommenden langen Reise nur behindern würde, zurückzulassen, denn wir wollten auf die Büffeljagd gehen. Wir folgten den Spuren der Cree und holten sie in der Prärie ein.

Etwa in der Mitte des Winters kamen wir bei ihnen an, und bald darauf wurde unser langer Nadoway-Jüngling krank. Seine Freunde wandten sich an einen alten Medizinmann der Cree, der »Der Bär« hieß, und baten ihn, ihm zu helfen. »Gebt mir zehn Biberfelle[4]«, sagte der alte Mann, »und ich werde meine Kunst dazu benutzen, ihn gesundzumachen«. Da wir unsere Pelze im *sunjegwun* zurückgelassen und seitdem nur einige wenige Biber getötet hatten, konnten wir ihm nur neun Felle geben, aber wir legten ein Stück Stoff dazu, das mehr wert war als ein Biberfell, und er erklärte sich bereit, mit der Heilung zu beginnen. Er baute sich sein Zelt[5] für den ersten Tag der magischen Handlungen, bei denen der Patient selbst noch nicht zugelassen wurde. Dann holten wir den Kranken und setzten ihn auf eine Matte in der Nähe des Feuers. Der alte *Muk-kwah,* der ein nur mäßiger Bauchredner und ein nicht sehr hervorragender Medizinmann war[6], ahmte, so gut er es vermochte, verschiedene Geräusche nach und versuchte, die Dabeistehenden davon zu überzeugen, daß diese Töne aus der Brust des Kranken kämen. Endlich sagte er, daß er den Ton eines bösen Feuers höre, das in der Brust des Nadoway rase. Er legte eine Hand auf die Brust des Kranken und seinen Mund und seine andere Hand auf dessen Rücken und blies und massierte eine Zeitlang, bis wie zufällig ein kleiner Ball auf den Boden fiel.[7] Der Medizinmann blies und rieb weiter, ließ den Ball fallen und rieb ihn zwischen seinen Händen, bis er ihn endlich ins Feuer warf, wo er mit einem zischenden Laut wie nasses Pulver verbrannte. Es überraschte mich keineswegs, die von ihm getroffene Vorsichtsmaßnahme zu sehen, denn er hatte ein wenig Pulver auf die Stelle des Bodens gestreut, auf die der Ball hinfiel. Da er zu fühlen schien, daß er noch nicht genug getan hatte, um seine Auftraggeber zu befriedigen, behauptete er nun, daß eine Schlange sich in der Brust des Kranken befände, die er erst am folgenden Tag beseitigen könne. Er tat das auch unter ähnlichen Vorkehrungen und ähnlichem Gemurmel und brachte eine kleine Schlange zum Vorschein. Er ließ seine Hand längere Zeit auf der Stelle, aus der er sie angeblich herausgezogen hatte, denn er sagte, die Wunde könne sich nicht sofort schließen. Er weigerte sich, die Schlange zu vernichten, sondern legte sie sorgsam beiseite, da sie sonst leicht in jemand anderen hineinschlüpfen könne. Diese seltsame Logik reizte die Nadoway zum Lachen und hatte keine besondere Wirkung auf den Kranken. Bald lernten sie selbst die Kunst, jene Laute nachzuahmen, und so wurde der Alte zu einem Gegenstand der Lächerlichkeit. Einige der klügsten und angesehensten Cree rieten uns, nicht mehr mit *Muk-kwah* zu reden, da sie ihn selbst als einen Narren betrachteten.

Wir blieben etwa einen Monat in der Prärie, kehrten dann zum Zelt zurück, wo wir die alte Frau gelassen hatten, und gingen dann wieder zu unserem Handelshaus am Elchfluß. Hier errichtete ganz in unserer Nähe ein Kanadier namens *Tus-kwaw-go-mees* sein Zelt. Ich lebte nun allein, da ich mich von den Nadoway getrennt hatte. Als ich zum ersten Male *Tus-kwaw-go-mees* und die Seinen in ihrem Zelt besuchte, kannte ich sie noch nicht. Er kam selbst heraus, holte meine Schneeschuhe und stellte sie zum Trocknen neben das Feuer, und da er sah, daß sie ein wenig zerschlissen waren, ließ er sie sogleich von einem alten Manne flicken. Dann schlug er mir vor, mit ihm zu jagen, bis die Reparatur fertig wäre. Im Laufe des Tages tötete er einige Biber, die er mir alle gab.

Als die Zuckersaison gekommen war, zog ich zum Elchfluß und errichtete mein Zelt etwa zwei Meilen vom Fort entfernt. Die Zuckerbäume, die die Indianer *she-she-gema-winzh* nennen, gleichen denen der tiefer gelegenen Gegenden am oberen Mississippi und werden von den Weißen »Flußahorn« genannt. Sie sind groß, kommen aber nur vereinzelt vor. Diesmal errichteten wir zwei Lager, eins auf jeder Seite des Flusses. In dem einen blieb ich allein, in dem anderen befanden sich die alte Frau und die kleinen Kinder. Während ich Zucker kochte, erlegte ich viele Vögel, wie Enten und Gänse, aber auch Biber. In der Nähe meines Zeltes befand sich eine Solquelle, aus der die Händler Salz herstellten. Der Durchmesser der Quelle beträgt etwa dreißig Fuß, ihr Wasser ist blau, und man kann selbst mit dem längsten Pfahl beim Hineinstoßen keinen Grund finden. Diese Quelle liegt am Ufer des Elchflusses zwischen dem Assiniboin und dem *Sas-kow-ja-wun*, etwa zwanzig Tagesreisen vom Handelsposten am Winnipegsee entfernt. In diesem Teile des Landes gibt es viele Solquellen und Salzseen, aber ich habe sonst keine so große wie diese gefunden.

In diesem Handelsposten traf ich einen Herrn, der mir große Beachtung schenkte und mich zu überreden versuchte, mit ihm nach England zu gehen, aber ich fürchtete, daß er mich dort zurücklassen könnte, ohne daß ich imstande wäre, meine Freunde in den Vereinigten Staaten (falls diese überhaupt noch lebten) zu erreichen. Außerdem hatte ich mich an die Jagd gewöhnt, die ich sowohl zum Lebensunterhalt wie zum Vergnügen ausubte; deshalb lehnte ich seinen Vorschlag ab.

Von diesem Handelsposten wanderten wir über den Schwanenfluß (Swan River) und den *Me-nau-ko-nos-keeg* in der Richtung des Roten Flusses weiter. In der Nähe des *Me-nau-ko-nos-keeg* und des *Ais-sug-se-bee* oder Muschelflusses (Clam River), deren Quellen ineinanderfließen, hielten wir uns einige Zeit auf, um Biber in unseren Fallen zu fangen, wobei uns ein junger Mann namens *Nau-ba-shish* half, der kurz vorher zu uns gekommen war. Dann aber sah ich die Spuren einiger Indianer, die dort etwa zwei Tage vorher vorbeigezogen waren, und beschloß, ihnen zu folgen. Ich ließ die alte Frau und die Familie unter der Obhut von *Nau-ba-shish* zurück, bestieg mein bestes Pferd und folgte dem von den Indianern quer durch die Prärie eingeschlagenen Pfade. Nach einigen Stunden kam ich zu einer Stelle, wo noch am Tag vorher ein Zelt gestanden hatte, und mein Pferd trat gerade auf einen Baumstamm, der quer über dem Pfad lag, als eine Präriehenne dort aufflog. Das Pferd scheute, warf mich ab, und ich fiel auf den Baumstamm und dann auf die Erde. Da ich aber noch die Zügel in der Hand hielt, trat mir das Pferd mit seinem Vorderfuß auf die Brust. Einige Stunden lang war ich nicht imstande, wieder aufzusteigen, und als es endlich gelungen war, beschloß ich, den Weg der Indianer weiter zu verfolgen, da ich sie näher glaubte als mein eigenes Zelt. Als ich bei ihnen ankam, konnte ich nicht sprechen; aber sie verstanden, daß ich verletzt war und behandelten mich mit großer Freundlichkeit. Von dieser sehr schweren Verletzung habe ich mich niemals wieder vollständig erholt.

Einer der Hauptgründe, warum ich dieser Gruppe nachgeritten war, war mein Wunsch, etwas über *Wa-me-gon-a-biew* zu erfahren, aber die Indianer hatten ihn nicht getroffen. Ich beschloß nun, die alte Frau am *Me-nau-ko-nos-keeg* zurückzulassen und allein zum Roten Fluß zu gehen. Ich besaß vier Pferde, von denen besonders eines sehr schnell und schön war – es war das Beste unter den hundertachtzig, die eine Kriegergruppe von Cree, Assiniboin und Ojibwa kürzlich von den Indianern des Wasserfalles mitgebracht hatte. Sie waren etwa sieben Monate dort gewesen, hatten ein Dorf überfallen und zerstört und außer zahlreichen Gefangenen einhundertfünfzig Skalpe erbeutet.

Zehn Tage, nachdem ich den *Me-nau-ko-nos-keeg* zu Pferde verlassen hatte, erreichte ich den Handelsposten am Mausfluß. Hier erfuhr ich, daß *Wa-me-gon-a-biew* sich in Pembinah am Roten Flusse aufhielt. Herr McKee gab mir einen Mann mit, der mir den Weg zum oberen Pembinah-Flusse zeigen sollte. Dort fand ich Aneeb, den Händler, mit dem ich gut bekannt war. Eine Tagesreise weit von seinem Hause entfernt war das Zelt von *Wa-me-gon-a-biews* Schwiegervater, aber ich fand meinen Bruder nicht dort vor, und der alte Mann empfing mich nicht gerade freundlich. Er lebte mit einer großen Gruppe Cree, die in etwa hundert Zelten hausten. Ich hatte den Eindruck, daß irgend etwas hier nicht stimmte und verbrachte die Nacht bei einem alten Cree, den ich von früher kannte. Am Morgen sagte der alte Mann zu mir: »Ich fürchte, sie wollen dein Pferd töten. Geh nur einmal hin und sieh, wie sie es behandeln.«

Ich tat das und fand eine Gruppe junger Männer und Knaben, die mein Pferd zu Boden geworfen hatten und auf es einschlugen. Als ich näher herangekommen war, sah ich, daß einige es am Kopfe festhielten, während ein Mann auf seinem Leibe stand und es schlug. Zu diesem Manne sagte ich: »Mein Freund[8], du mußt heruntersteigen«; aber er antwortete: »Das werde ich nicht tun.« »Dann werde ich dir dabei helfen«, sagte ich, stieß ihn herunter und nahm den anderen die Zügel ab. Ich führte das Pferd zum Zelt, aber es hatte eine Verletzung davongetragen, von der es sich niemals wieder erholte.

Ich erkundigte mich nun, warum man mich in dieser unerwarteten und sehr unfreundlichen Weise behandelt habe und erfuhr, daß es wegen *Wa-me-gon-a-biew* geschehen war, der seine Frau verstoßen und sich mit seinem Schwiegervater gezankt hatte. In diesem Streit waren das Pferd und der Hund des alten Mannes getötet worden, was nun an meinem Pferde gerächt werden sollte. Als ich mich nach den Gründen jenes Streites erkundigte, schien es mir, daß *Wa-me-gon-a-biew* nicht durchaus im Unrecht zu sein schien. Er hatte, wie es bei den Indianern üblich ist, seine Frau gut behandelt und hatte sie nur deshalb verlassen, weil ihr Vater sich weigerte, von ihr zu gehen und verlangte, daß *Wa-me-gon-a-biew* ihn bei allen seinen Unternehmungen und Wanderungen begleiten sollte. Ehe er sich dazu entschließen konnte, hatte er lieber seine Frau überhaupt verlassen und hatte das in friedfertiger Weise getan. Aber ihre Verwandten nahmen gegen ihn Stellung. Da ich allein war, fürchtete ich, daß sie mir folgen und mir in meinem nächsten Nachtlager etwas Böses antun würden. Sie taten das jedoch nicht, und am folgenden Tage kam ich an einem Orte, wo *Wa-me-gon-a-biew* nun mit einer anderen Frau lebte. Ich kannte seinen neuen Schwiegervater von früher her. Er begrüßte mich schon außerhalb des Zeltes und wunderte sich, daß ich von *Menaukomoskego* hergekommen war, da diese Entfernung größer ist, als die Strecken, die man für gewöhnlich allein zurückzulegen pflegt.

Ich blieb einige Tage dort und machte mich dann, von *Wa-me-gon-a-biew* und von seiner Frau begleitet, auf die Heimreise.

Wir kamen auch wieder durch das Dorf, wo man versucht hatte, mein Pferd zu Tode zu quälen; und obgleich der alte Mann etwas weiter fortgezogen war, hörte er von unserer Ankunft und kam mit seinen Brüdern herbei. Wir schliefen in einem Zelt in der Nähe des Händlers. Ich hatte vor, wachzubleiben, da ich überzeugt war, daß man uns entweder berauben oder auf andere Weise schädigen wolle; aber ich war zu müde und schlief ein. Mitten in der Nacht weckte mich *Wa-me-gon-a-biew,* der mir sagte, der alte Mann habe sich zu uns hereingeschlichen und ihm sein Gewehr unter dem Kopfe weggezogen. Er gab zu, wach gewesen zu sein, als der alte Mann hereinkam, und daß er unter seiner Decke beobachtet hatte, wie er ihm das Gewehr wegnahm. Ich machte ihm wegen seiner Feigheit Vorwürfe und sagte, daß er es verdiene, sein Gewehr einzubüßen, wenn er es sich vor seinen Augen von einem alten Manne wegnehmen ließe.

Ehe wir den Mausfluß erreichten, wurde mein Pferd so krank und schwach, daß es selbst die Frau nicht tragen konnte. Wir ruhten uns zwei Tage lang aus und setzten dann die Reise fort. Wir waren sehr hungrig, da wir während mehrerer Tage nur einen einzigen recht armseligen Büffel erlegt hatten, als wir eine kleine Gruppe Cree unter einem Häuptling namens *O-ge-mah-wah-shish* trafen (dies ist ein Cree-Wort und bedeutet: »Sohn des Häuptlings«). Statt uns in unserer Not beizustehen, behandelten sie uns sehr unfreundlich. Ich hörte, wie sie untereinander davon sprachen, uns zu töten, da sie sich einmal mit einigen Ojibwas überworfen hatten[9]. Sie wollten uns auch außer einem kleinen Hamster nichts verkaufen, und wir verließen sie, so schnell wir nur konnten. Wir hungerten schon seit zwei Tagen, als wir einem Ojibwa begegneten. Er hieß *Wawb-uche-chawk* (»Der weiße Kranich«) und hatte gerade einen fetten Elch erlegt.

Mit diesem Manne verbrachten wir etwa einen Monat, hatten stets reichlich zu essen und schliefen mit ihm in seinem Zelt. Er reiste in derselben Richtung wie wir, und wir trennten uns erst am Binsenseefluß (Rush Lake River). Die alte Frau hatte sich vier Tagesreisen weit von dem Handelsposten, wo ich sie verlassen hatte, entfernt und lebte mit einigen Indianern zusammen.

Meine drei Pferde, die ich vor meiner Abreise gefesselt und laufengelassen hatte, damit sie sich an den Ort gewöhnten, waren vernachlässigt worden und gestorben, obwohl ich *Net-no-kwa* ausdrücklich gebeten hatte, ihnen zu Beginn des Winters die Fesseln abzunehmen. Aber sie hatte es vergessen. Das Pferd, auf dem ich zum Roten Fluß geritten, war ebenfalls tot, und so war mir keines übriggeblieben. *Net-no-kwa* schien offenbar ihr Anrecht auf mich aufgegeben zu haben, und da *Wa-me-gon-a-biew* mich nun ebenfalls verließ, war ich einige Zeit lang vollkommen allein und hielt mich in der Nähe des Handelspostens auf. Der Händler, der M'Glees hieß, wurde allmählich auf mich aufmerksam und lud mich ein, bei ihm zu bleiben. Er sagte so vieles, was mich veranlassen sollte, die Indianer zu verlassen, daß ich manchmal Lust bekam, seinem Rat zu folgen; aber sobald ich daran dachte, etwa für lange Zeit in dem Handelsposten bleiben zu müssen, fand ich das unerträglich. Ich hatte den Wunsch, mein Leben auf der Jagd zu verbringen und fühlte eine starke Abneigung gegenüber allen anderen weniger aufregenden Beschäftigungen, so wie die Männer auf einem Handelsposten sie ausüben.

In Begleitung von fünf Franzosen und einer Ojibwafrau reiste ich im Auftrage von Herrn M'Glees zum Handelsposten, der sich am oberen *Menaukonoskego*-Flusse befand. Wir hatten nur genug Proviant für eine einzige Mahlzeit mitbekommen, die wir am ersten Abend nach unserer Abreise verzehrten. Am dritten Tage kamen wir zu einem kleinen Salzwasserflüßchen, an dessen Ufer sich ein Hügel erhob. Dort sahen wir einen Mann sitzen, zu dem wir hingingen. Er beantwortete aber keine unserer Fragen, so daß wir ihn schließlich anpackten und aufzurütteln versuchten. Er war jedoch ganz steif von der Kälte, und als wir

Lederzelt der Assiniboin

ihn losließen, fiel er um, als wäre er ganz gefroren. Dennoch atmete er noch, obwohl seine Glieder nicht mehr beweglich waren, und er machte gänzlich den Eindruck eines Toten. Neben ihm lagen sein kleiner Kochtopf, seine Jagdtasche mit Stahl und Feuerstein, seine Mokassin-Ahle[10] und ein Paar Mokassins. Wir versuchten ihn auf jede nur erdenkliche Art wiederzubeleben, aber vergebens. Wir betrachteten ihn als einen Toten und schickten die Franzosen mit ihm zu dem Handelsposten zurück, von dem wir hergekommen waren, damit er dort ordnungsgemäß begraben werden könnte. Sie taten das auch, und ich erfuhr später, daß er eine bis zwei Stunden nach dem Abmarsch aufgehört hatte zu atmen. Wir hörten, daß er vom Handelshause aus zum oberen Flußende geschickt worden war, da man ihn wegen seiner Trägheit nicht hatte dortbehalten wollen. Fast ohne jeglichen Proviant war er losgewandert und hatte sich in der Nähe von *Wa-me-gon-a-biews* Zelt niedergelassen. *Wa-me-gon-a-biew* hatte ihm zu essen gegeben und hatte ihm auch Nahrungsvorräte zum Mitnehmen angeboten; aber der Mann hatte diese mit der Begründung abgelehnt, daß er sie nicht benötigen würde. Er befand sich schon in einem sehr schwachen Zustande und hatte zwei Tagesreisen gebraucht, um zu dem Orte zu gelangen, wo wir ihn gefunden hatten. Nachdem die Franzosen mit seiner Leiche fortgegangen waren, wanderte ich mit der Ojibwafrau allein weiter und kam bald darauf bei *Wa-me-gon-a-biew* an.

Ich hielt mich dort bereits einen Monat lang auf, um mit meinem Bruder auf die Jagd zu gehen, als *Net-no-kwa* auf der Suche nach mir bei uns eintraf. *Wa-me-gon-a-biew* folgte meinem Rat und ging an einer ihm von mir beschriebenen Stelle am Muschelfluß (Clam River) Biber jagen, während ich mit *Net-no-kwa* nach Menaukomoskeeg zurückkehrte, wo wir Zucker herstellten. Wir waren dort insgesamt zehn Feuer[11], und als die Zuckersaison vorüber war, jagten wir alle gemeinsam Biber. Bei Jagdveranstaltungen dieser Art wird die Gesamtbeute manchmal zu gleichen Teilen verteilt, aber diesmal behielt jeder, was er selbst erlegt hatte. Nach drei Tagen hatte ich so viele Biberfelle erlegt, als ich imstande war zu tragen. Aber bei einer so hastigen Jagd, die sich über weite Gebiete erstreckt, kann man nur wenig Fleisch mitbringen, und bald begann unsere ganze Gruppe Hunger zu leiden. Die meisten der Jäger – und ich mit ihnen – fühlten sich so schwach, daß sie nicht mehr imstande waren, weit vom Zelt entfernt zu jagen. Eines Tages, als das Eis der Teiche schon halb mit Wasser bedeckt war, erblickte ich etwa eine Meile vom Lager entfernt frische Moose-Elchspuren in einem Sumpfe. Ich folgte dem Tiere und tötete es; und da es das erste dort erlegte war, veranstalteten wir ein Fest für die ganze Gruppe und aßen alles Fleisch an einem einzigen Tage auf.

Bald danach kamen alle Indianer der Umgebung an der zwei Tagesreisen weit gelegenen Flußmündung zusammen, wo wir auch *Wa-me-gon-a-biew* wieder trafen, der eine sehr erfolgreiche Jagd am Muschelfluß gehabt hatte. Wir machten am Handelsposten eine Meile vom See entfernt halt und tranken dort, bis alle unsere Pelze verkauft waren. Dann kehrte ich, nur von *Wa-me-gon-a-biew* begleitet, zur Flußmündung zurück. Die Entfernung war so gering, daß wir die Hunde nicht mit in die Kanus nahmen. Sie liefen am Ufer entlang neben uns her, stöberten einen Elch auf und trieben ihn in das Wasser des Sees, von wo wir ihn im Kanu ans Ufer jagten und dort töteten.

Um diese Zeit trafen wir auch einen alten Ottawahäuptling namens *Wa-ge-to-tah-gun* (»Er, der eine Glocke besitzt«), den man aber meist *Wa-ge-tote* nannte. Er war ein Verwandter *Net-no-kwas* und hatte drei Zelte und zwei Frauen bei sich. Einer seiner Söhne hatte ebenfalls zwei Frauen. Mit ihm blieben wir zwei Monate zusammen, und fast jeden Morgen rief er mich zu sich, um ihn auf der Jagd zu begleiten. Wenn er mit mir jagte, gab er mir stets alle oder zumindest den Hauptanteil seiner Beute. Er gab sich große Mühe, mir zu zeigen, wie man Moose-Elche und andere Tiere, die schwierig zu erlangen sind, jagen muß. *Wa-me-gon-a-biew* und seine Frau verließen uns nun, um zum Roten Fluß zu gehen.

SIEBENTES KAPITEL

Ein Häuptling bietet mir seine Tochter zur Frau an – Diebstahl und Trunkenheit – Wie man einen Elch zu Fuß verfolgt – Eine Seuche und große Sterblichkeit unter den Bibern – Zweites Heiratsangebot eines A-go-kwa – *Indianische Werbung – Deprimierende Krankheit – Geistige Umnachtung und Selbstmordversuch – Spieler – Verschiedene Heiratsangebote – Meine Verlobung und Heirat mit* Mis-kwa-bun-o-kwa *(»Der rote Morgenhimmel«).*

Da der Frühling nun gekommen war, kehrte ich zu unserem alten Zuckerlager in der Nähe des *Menaukonoskego* zurück. Aber da ich keine Lust hatte, in der Jahreszeit der Betrunkenheit bei den Indianern zu sein, riet ich der alten Frau davon ab, sie zum Handelsposten zu begleiten. Ich stellte ihr vor, wie töricht es sei, alle unsere Pelze zum Ankauf von etwas Nutzlosem, das außerdem ein schädliches Gift ist, zu vergeuden, und war glücklich, feststellen zu können, daß ich Einfluß genug auf sie hatte, daß sie mir zu dem Orte folgte, den ich mir zum Jagdlager auserkoren hatte.

Sie ging noch einmal zu *Wa-ge-tote*, um von ihm Abschied zu nehmen; aber sobald sie zurückgekehrt war, merkte ich sofort, daß etwas Ungewöhnliches sich ereignet hatte. Sie nahm mich auch gleich zur Seite und sagte: »Mein Sohn, du siehst, daß ich nun alt zu werden beginne; ich kann dir kaum mehr Mokassins machen und deine Felle zubereiten und aufbewahren und alle die Arbeiten verrichten, die im Zelte notwendig sind. Du nimmst nun deine rechtmäßige Stellung als Mann und Jäger ein und solltest jemanden um dich haben, der jung und stark ist, auf dein Eigentum achtet und dein Heim verwalten kann. *Wa-ge-tote*, der ein guter, von allen Indianern hochgeachteter Mann ist, will dir seine Tochter zur Frau geben. Auf diese Art wirst du einen mächtigen Freund und Beschützer erhalten, der in der Lage ist, uns in Notzeiten beizustehen, und mir wäre viel Sorge und Arbeit hinsichtlich unserer Familie abgenommen.« Sie sagte noch vieles Ähnliche; aber ich antwortete ihr, ohne zu zögern, daß ich ihre Bitte nicht erfüllen würde. Ich hatte keine sehr hohe Meinung von den indianischen Heiraten, und ich hatte noch immer die Absicht, ehe ich zu alt würde, zu den Weißen zurückzukehren und dort einmal zu heiraten. Auf alle Fälle versicherte ich *Net-no-kwa*, daß ich die mir von ihr ausgesuchte Frau jetzt nicht heiraten könnte. Sie bestand noch immer darauf, daß ich Ja sagen müsse, da die ganze Angelegenheit bereits zwischen *Wa-ge-tote* und ihr verabredet worden sei und das junge Mädchen nicht abgeneigt sei, die vorgeschlagene Verbindung einzugehen. *Net-no-kwa* wollte sie unbedingt holen und gleich in unser Zelt bringen. Hierauf erwiderte ich, daß ich, wenn sie das täte, keinesfalls gesonnen sei, *Wa-ge-totes* Tochter als meine Frau zu behandeln oder zu betrachten.

Dies war der Stand der Dinge am vorletzten Tage, ehe wir uns von *Wa-ge-tote* und seiner Gruppe zu trennen gedachten; und ohne mich mit der alten Frau geeinigt zu haben, nahm ich zeitig am Morgen mein Gewehr und ging auf die Elchjagd. Im weiteren Verlauf des Tages tötete ich einen fetten Bock, dessen Fleisch ich, als ich spät abends wiederkam, vor dem Zelt aufhing. Dann untersuchte ich vorsichtig das Zeltinnere in der Absicht, in einem anderen Zelte zu schlafen, falls die alte Frau das Mädchen hergebracht hätte, was aber nicht der Fall war.

Am nächsten Morgen besuchte *Wa-ge-tote* mich in meinem Zelt, interessierte sich wie stets für mich und meine Angelegenheiten und überhäufte mich mit den freundschaftlichsten Ratschlägen und vielen guten Wünschen. Danach kam *Net-no-kwa* zurück und bat mich von neuem, das Mädchen zu heiraten, was ich aber erneut ablehnte. Diese Versuche wiederholten sich auch später von Zeit zu Zeit, bis endlich das junge Mädchen in der Person eines anderen Mannes einen Gatten fand.

Nachdem *Wa-ge-tote* und seine Gruppe uns verlassen hatten, zogen wir zu einem von mir ausgewählten Jagdgrund, wo wir einen großen Teil des Sommers verbrachten und stets reichlich zu essen hatten, da ich zahlreiche Elche, Biber und andere Tiere erlegte. Im Spätherbst gingen wir wieder zum Handelsposten am *Me-nau-ko-nos-keeg*, wo wir *Waw-zhe-kwaw-maish-koon*, mit dem wir im Vorjahre zusammengewesen waren, wiedertrafen und mit ihm zusammenblieben.

Als der Händler auf diesem Überwinterungsplatz wo viele Indianer sich versammelt hatten, eintrafen, gingen wir ihm bis zum See entgegen, der ein paar Meilen von seinem Hause entfernt lag. Er hatte wie üblich eine große Menge Alkohol bei sich und schlug vorerst am See sein Lager auf, damit die Indianer den Rum hier kaufen und trinken könnten, ehe er zum Handelsposten ging, weil er im Zeltlager weniger Unannehmlichkeiten mit ihnen hatte als dort. Ich besaß immerhin die Geistesgegenwart, sofort nach seinem Eintreffen einige für den Winter dringend benötigte Dinge wie Schlafdecken und Munition zu kaufen. Nachdem wir unseren Handel abgeschlossen hatten, nahm die alte Frau zehn erstklassige Biberfelle und schenkte sie dem Händler. Als Gegengabe für dieses übliche Geschenk erhielt sie von ihm wie alljährlich ein Häuptlingskostüm und den dazugehörigen Schmuck sowie ein Fünfundvierzigliterfaß Alkohol. Als jedoch der Händler ihr diese Gaben zusenden wollte, war sie schon zu betrunken, um aufzustehen. In dieser Notlage sah ich mich gezwungen, selbst hinzugehen und die Geschenke an ihrer Statt in Empfang zu nehmen. Auch ich hatte ziemlich viel getrunken und war nicht vollkommen nüchtern. So zog ich denn die Häuptlingskleidung selber an, legte den Schmuck um, nahm das Faß auf meine Schulter, trug es in unser Zelt, stellte es auf und öffnete es mit der Axt. Dazu sagte ich: »Ich bin nicht einer jener Häuptlinge, die den Schnaps aus einem kleinen Loch fließen lassen. Wer durstig ist, soll kommen und mit uns trinken.« Dennoch war ich so vorsichtig, etwa insgesamt fünfzehn Liter in ein kleines Fäßchen und einen Topf zu füllen und zu verstecken. Die alte Frau füllte ebenfalls drei Töpfe, und innerhalb von fünf Minuten war das große Faß leer.

Dies war das zweite Mal, daß ich an einem indianischen Trinkgelage aktiv teilnahm, und diesmal benahm auch ich mich äußerst ungehörig. Häufig besuchte ich mein verstecktes Fäßchen und war zwei Tage lang betrunken. Den im Kessel befindlichen Rum brachte ich ins Zelt, wo ich ihn mit *Waw-zhe-kwaw-maish-koon* trank, den ich, da er der Sohn von *Net-no-kwas* Schwester war, als »Bruder« anredete. Er selbst war noch nicht betrunken, jedoch lag seine Frau, deren Kleidung reich mit Silberschmuck verziert war und die schon sehr viel getrunken hatte, in einem Zustand absoluter Regungslosigkeit am Feuer. Es war schon spät in der Nacht, aber aus allen Teilen des Lagers hörte man die Geräusche der Betrunkenheit, und mein Kamerad und ich gingen fort, um uns Schnaps zu holen, wo wir ihn nur kriegen konnten. Da wir aber noch nicht sinnlos betrunken waren, versteckten wir den Kessel, der unseren Whisky[1] enthielt, im Hintergrund des Zeltes und bedeckten ihn, wie wir dachten, sicher vor den Blicken jedes etwa Eintretenden. Erst einige Tage später kamen wir zurück. Die Frau lag noch immer bewegungslos am Feuer, aber ihr gesamter Silberschmuck war verschwunden, und als wir unseren Kessel voll Rum suchten, war er nicht aufzufinden. Der Ojibwa, der auch am Feuer gelegen hatte, war ausgegangen, aber einige Umstände ließen uns in ihm den Dieb vermuten. Er hatte außerdem behauptet, daß ich ihm Alkohol gegeben hätte. Am nächsten Morgen ging ich zu seinem Zelt und bat ihn, mir meinen Topf zurückzugeben, den er mir auch von seiner Frau aushändigen ließ. Da wir nun sicher wußten, daß er der Dieb war, entdeckte *Waw-zhe-kwaw-maish-koon* auch den Silberschmuck am Kleide der Frau. Dieser Ojibwa war ein Mann von beträchtlichem Ehrgeiz, der sich gern als Häuptling behandelt sah. Jedoch setzte ihn dieser unglückliche Diebstahl in der Meinung der Leute herab. Man erinnerte sich noch lange dieser Sache, und wenn man seinen Namen erwähnte, geschah das stets in verächtlicher Weise.

Net-no-kwa begann nun langsam aus ihrem Dauerrausch zu erwachen. Sie rief mich zu sich und fragte, ob ich das Häuptlingskostüm und das Faß Rum erhalten hätte. Es erschien ihr unglaublich, daß ich den gesamten Inhalt des Fasses vertrunken hatte, ohne ihr etwas aufzuheben; aber als sie erfuhr, daß dies nicht nur in der Tat der Fall war, sondern daß ich auch zwei Tage lang völlig betrunken gewesen sei, machte sie mir ernsteste Vorwürfe, da ich mich nicht nur undankbar gegen sie verhalte, sondern mich auch »wie ein Tier« betrunken hätte. Als die anderen Indianer dies hörte, sagten sie, sie dürfe sich nicht darüber beklagen, daß ich dem von ihr gegebenen Beispiel gefolgt sei. Um sie zufriedenzustellen, brachten sie so viel Rum, daß sie sich nochmals völlig betrank.

Sobald alle Felle durchgebracht waren, so daß den Indianern nichts anderes übrigblieb, als mit dem Trinken aufzuhören, verstreuten sie sich alle auf ihre Jagdgründe. Wir folgten erst dem Händler zu seinem Hause, um unsere Kanus dort zu lassen, und gingen dann mit *Waw-zhe-kwaw-maish-koon* zur Jagd in die Wälder. Wir stellten nun gewissermaßen eine einzige Familie dar. Die seine jedoch war sehr zahlreich, da er eine Menge kleine Kinder hatte. Die Kälte hatte gerade erst richtig eingesetzt, und der Schnee lag erst einen Fuß hoch, als wir bereits Hunger zu leiden begannen. Da fanden wir eine Herde Elche, verfolgten sie einen Tag lang und töteten vier der Tiere. Wenn die Indianer auf diese Art den Elch jagen, stören sie erst die Herde auf und verfolgen sie dann in einer Gangart, die man viele Stunden lang durchhalten kann. Die Elche erschrecken zuerst und überholen die Jäger um viele Meilen; aber die ihnen gemäßigten Schrittes folgenden Indianer holen sie dennoch endlich ein. Dann machen sie für gewöhnlich einen weiteren Fluchtversuch und sind für eine oder zwei Stunden außer Sichtweite; aber die Pausen zwischen dem Sehen und Verschwinden werden immer kürzer, und endlich kann man die Herde stets im Auge behalten. Die Elche sind nun so müde, daß sie sich nur in langsamem Gange vorwärts bewegen können; sie vermögen jedoch noch zu laufen. Wenn es soweit ist, sind auch die Indianer beinahe völlig erschöpft, haben aber meist gerade noch die Kraft, auf die Nachzügler der Herde zu schießen. Das Geräusch der Schüsse beschleunigt noch einmal die Gangart der Elche, und nur ein sehr ruhiger und entschlossener Mann vermag sich nahe genug bei ihnen zu halten, um öfter als ein- oder zweimal auf die Tiere zu schießen, es sei denn bei sehr hohem Schnee. Da der Elch beim Laufen seine Füße nicht hoch vom Boden hebt, kann er im tiefen Schnee leicht zur Strecke gebracht werden. Es gibt einige wenige Indianer, die die Fähigkeit besitzen, einen Elch auf der flachen Prärie ohne Schnee oder Eis niederzurennen. Der Moose-Elch jedoch und die Büffel sind bedeutend schneller als der gewöhnliche Elch und können kaum von einem Mann zu Fuß verfolgt und erlegt werden.

Wir hatten das Fleisch der vier Elche getrocknet, es war aber keineswegs gleichmäßig oder im Verhältnis zur Größe und den Bedürfnissen unserer Familien verteilt worden. Ich beschwerte mich jedoch nicht hierüber, da ich wußte, daß ich ein schlechter Jäger war und nur wenig zu ihrer Tötung beigetragen hatte. Ich wandte mich danach wieder mehr der Biberjagd zu. In der Gegend um mein Lager kannte ich mehr als zwanzig Biberfamilien und fing nun an, die Biberhäuser zu zerstören. Zu meinem Erstaunen fand ich sie fast alle leer. Endlich merkte ich, daß unter diesen Tieren eine Seuche ausgebrochen war, denen sie in großer Anzahl zum Opfer fielen. Sie lagen tot oder gerade verendend im Wasser, auf dem Eise und an Land. Zuweilen fand ich einen, der gerade einen Baum halb angenagt hatte und auf seinen Wurzeln gestorben war oder einen anderen, der gerade einen Ast zu seinem Hause schleppte und auf halbem Wege tot neben seiner Last lag. Viele, die ich aufschnitt, bluteten an der Herzgegend. Die in großen Flüssen und in fließendem Wasser lebenden litten weniger; aber beinahe alle, die in Teichen und in stehendem Wasser hausten, starben. Seit jenem Jahr sind die Biber am Roten Fluß und an der Hudson's Bay nie wieder so zahlreich gewesen wie früher. Wir wagten nicht, das Fleisch der an dieser Krankheit verendeten Tiere zu essen, aber ihre Pelze waren gut.

Während unseres Zusammenseins mit *Waw-zhe-kwaw-maish-koon* mußten wir häufig Hunger leiden. Einmal, nachdem ich einen Tag und eine Nacht lang gehungert hatte, ging ich mit ihm auf die Jagd, und wir fanden eine Herde Elche. Wir töteten zwei und verwundeten einen dritten, den wir die ganze Nacht lang verfolgten, bis wir ihn zur Strecke gebracht hatten. Sofort zerlegten wir ihn und bedeckten das Fleisch mit Schnee. Aber *Waw-zhe-kwaw-maish-koon* nahm nicht einen Mundvoll davon für unseren unmittelbaren Gebrauch mit, obgleich wir weit vom Zelt entfernt waren und es schon so spät war, daß wir erst am folgenden Tage nach Hause zurückkehren konnten. Ich wußte, daß er genauso lange gefastet hatte wie ich, und obwohl mein Hungergefühl fast unerträglich war, hätte ich mich doch geschämt, ihn um etwas Nahrung zu bitten. Ich wollte den Hunger genausogut aushalten wie er. Am Morgen gab er mir ein wenig Fleisch, aber ohne uns mit der Zubereitung aufzuhalten, brachen wir zu unserem Zelte auf. Als wir am Nachmittag dort ankamen, empfing *Net-no-kwa* mich mit den Worten: »Na, mein Sohn, ich glaube, du hast gestern abend recht reichlich zu essen gehabt, nachdem du so lange fasten mußtest.« Ich sagte ihr, daß ich noch nicht gegessen hätte. Daraufhin kochte sie sofort einen Teil des Fleisches, das ich erhalten hatte, aber wir konnten doch nur zwei Tage lang davon leben.

Ich kannte noch immer zwei Biberfamilien, die der herrschenden Seuche entgangen waren, und so nahm ich denn meine Fallen, um sie zu fangen. Bald hatte ich acht dieser Tiere gefangen, von denen ich *Waw-zhe-kwaw-maish-koon* zwei abgab.

Während dieses Winters kam einer der Söhne des berühmten Ojibwahäuptlings *Wesh-ko-bug* (»Der Süße«), der am Blutegelsee (Leech Lake) lebte, zu unserem Zelt. Dieser Mann gehörte zu denen, die sich wie Frauen kleiden und benehmen und infolgedessen von den Indianern als Frauen behandelt werden. In den meisten, wenn auch nicht in allen Stämmen, gibt es solche Individuen, die man ihrem Verhalten entsprechend *A-go-kwa*[2] nennt. Diese Person hieß *Ozaw-wen-dib* (»Gelbkopf«), war nun etwa fünfzig Jahre alt und hatte schon mit vielen »Ehemännern« zusammengelebt. Ich weiß nicht, ob sie[3] mich schon gesehen oder nur von mir gehört hatte, jedenfalls ließ sie mich wissen, daß sie in der Hoffnung, mich zu treffen, von weither gekommen sei, um mit mir leben zu können. Sie bot sich mir geradezu an, ließ sich aber von meiner Ablehnung nicht entmutigen und setzte ihre abstoßenden Bewerbungen fort, so daß ich beinahe aus meinem Zelte vertrieben worden wäre. Die alte *Net-no-kwa* kannte den Charakter dieses Individuums genau, aber lachte nur über die Verlegenheit und Scham, die ich jedesmal, wenn dieses Wesen mich anredete, an den Tag legte. Sie schien den Gelbkopf geradezu zu unterstützen und zu ermutigen, in unserem Zelt zu bleiben. Dieses Wesen widmete sich ganz der Frauenarbeit, die es außerordentlich geschickt verrichtete. Endlich verzweifelte sie am Erfolg ihrer Annäherungsversuche oder aber hatte genug von dem Hunger, der wie gewöhnlich in unserem Zelte herrschte. Jedenfalls verschwand sie und war drei oder vier Tage lang von unserem Zelt abwesend. Ich hatte schon zu hoffen angefangen, daß ich nicht mehr von ihr behelligt werden würde, als sie plötzlich mit einer Last getrockneten Fleisches zu uns zurückkehrte. Sie berichtete, daß sie *Wa-ge-to-tah-gun* und seine Gruppe getroffen hätte und daß der Häuptling uns durch sie eine Einladung, zu ihm zu kommen, übermitteln ließe. Er hatte auch von dem knauserigen Benehmen *Waw-zhe-kwaw-maish-koons* uns gegenüber erfahren und ließ mir durch den *A-go-kwa* mitteilen: »Mein Neffe, ich wünsche nicht, daß du dort bleibst, wo du gezwungen bist, das von einem anderen erbeutete Fleisch anzusehen, der zu niedriggesinnt ist, dir davon abzugeben. Komm zu mir, und weder du noch meine Schwester sollen das entbehren, was in meiner Macht steht, mit euch zu teilen.« Ich freute mich sehr über diese Einladung, und wir machten uns sofort auf den Weg. Als wir unser erstes Lager für die Nacht aufgeschlagen hatten und ich mit irgendeiner Arbeit am Feuer beschäftigt war, hörte ich den *A-go-kwa* in der Nähe aus dem Wald pfeifen, um mich zu rufen. Als ich hinging, sah ich, daß sie ein Stück Wild aufgefunden hatte, und entdeckte einen Moose-Elch. Ich schoß zweimal auf ihn, und er fiel zweimal um, aber es ist möglich, daß ich zu hoch schoß, denn es gelang ihm, mir zu entkommen. Die alte Frau machte mir hierüber heftige Vorwürfe und sagte, sie fürchte, daß ich niemals ein guter Jäger werden würde.

Noch am nächsten Tage kamen wir bei *Wa-ge-to-tes* Zelt an, wo wir soviel zu essen erhielten, wie wir nur wünschten. Hier wurde ich auch von den unerträglich gewordenen Aufdringlichkeiten des *A-go-kwas* erlöst. Denn *Wa-ge-to-te*, der bereits zwei Frauen hatte, heiratete den Gelbkopf. Diese Einführung eines neuen Mitglieds in die Familie *Wa-ge-to-tes* verursachte ziemliche Heiterkeit und hatte einige groteske Zwischenfälle zur Folge, brachte aber weniger Unannehmlichkeiten und Streitereien mit sich, als wenn er sich eine neue Frau weiblichen Geschlechts zugelegt hätte.

Diese Gruppe bestand aus zahlreichen Indianern, und die Umgebung war bereits leergejagt, so daß nur wenige selbst der besten Jäger etwas Wild heimbrachten; aber es fügte sich so, daß gerade ich und ein anderer schlechter Jäger mehr erlegten als die anderen.

Meine Familie hatte sich nun noch um eine von *Net-no-kwa* aufgenommene arme alte Ojibwa-Frau und ihre zwei Kinder vermehrt, die ohne männliche Fürsorge waren. Trotz dieses Zuwachses hielt ich es dennoch für besser, wenn wir für uns blieben. Ich jagte mit beträchtlichem Erfolg und blieb allein bis zur Zuckersaison, als *Net-no-*

kwa beschloß, nach *Menaukonoskeeg* zurückzukehren, während ich zum Handelsposten am Roten Flusse gehen sollte, um dort einige notwendige Gegenstände einzuhandeln. Ich schnürte ein Bündel Biberfelle zusammen und fuhr allein in einem kleinen Büffellederkanu ab, das gerade groß genug war, mich und mein Pelzbündel zu tragen. So fuhr ich den Kleinen *Saskawjewun* hinunter.

Nachdem ich von meinem Handelsgeschäft am Roten Fluß zurückgekehrt war, ließ ich mich am *Naowawgunwudju*, dem Hügel der Büffeljagd, in der Nähe des *Saskawjewun* nieder. Dieser Hügel ist hoch und sehr felsig und enthält wahrscheinlich irgendwelche Minerallager, denn man kann dort verschiedene besonders aussehende Schichten erkennen. Hier gab es eine Menge Zuckerbäume – es war ein guter Aufenthaltsort für die Frühlingszeit. Auch war das Wild hier so zahlreich und die Gegend so angenehm, daß ich zu bleiben beschloß, statt mit den anderen Indianern zum Klarwassersee zu gehen, wo sie sich zu ihrem üblichen Trinkgelage versammelten. Ich hatte *wa-me-gon-a-biew* benachrichtigt, der mit einem Pferd ankam, so daß wir drei Pferde hatten. Diese, die Hunde und uns selbst beluden wir mit dem Fleische eines Moose-Elches, den ich erlegt hatte. Er war der größte und fetteste, den ich je gesehen habe.

Nachdem wir vier Tage lang zusammengewesen waren, verließ mich *Wa-me-gon-a-biew*, um sich, ohne es mir vorher zu sagen, nach *Wa-ge-to-te* umzusehen. Als er wiederkam, erzählte er mir, daß er zu *Wa-ge-to-te* wegen dessen Tochter, die mir so oft angeboten worden war, gegangen sei; und er wollte wissen, ob ich etwa die Absicht hätte, sie zu heiraten. Ich sagte ihm, daß dies nicht der Fall sei, daß ich ihm aber gern behilflich sein wolle, falls er das Mädchen zur Frau zu nehmen wünsche. Er bat mich, mit ihm dorthin zurückzukehren, um den alten Leuten selbst die letzte Hoffnung zu nehmen, daß ich mich um ihre Tochter bewürbe, und daß ich ihn begleiten solle, wenn er sie heimführe. Ich stimmte diesem Vorschlag ohne Bedenken zu.

Als wir unsere Vorbereitungen zur Abreise trafen, bemerkte ich am Verhalten *Net-no-kwas*, daß unser Plan ihr nicht gefiel, obwohl sie nichts darüber sagte. Es fiel mir ein, daß es sich für junge Männer nicht gehörte, ihre Frauen heimzubringen, und ich machte *Wa-me-gon-a-biew* darauf aufmerksam, daß alle Leute uns auslachen würden, wenn wir auf unserem Vorhaben bestünden. »Hier«, sagte ich, »ist unsere Mutter, deren Aufgabe es ist, uns Frauen zu suchen, wenn wir welche brauchen, und sie wird sie auch zu uns bringen und ihnen unsere Plätze im Zelt zeigen, sobald sie es für angebracht hält.« Die alte Frau freute sich außerordentlich über meine Worte und erklärte ihre Bereitschaft, sofort zu *Wa-ge-to-te* zu gehen und uns seine Tochter zu bringen. Sie machte sich gleich auf den Weg. Zufälligerweise waren, als sie mit dem Mädchen zurückkam, *Wa-me-gon-a-biew* und ich gerade beide im Zelt. Scheinbar hatte ihr weder *Wa-me-gon-a-biew* noch die alte Frau gesagt, in wessen Auftrag sie geholt worden war, so daß sie offensichtlich nicht wußte, welcher der beiden anwesenden jungen Männer sie zur Frau gewählt hatte. *Net-no-kwa* bemerkte ihre Verwirrung und sagte ihr, sie solle sich neben *Wa-me-gon-a-biew* setzen, den sie von jetzt an als ihren Gatten zu betrachten habe. Nach einigen Tagen nahm er sie mit heim zu seiner anderen Frau, mit der sie in Harmonie zusammenlebte.

Im nächsten Herbst, als ich etwa einundzwanzig Jahre alt war, zog ich mit *Wa-me-gon-a-biew* und vielen anderen Indianerfamilien zum wilden Reis.[4] Während wir die Körner ernteten und zubereiteten, fielen viele der Unseren einer schweren Krankheit zum Opfer. Sie begann mit Husten und Heiserkeit und war oft von Mund- und Nasenbluten begleitet. Innerhalb kurzer Zeit waren viele der Unseren tot, und keiner vermochte noch zu jagen. Obgleich auch ich der Krankheit nicht entkam, so waren doch meine Anfälle zuerst leichter als die der meisten anderen. Seit Tagen schon gab es kein Fleisch in unserem Lager. Einige der Kinder waren nicht krank gewesen, andere befanden sich in der Rekonvaleszenz und brauchten Nahrung. Außer mir war nur noch ein anderer Mann imstande, irgendwelche Strapazen auf sich zu nehmen, und auch dieser hatte wie ich die Krankheit gerade erst überstanden. Wir konnten kaum laufen, und als die Kinder uns unsere Pferde brachten, vermochten wir kaum aufzusteigen. Aber selbst wenn wir hätten gehen können, so husteten wir doch so laut und unaufhörlich, daß wir niemals nahe genug an ein Beutetier herangekommen wären, um es zu töten. In dieser Notlage ritten wir in die Prärie hinein und hatten das Glück, einen Bären zu erlegen. Wir selber vermochten vom Fleische dieses Tieres nicht einen Mundvoll zu essen, aber wir brachten es heim und verteilten an jede Zeltgemeinschaft eine gleiche Portion.

Dennoch machte meine Besserung Fortschritte, und ich glaubte, daß ich als einer der ersten meine Gesundheit zurückgewonnen hätte. Einige Tage danach ging ich auf die Elchjagd und tötete zwei innerhalb weniger Stunden. Danach fühlte ich mich etwas erregt und übermüdet. Ich schlachtete die Tiere, zerschnitt das Fleisch und schleppte wie gewöhnlich eine Last Fleisch auf meinem Rücken ins Lager. Dort aß ich reichlich von dem für mich zubereiteten und legte mich dann zum Schlafen nieder. Aber noch vor Mitternacht erwachte ich mit schrecklichen Ohrenschmerzen. Es kam mir vor, als ob ein Tier sich in meine Ohren hineinfräße, und ich rief *Wa-me-gon-a-biew*, damit er einmal nachsehe. Er konnte jedoch nichts finden. Während der zwei folgenden Tage wurden diese Schmerzen immer qualvoller, bis ich das Bewußtsein verlor. Als ich endlich wieder zu mir kam (ich war, wie man mir später sagte, zwei Tage lang ohnmächtig gewesen), befand ich mich außerhalb des Zeltes. Um mich herum saßen die Indianer und tranken, denn ein Händler war vorbeigekommen. Einige stritten sich, und inmitten einer geräuschvollen Gruppe stand *Wa-me-gon-a-biew*, der mit einem Messer nach einem Pferde stach. Nach diesem kurzen Erwachen wurde ich wieder einige Tage lang besinnungslos und konnte nichts, was um mich herum vorging, wahrnehmen, bis endlich unsere Gruppe sich aufmachte, um den Aufenthaltsort zu wechseln. Als ich das Bewußtsein wiedererlangte, hatte ich noch Kraft genug, mich auf meinen Füßen fortzubewegen.

Zu jener Zeit begann ich über alles nachzudenken, was ich unter den Indianern erlebt hatte. Im allgemeinen war ich, seit ich bei *Net-no-kwas* Familie war, recht zufrieden gewesen. Aber mir schien es, als bedeute diese Krankheit den Anfang unglücklicher Schicksale, die mir für den Rest meines Lebens bestimmt seien. Ich war fast taub geworden, denn in beiden Ohren hatten sich Abszesse gebildet und waren aufgegangen, so daß ich nur sehr schlecht hören konnte. Ich saß im Zelt und sah die Leute ihre Lippen bewegen, konnte aber nicht verstehen, was sie sagten. Wenn ich auf die Jagd ging, so bemerkten mich die Tiere, ehe ich sie sah, und wenn ich zufällig einen Moose-Elch oder Elch erblickte und versuchte, in seine Nähe zu gelangen, so schien es mir, als hätten meine Fähigkeiten und meine Erfolge mich für immer verlassen. Bald begann ich zu glauben, daß die Tiere wüßten, daß ich hilflos wie ein nutzloser alter Mann geworden war.

Unter dem Einfluß dieser schmerzlichen Gedanken beschloß ich, mir selbst ein Ende zu bereiten, denn dies war der einzige Ausweg aus all dem Unglück, dem ich mich ausgesetzt sah. Als alle zum Aufbruch bereit waren, brachte *Net-no-kwa* mein Pferd an den Zelteingang und fragte, ob ich imstande wäre, aufzusteigen und zu dem Orte zu reiten, wo die Gruppe ihr Lager aufschlagen wollte. Ich bejahte dies, bat sie um mein Gewehr und sagte, ich würde den anderen in einiger Entfernung nachfolgen. Dann nahm ich die Zügel meines Pferdes in die Hand und setzte mich hin, während die anderen gruppenweise an mir vorüberzogen und endlich verschwanden. Als die letzte Frau mit ihrer schweren Last *Pukki*-Matten hinter dem kleinen Präriehügel, der mir die Aussicht versperrte, verschwunden war, fühlte ich mich sehr erleichtert. Ich ließ die Zügel los, so daß das Pferd frei grasen konnte. Dann spannte ich den Hahn meines Gewehres und bewegte den Ladestock, um es abzuschießen. Ich wußte, daß das Schloß in Ordnung war und daß ich das Gewehr voll geladen hatte. Zu meinem Erstaunen fand ich es jedoch leer. Auch mein Pulverhorn und meine Kugeltasche, die stets Munition enthielten, waren leer. Ebenso war mein Messer, das ich stets an meiner Kugeltasche hängend trug, verschwunden. Da es mir auf diese Weise unmöglich gemacht war, mir das Leben zu nehmen, packte ich mein Gewehr mit beiden Händen am Rohr und warf es mit aller Gewalt von mir. Dann bestieg ich mein Pferd, das gegen alle Gewohnheit in meiner unmittelbaren Nähe geblieben war, obwohl ich es freigelassen hatte. Bald holte ich die wandernde Gruppe ein, die scheinbar meine Absichten erraten hatte. *Wa-me-gon-a-biew* und *Net-no-kwa* waren nur so weit gegangen, daß ich sie nicht mehr sehen konnte und hatten sich dann hingesetzt, um abzuwarten, was ich täte. Vielleicht hatte ich ihnen in meiner Verzweiflung verraten, daß ich mich umbringen wollte und daß sie mir deshalb wenigstens die offensichtlichsten Möglichkeiten, mein Ziel zu erreichen, genommen hatten.

Selbstmord kommt unter den Indianern nicht selten vor und wird durch Erschießen, Hängen, Ertrinken, Vergiften usw. ausgeführt. Die Ursachen, die zu einer solchen Verzweiflungstat führen, sind verschiedener Art. Einige Jahre vor der Zeit, von der ich hier spreche, war ich mit *Net-no-kwa* in Mackinac, wo ich einen sehr begabten und hochangesehenen jungen Ottawa-Indianer kannte, der sich auf dem indianischen Begräbnisplatz erschoß. Er hatte sich zum ersten Male in seinem Leben sinnlos betrunken und sich in seinem vom Alkohol hervorgerufenen besinnungslosen Zustand die Kleider abgerissen und sich derart heftig benommen, daß seine beiden Schwestern ihm die Hände und Füße gebunden und ihn ins Zelt gelegt hatten, damit er sich und anderen keinen Schaden antäte. Am nächsten Morgen wachte er nüchtern auf, wurde losgebunden, ging zum Zelt seiner Schwestern, das in der unmittelbaren Nähe des Begräbnisplatzes lag, borgte sich ein Gewehr und ging auf den Friedhof, wo er sich erschoß. Wahrscheinlich hatte er, als er sich beim Erwachen gebunden vorgefunden hatte, geglaubt, er habe sich in seiner Betrunkenheit einer schweren Verfehlung schuldig gemacht und hatte daraufhin aus Scham und Gekränktheit seinem Leben gewaltsam ein Ende bereitet. Die Hauptursachen für Selbstmorde unter den Indianern sind Unglück, Verluste aller Art, auch der Tod von Freunden und manchmal Liebeskummer.

Ich machte *Wa-me-gon-a-biew* Vorwürfe, daß er sich in meine Angelegenheiten eingemischt, mein Gewehr entladen und meine Munition weggenommen hätte, obwohl dieses alles wahrscheinlich das Werk der alten Frau gewesen war. Als aber mein Gesundheitszustand sich langsam besserte, schämte ich mich meines Selbstmordversuches. Meine Freunde waren taktvoll genug, ihn niemals mir gegenüber zu erwähnen. Bald war ich wieder ganz gesund, aber mein Gehör war noch immer schwer geschädigt, und es dauerte Monate, ehe ich wieder genausogut wie vor meiner Krankheit jagen konnte. Jedoch war ich durchaus nicht am schwersten von dieser Krankheit betroffen worden. Einige der Indianer, die sie überlebten, blieben taub für immer, andere hatten ihren Verstand verloren, und wieder andere hatten sich in der durch die Krankheit verursachten Raserei gegen Bäume und Felsen geworfen und dabei ihre Arme gebrochen oder sich sonst zu Krüppeln gemacht. Die meisten der Überlebenden litten an häufigen Absonderungen im Ohr, oder, im Anfangsstadium an starkem Nasenbluten. Diese Krankheit war den Indianern vollkommen neu, und sie hatten kein Heilmittel dagegen.[5]

Als ich zum Handelsposten am Mausfluß kam, hörte ich, daß einige weiße Amerikaner dortgewesen waren, um Vorräte für ihre Gesellschaft, die sich im Mandan-Dorfe aufhielt, zu kaufen. Ich bedauerte, sie nicht getroffen zu haben; aber als ich hörte, daß sie dort bleiben wollten, suchte ich eine Gelegenheit, sie zu besuchen. Ich weiß jetzt, daß diese Weißen die Begleiter von Gouverneur Clark und

Hauptmann Lewis waren, die sich auf dem Wege zu den Rocky Mountains und zum Pazifik befanden.

Im Spätherbst zogen wir nach *Ke-nu-kau-ne-she-way-bo-ant*, wo es viel Wild gab und wo wir beschlossen, den Winter zu verbringen. Hier nahm ich, zusammen mit *Wa-me-gon-a-biew* und anderen Indianern, zum ersten Mal leidenschaftlich am Glücksspiel teil, einem Laster, das für die Indianer mindestens ebenso schädlich ist wie die Trunksucht. Eines der von uns bevorzugten Spiele war das Mokassinspiel, das von jeder beliebigen Anzahl Teilnehmer, meist aber in kleinen Gruppen gespielt werden kann. Man benutzt dazu vier Mokassins; in einem befindet sich ein kleiner Gegenstand wie ein Stäbchen oder ein Stück Stoff, der von der einen Hälfte der Spieler versteckt wird. Die Mokassins werden nebeneinander niedergelegt, und ein Mitglied der Gegenpartei berührt zwei der Mokassins mit seinem Finger oder mit einem Stock. Wenn der versteckte Gegenstand im ersten berührten Mokassin enthalten ist, verliert der Spieler acht Einheiten an die Gegenpartei; wenn er sich nicht im zweiten, sondern in den beiden anderen befindet, verliert er zwei. Wenn er im letzten steckt, gewinnt er acht. Die Cree spielen dieses Spiel anders. Sie stecken ihre Hand in jeden Mokassin und versuchen den Gegenstand sofort zu finden – sollte er aber im ersten Mokassin enthalten sein, so verliert man acht. Die Spieleinheit wird vorher durch Beratung festgelegt, so kann etwa ein Biberfell oder eine Schlafdecke »zehn« oder ein Pferd »hundert« sein. Mit Fremden wird besonders hoch gespielt, und ein Pferd wird dann oft als »zehn« gerechnet.

Das schlimmste Spiel, das mit der größten Leidenschaft und mit den schrecklichsten Folgen gespielt wird, ist jedoch das *Bug-ga-sauk* oder *Beg-ga-sah*. *Beg-ga-sah-nuk* sind kleine Stücke Holz, Knochen oder auch Messing, die man erhält, indem man einen alten Kochkessel zu Stücken zerschneidet. Die eine Seite der Spielmarken wird schwarz gefärbt, die andere ist hell. Man kann verschieden viele dieser Jetons verwenden, es dürfen aber nicht weniger als neun sein. Sie werden in eine große Schüssel oder auf ein zu diesem Zwecke angefertigtes Spielbrett gelegt. Die beiden Spielergruppen, oft zwanzig bis dreißig Personen, setzen sich einander gegenüber oder bilden einen Kreis. Man spielt, indem man die Schüssel so anschlägt, daß alle *beg-ga-sah-nuk* in die Luft fliegen, und von der Art, in der sie niederfallen, hängen Gewinn oder Verlust ab. Wenn der Wurf gut war, darf der Spieler wie beim Billard immer weiter fortfahren, bis er verliert und der nächste sein Glück versucht. Alle Teilnehmer werden bald sehr aufgeregt, und häufig entstehen Streitereien, weil jemand seinem Nachbar die Schüssel abnimmt, ehe dieser sie abzugeben braucht.[6]

Alte und einsichtsvolle Personen sind sehr gegen dieses Spiel, und erst in jenem Winter erlaubte *Net-no-kwa* mir, zum ersten Male daran teilzunehmen. Am Anfang hatte meine Partei viel Glück, aber wir spielten so oft, daß wir endlich alles verloren hatten. Als wir nichts mehr zu verlieren hatten, verließ uns die Gruppe, gegen die wir gespielt hatten, und schlug ihr Lager anderswo auf, prahlte aber wie üblich gewaltig mit ihrem Erfolg. Als ich davon erfuhr, rief ich unsere Männer zusammen und machte ihnen den Vorschlag, diese Großtuerei zu beenden und unser verlorenes Eigentum dadurch zurückzugewinnen, daß wir mit den anderen nach einem Ziele schießen wollten. Wir borgten uns von Freunden einige Gegenstände als Einsatz und gingen in geschlossener Gruppe zu unseren Gegnern. Als sie sahen, daß wir einige brauchbare Dinge mitgebracht hatten, stimmten sie zu, noch einmal mit uns *Beg-ga-sah* zu spielen, wobei wir genug von unserem verlorenen Besitz zurückgewannen, um am nächsten Morgen den Schießwettbewerb mit sehr hohem Einsatz veranstalten zu können. Wir setzten alles, was wir überhaupt besaßen; und die anderen hatten durchaus keine Lust, mitzutun, mußten aber aus Anstandsgründen zustimmen.

Wir stellten unser Ziel in einer Entfernung von etwa neunzig Metern auf. Ich schoß als erster und traf fast genau ins Schwarze. Keiner der anderen Teilnehmer erreichte auch nur im entferntesten meine Schießkunst. So war ich denn der Sieger und erhielt den größten Teil des im Laufe des Winters Verlorenen zurück.

Im Frühling, als wir *Ke-nu-kau-ne-she-way-bo-ant* gerade verlassen wollten, kam ein alter Medizinmann des *Midé*, namens *O-zhusk-koo-koon* (»Leber der Moschusratte«) in mein Zelt. Er war von seiner jungen Enkelin und deren Eltern begleitet. Das Mädchen war sehr hübsch und nicht älter als fünfzehn, aber *Net-no-kwa* hatte keine gute Meinung von ihr. Sie sagte: »Mein Sohn, diese Leute werden nicht aufhören, dich zu belästigen; und da dieses Mädchen keinesfalls geeignet ist, deine Frau zu werden, rate ich dir, dein Gewehr zu nehmen und wegzugehen. Schlag dir in einiger Entfernung ein Jagdlager auf und komm nicht eher wieder, bis sie Zeit genug gehabt haben, einzusehen, daß du diese Verbindung entschieden ablehnst.« Ich folgte ihrem Rat, und *O-zhusk-koo-koon* gab scheinbar die Hoffnung, mich mit seiner Enkelin zu verheiraten, auf.

Nach meiner Rückkehr stand ich eines Abends in der Nähe meines Zeltes, als ich ein sehr ansprechend aussehendes junges Mädchen bemerkte, das spazierenging und dabei rauchte. Sie sah mich ab und zu an und fragte mich endlich, ob ich nicht mit ihr rauchen wollte. Ich antwortete, daß ich niemals rauchte. »Du willst nur deshalb nicht rauchen«, sagte sie, »weil du meine Pfeife nicht anrühren willst.« Daraufhin nahm ich ihr die Pfeife ab und rauchte ein paar Züge daraus, obgleich ich das niemals vorher getan hatte. Sie blieb einige Zeit, plauderte mit mir und begann mir zu gefallen. Danach sahen wir uns häufiger, und ich fing an, mich in sie zu verlieben.

Ich erwähne dies, weil sie die Frau war, die ich später heiratete und weil die Art unserer Bekanntschaft nicht der sonst bei den Indianern üblichen entsprach. Es ist nämlich meistens so, daß ein junger Mann, selbst wenn er eine Frau seiner eigenen Lokalgruppe heiratet, keinerlei persönlichen Umgang mit ihr gehabt hat. Sie mögen sich zuweilen im Dorf[7] begegnet sein, und er mag sie vielleicht beim Vorüberkommen betrachtet haben, aber höchstwahrscheinlich haben sie niemals miteinander gesprochen. Die Ehe wird von den alten Leuten arrangiert, und wenn das junge Paar von ihren Plänen hört, erheben sie meistens keinen Widerspruch dagegen, da sie wissen, daß die Beziehung, falls sie beiden Teilen oder einem der Partner als nicht wünschenswert erscheinen sollte, jederzeit abgebrochen werden kann.

Meine Unterhaltungen mit *Mis-kwa-bun-a-kwa* (»Der rote Morgenhimmel«) – dies war der Name des Mädchens, das mir seine Pfeife angeboten hatte – waren bald der Gegenstand des allgemeinen Klatsches. Auch der alte *O-zhusk-koo-koon* hörte davon, und da er dachte, daß ich wie andere junge Männer meines Alters wahrscheinlich heiraten wollte, kam er in mein Zelt und hatte diesmal eine andere seiner zahlreichen Enkelinnen an der Hand. »Diese«, sagte er zu *Net-no-kwa*, »ist die hübscheste und beste aller meiner Nachkommen; ich biete sie deinem Sohn zur Frau an.« Mit diesen Worten ließ er sie im Zelt zurück und ging fort. Dieses junge Mädchen war ein Liebling von *Net-no-kwa* und wurde von allen Indianern unserer Gruppe als höchst begehrenswert angesehen. Die alte Frau fühlte sich sichtlich etwas verlegen; aber endlich nahm sie die Gelegenheit wahr und sagte mir: »Mein Sohn, dieses dir von *O-zhusk-koo-koon* angebotene Mädchen ist hübsch und gut; aber du brauchst sie nicht zu heiraten, denn ich habe das Gefühl, daß sie noch vor Jahresfrist im Grabe liegen wird. Es ist aber notwendig, daß du eine starke und gesunde Frau bekommst. Deshalb wollen wir diesem Mädchen ein schönes Geschenk geben, wie sie es verdient, und sie dann zu ihrem Vater zurückschicken.« Ihren Worten entsprechend gab sie ihr Geschenke von beträchtlichem Wert und schickte sie dann heim.

Dieses junge Mädchen starb tatsächlich, noch ehe ein Jahr verstrichen war, genau so, wie die alte Frau es vorhergesagt hatte.

Inzwischen waren *Mis-kwa-bun-a-kwa* und ich immer vertrauter miteinander geworden. *Net-no-kwa* schien den von mir eingeschlagenen Weg nicht zu mißbilligen, denn sie sprach nicht darüber, obwohl sie über mein Verhalten keinen Zweifel hegen konnte. Daß dies in der Tat so war, erfuhr ich, als ich, nachdem ich zum ersten Male einen beträchtlichen Teil der Nacht mit meiner Geliebten verbracht hatte, zu später Stunde ins Zelt schlüpfte und mich schlafen legte. Am nächsten Morgen weckte sie mich, indem sie mich auf meine nackten Füße schlug. »Aufgestanden!« sagte sie, einen Stock in der Hand, »auf, junger Mann, der du dich verheiraten willst. Los, und auf die Jagd gegangen! Es wird die Achtung deiner Zukünftigen vor dir erhöhen, wenn sie sieht, daß du zeitig am Morgen eine Menge Fleisch herbeibringst, statt zierlich aufgeputzt herumzustehen, während alle Jäger schon fort sind.« Ich vermochte ihr nichts zu antworten, aber ich nahm mein Gewehr und ging. Noch vor Mittag war ich mit einer solchen Ladung fetten Moose-Elchfleisches zurück, als ich nur tragen konnte, warf es vor *Net-no-kwa* nieder und sagte zu ihr in barschem Tone: »Hier, alte Frau, ist, was du am Morgen von mir verlangt hast.« Sie freute sich sehr und machte mir Komplimente. Ich sah nun deutlich, daß sie nichts gegen meine Beziehung zu *Mis-kwa-bun-a-kwa* hatte und freute mich sehr darüber, daß meine Pläne ihren Beifall fanden. Es gibt viele Indianer, die ihre alten Verwandten mißachten und vernachlässigen; aber obwohl *Net-no-kwa* nun gebrechlich und kränklich war, hielt ich sie stets in hohen Ehren und habe das auch weiter getan, solange sie lebte.

Ich verdoppelte nun meinen Jagdeifer und kam meistens schon zeitig am Tage, zum mindesten aber vor Nachteinbruch, mit Fleisch zurück. Auch kleidete ich mich so schön ich konnte und spazierte im Dorf herum, wobei ich manchmal die *Pe-be-gwun* oder Flöte blies. Zuerst behauptete *Mis-kwa-bun-a-kwa*, mich nicht heiraten zu wollen, aber nachdem sie von mir einige deutliche Proben meines Temperaments erhalten hatte, legte sie diese künstliche Zimperlichkeit gänzlich ab. Ich meinerseits fand merkwürdigerweise, daß mein anfänglicher ungestümer Drang, sie als Ehefrau in mein Zelt zu bringen, immer mehr abnahm.

Ich versuchte mehrmals, unsere Beziehungen abzubrechen und sie nicht wieder zu besuchen; aber meine Zuneigung zu ihr war doch zu stark. Als sie meine wachsende Gleichgültigkeit ihr gegenüber bemerkte, machte sie mir manchmal Vorwürfe oder versuchte, mich durch Tränen und Bitten zu erweichen, aber noch immer sagte ich der alten Frau nicht, daß ich *Mis-kwa-bun-a-kwa* als meine Gattin heimführen wollte und wurde mehr und mehr abgeneigt, sie öffentlich als meine Frau anzuerkennen.

Um diese Zeit ging ich zum Handelsposten am Roten Fluß, und zwar in Gesellschaft meines Halbbluts, der zu jener Firma gehörte und ein schnelles Pferd ritt. Seitdem haben die englischen Ansiedler dieser Gegend die von uns zurückgelegte Entfernung auf siebzig Meilen festgelegt. Wir ritten und liefen abwechselnd, wobei der, der zu Fuß ging, den Schwanz des Pferdes gepackt hielt und mit ihm Schritt hielt. Auf diese Weise brauchten wir nur einen Tag, um die ganze Strecke zu bewältigen. Den Rückweg machte ich allein und versuchte, ebenfalls nur einen Tag zu benötigen, aber als es dunkel wurde, zwang mich die Erschöpfung, zehn Meilen von unserem Zelt entfernt zu übernachten.

Als ich am nächsten Tage dort ankam, sah ich *Mis-kwa-bun-a-kwa* auf meinem Platze sitzen. Ich blieb am Eingang stehen und zögerte einzutreten, worauf sie ihren Kopf senkte. *Net-no-kwa* jedoch redet mich in barscherem Tone an, als es sonst mir gegenüber ihre Gewohnheit war. »Geh nur zum Zelt heraus und kränke damit diese junge Frau, die in jeder Hinsicht besser ist als du. Du hast diese Beziehung gesucht, nicht ich oder sie. Du bist ihr durch das ganze Dorf nachgelaufen; wenn du dich jetzt von ihr abwendest, so erweckst du den Anschein, als wäre sie eine, die sich anderen an den Hals wirft.« Ich gab *Net-no-kwa* zum Teil recht, zum anderen Teile aber sprach auch mein eigenes Gefühl. So kam ich denn herein und setzte mich an *Mis-kwa-bun-a-kwas* Seite nieder, und damit wurden wir Mann und Frau. Während meiner Abwesenheit hatte die alte *Net-no-kwa* ohne mein Wissen und ohne meine Zustimmung sich mit den Eltern der jungen Frau in Verbindung gesetzt und diese gleich mitgebracht, in der richtigen Annahme, daß es nicht schwierig werden würde, mich mit ihren Maßnahmen zu versöhnen. Bei den meisten Eheschließungen junger Leute haben die hauptsächlich daran Interessierten viel weniger zu sagen, als es hier der Fall war. Die Anzahl der Geschenke, die die Eltern eines Mädchens als Gegengabe für sie erwarten, nimmt mit der Zahl der Ehemänner ab, die sie bereits gehabt hat.

ACHTES KAPITEL

Vorbereitungen zu einem Kriegszug – Geräusche einer fernen Büffelherde – Schreckliche Kämpfe der Bullen – Verhaltensmaßregeln für junge Krieger – Jeebi-bug oder warum man die Andenken an verstorbene Freunde auf dem Schlachtfeld wegwirft, und der Sinn dieser Sitte – Wie unser Kriegszug durch das Eingreifen eines anderen Häuptlings abgebrochen wurde – Ich rette das Leben meines Stiefbruders – Waw-be-no *– Die Hochzeit von* Pi-che-to *und* Skwa-shish *– Angriff durch eine Kriegergruppe der Sioux, ihre Verfolgung zum Dorfe am Häuptlingsberg und zur Mündung des St.-Peters-Flusses*

Vier Tage nach meiner Rückkehr vom Roten Fluß zogen wir in die Wälder: *Wa-me-gon-a-biew*, seine beiden Frauen und deren Kinder, *Waw-be-be-nais-sa* mit seiner Frau und seinen Kindern, meine Frau und ich und die Familie *Net-no-kwas*. Wir folgten der Richtung des Preißelbeerflusses (des Cranberry River oder *Pembinah*), denn wir suchten dort einen guten Platz, wo wir die Frauen und Kinder lassen konnten, da wir vorhatten, uns einer gegen die Sioux ausziehenden Kriegergruppe anzuschließen.[1] Als wir eine passende Stelle gefunden hatten, widmeten wir uns mit großem Eifer der Jagd, um genug getrocknetes Fleisch für unsere Familien für die Dauer unserer Abwesenheit zu hinterlassen.

Wir hatten eine beträchtliche Menge Fleisch zusammengebracht, das die Frauen trockneten, und wollten nun wissen, wie es um die Krieger am *Pembinah* stand und wann sie losziehen wollten. Wir nahmen unsere Pferde und ritten hin. *Waw-be-be-nais-sa* blieb bei den Frauen zurück. Als wir bei den Kriegern ankamen, fanden wir vierzig Muskego-Männer vor, die am nächsten Morgen aufbrechen wollten, und obwohl wir ohne unsere Mokassins und ohne die üblichen Vorbereitungen gekommen waren, beschlossen wir, sie zu begleiten. Es waren auch zahlreiche Ojibwa und Cree dort, aber sie schienen nicht geneigt zu sein, sich den Muskego anzuschließen, da diese von ihnen nicht hochgeachtet werden. Auch *Wa-me-gon-a-biew* versuchte, mich von der Teilnahme an diesem Kriegszug abzubringen und meinte, daß wir ihn besser verschöben und im Herbst zusammen mit den Ojibwa ausziehen sollten.

Schon am zweiten Tage, nachdem wir den *Pembinah* verlassen hatten, waren wir ohne einen Mundvoll Essen und begannen zu hungern. Wenn wir uns nachts in unserem Lager niederlegten und unsre Ohren nahe an den Boden hielten, konnten wir das Getrampel von Büffeln wahrnehmen. Sobald wir uns aber aufsetzten, war nichts zu hören, und auch am folgenden Morgen war nichts von ihnen zu sehen, obwohl wir eine vorzügliche Sicht über die Prärie hatten. Da wir aber wußten, daß sie nicht weit fort sein konnten, bestimmten wir acht Männer (zu denen ich gehörte), wenigstens einige Büffel zu töten und das Fleisch an eine Stelle zu bringen, wo wir uns für die nächste Nacht verabredeten. Auch am nächsten Morgen konnten wir das Geräusch hören, wenn wir unsre Ohren an die Erde legten. Es schien genausoweit entfernt zu sein und aus derselben Richtung zu kommen wie vorher. Wir brachen zeitig auf und ritten lange, ehe wir sie sahen. Die Außentiere der Herde befanden sich etwa zehn Meilen entfernt von uns. Die Büffel sahen wie eine schwarze Linie am Horizont aus oder wie eine niedrige Küstenlinie am Ufer eines Sees. Die Entfernung der Herde von unserem Ausgangspunkt betrug etwa zwanzig Meilen. Es war Brunstzeit, und die verschiedenen Teile der Herde befanden sich wegen der schweren Kämpfe der Bullen in dauernder Bewegung. Zu dem Geräusch, das die Hufpaare auf der Erde verursachten, und zu ihrem unaufhörlichem Getrampel kam das laute und wilde Brüllen der Bullen, die alle in ihre fürchterlichen und schreckenerregenden Kämpfe verwickelt waren. Wir wußten, daß wir uns zu dieser Saison der Herde nähern konnten, ohne die Alarmbereitschaft, die wir dort zu jeder anderen Jahreszeit gefunden hätten, fürchten zu müssen, und ritten geradewegs auf sie zu. Als wir näher kamen, tötete ich einen verwundeten Bullen, der kaum noch einen Versuch machte, uns zu entkommen. Er hatte Wunden in seinen Flanken, in die ich meine ausgestreckte Hand hineinlegen konnte. Da wir wußten, daß das Fleisch der Bullen um diese Zeit kaum genießbar ist, wollten wir sie gar nicht töten, obgleich wir mit Leichtigkeit viele hätten erlegen können. Wir stiegen ab, ließen unsere Pferde in der Obhut eines unserer Kameraden, der bereit war, zu diesem Zwecke zurückzubleiben, und krochen dann auf die Herde zu, um einige Kühe zu töten. Ich hatte mich von den anderen abgesondert und fand mich plötzlich allein zwischen den Bullen. Ehe ich noch auf eine Kuh schießen konnte, begannen die Bullen in meiner unmittelbaren Nähe aufeinander loszugehen. Sie waren so erregt, daß sie meine Gegenwart überhaupt nicht bemerkten und mit solcher Gewalt auf mich zukamen, daß ich für meine Sicherheit fürchtete und mich in einer der Erdgruben versteckte, die in der Umgebung dieser Tiere häufig sind, da sie sich in die Erde hineinzuwühlen lieben. Sie kamen aber immer näher auf mich zu, so daß ich mich gezwungen sah, sie zu zerstreuen, was mir erst gelang, nachdem ich vier getötet hatte. Durch die Schüsse waren die Kühe so erschreckt worden, daß ich hier keine erlegen konnte. So holte ich mir mein Pferd und ritt zu einem anderen Teil der Herde, wo es den Indianern gelungen war, eine fette Kuh zu töten. Wie üblich hatte die Herde diese gefallene Kuh sofort verlassen. Nur ein Bulle war noch da, der die Indianer in Schach hielt. »Ihr seid Krieger«, sagte ich, als ich dorthin ritt, »die ihr Land verlassen haben, um einen Feind zu überfallen, und könnt noch nicht einmal diesem alten Bullen, der waffenlos ist, die Frau nehmen.« Mit diesen Worten ritt ich an ihnen vorüber und direkt auf den Bullen zu, der etwa einhundertachtzig Meter entfernt stand. Kaum sah er mich herankommen, als er auch schon mit solchem Ungestüm auf mich zuraste, daß ich, die meinem Pferd und mir drohende Gefahr erkennend, umkehrte und floh. Die Indianer lachten herzlich über meine Niederlage, aber ihre Versuche, an die Kuh heranzukommen, blieben erfolglos. Schließlich gelang es uns, die Aufmerksamkeit des Bullen dadurch abzulenken, daß wir ihn von verschiedenen Seiten beschlichen, und endlich konnten wir ihn niederschießen. Als wir das Fleisch der Kuh in Stücke schnitten, kam eine andere alte Kuh, die wir für die Mutter der getöteten hielten, vom Geruch des Blutes angezogen, mit großer Heftigkeit auf uns zu. Die Indianer erschraken und flohen, manche ohne ihre Gewehre, aber ich hatte das meine sorgfältig neu geladen und hielt es schußbereit. Ich warf mich neben der toten Kuh nieder und wartete, von ihr gedeckt, bis die andere nur wenige Meter davon entfernt stand. Dann feuerte ich auf sie. Sie drehte sich, machte zwei Sprünge und fiel tot nieder. Wir hatten nun das Fleisch von zwei fetten Kühen – genau so viel, wie wir brauchten. So kehrten wir denn ohne weiteren Aufenthalt zu dem verabredeten Treffplatz zurück, wo wir unsere Genossen fanden, deren Hunger schon durch das Fleisch eines Hirsches, den einer erlegt hatte, gestillt war.

Ich machte nun eine der Zeremonien mit, die man als die Initiation der Krieger bezeichnen kann, da ich zum ersten Male an einem Kriegszuge teilnahm. Während der ersten drei Male, wenn ein Mann eine Gruppe von Kriegern begleitet, erfordert die Tradition der Indianer die Einhaltung einiger seltsamer und eigenartiger Gebräuche, von denen die alten Krieger sich ausschließen können, wenn sie wollen. Der junge Krieger muß stets sein Gesicht schwarz anmalen, muß eine Mütze oder einen bestimmten Kopfputz tragen und darf niemals den Alten vorangehen, sondern muß ihnen, in ihre Fußspuren tretend, nachfolgen. Auch darf er keinesfalls sein Gesicht oder einen anderen Teil seines Körpers mit seinen Fingern kratzen, sondern muß, wenn es ihn juckt, einen kleinen Stab dazu benutzen. Das Gefäß, aus dem er ißt und trinkt und das von ihm benutzte Messer darf von keiner anderen Person berührt werden. Diese beiden letzten Vorschriften gleichen denen, die verschiedene Stämme ihren jungen Mädchen anläßlich der ersten Menstruationsperioden vorschreiben. Wie lang und ermüdend auch der Marsch gewesen sein mag, so darf der junge Krieger, solange es hell ist, weder essen noch trinken, noch sich niedersetzen. Bleibt er einen Augenblick stehen, so muß er sein Gesicht seiner Heimat zuwenden, damit der Große Geist sieht, daß er die Absicht hat, wieder heimzukehren.

Auch nachts im Lager muß eine bestimmte Ordnung innegehalten werden. Wenn Büsche in der Nähe des Übernachtungsortes wachsen, so muß der Lagerplatz in Form eines Vierecks oder Ovals mit Zweigen besteckt werden, dessen eines Ende einen Eingang aufweist, der stets dem Lande des Feindes zugekehrt sein muß. Ist kein Gebüsch in der Nähe, so muß der Boden dennoch in derselben Weise mit Stöcken und Grasbüscheln, wie sie in der Prärie wachsen, markiert werden. In der Nähe des Einganges zu dieser Umfriedung halten sich der Anführer und die alten Krieger auf; es folgen, nach Alter und Ansehen geordnet, die jüngeren Männer. Zuletzt kommen am gegenüberliegenden Ende des Lagers die jungen Leute mit den geschwärzten Gesichtern, die ihren ersten Kriegsausflug unternehmen. Alle Krieger, die alten wie die jungen, schlafen mit ihren Gesichtern nach ihrer Heimat gewendet. Selbst wenn sie sehr unbequem liegen, dürfen sie unter keinen Umständen ihre Stellung verändern. Auch dürfen niemals zwei Männer auf einer Decke liegen oder sich mit einer Decke zudecken. Bei ihren Märschen dürfen die Krieger, falls sie sich niedersetzen, niemals auf der bloßen Erde sitzen, sondern zumindest etwas Gras oder einige Büsche zwischen ihrem Körper und dem Boden haben. Wenn irgend möglich, dürfen ihre Füße nicht naß werden. Sind sie gezwungen, durch einen Sumpf zu waten oder einen Fluß zu überqueren, so müssen ihre Kleider trocken bleiben, und sie müssen sofort, wenn sie aus dem Wasser kommen, ihre Füße mit Grasbüscheln trocknen. Auch dürfen sie niemals einen ausgetretenen Pfad benutzen. Läßt dieses sich jedoch nicht vermeiden, so müssen sie Medizin, die sie zu diesem Zwecke bei sich tragen, auf ihre Beine streichen. Man darf über keinen Gegenstand, der einem Mitglied der Gruppe gehört (sein Gewehr, seine Decke, seinen Tomahawk, Messer oder seine Kriegskeule) hinwegsteigen. Dasselbe gilt für die Beine, Hände oder den Körper eines auf der Erde Sitzenden oder Liegenden. Sollte diese Regel unabsichtlich übertreten werden, so ist es die Pflicht des Besitzers des Gegenstandes, über den der andere hinweggestiegen ist, den Schuldigen zu packen und niederzuwerfen, was dieser sich gefallen lassen muß, selbst wenn er viel stärker ist als der andere. Die Gefäße, aus denen man trinkt und ißt, bestehen meist aus Holz oder Birkenrinde und sind in der Mitte durch eine Markierung geteilt. Auf dem Hinweg wird unweigerlich die eine, auf dem Rückweg die andere Seite benutzt. Am Schluß des Kriegszuges, etwa eine Tagesreise vom Heimatdorf entfernt, werden diese Gefäße entweder an Bäumen aufgehängt oder in der Prärie weggeworfen.

Ich vergaß noch zu erwähnen, daß nachts im Lager der die Gruppe leitende Anführer einige junge Männer vorausschickt, damit sie im voraus den Boden vorbereiten (man nennt diese gereinigte Fläche *Pushkwaw-humme-genahgun*), um dort die Zeremonie des *kozau-bun-zichegun* oder der Weissagung vorzunehmen, mit deren Hilfe man die Position des Feindes feststellt.[2] Von dem betreffenden Stück Boden werden alle wachsenden Pflanzen entfernt, und die Erde wird mit den Händen zerkrümelt, so daß sie ganz fein und weich ist. Dann wird das erwählte Stück so mit Pfählen in Form eines Parallelogramms eingezäunt, daß niemand darauftreten kann. Wenn dem Anführer gemeldet worden ist, daß der Boden vorbereitet wurde, geht er dorthin und setzt sich an dem Ende der Fläche nieder, die dem feindlichen Gebiet gegenüberliegt. Er beginnt nun zu singen und zu beten und legt am Rande des gereinigten Erdstückes, das man mit einem Gartenbeet vergleichen kann, zwei kleine runde Steine nieder. Nachdem der Anführer hier einige Zeit allein meditiert und den Großen Geist gebeten hat, ihm die Richtung zu zeigen, in die er seine jungen Männer führen soll, geht ein Bote von ihm zum Lager und wieder einen Teil des Weges zurück, wobei er die Namen einiger führender Männer ausruft und hinzufügt: »Kommt zum Rauchen.« Auch andere, nicht gerufene Mitglieder der Gruppe können zum Häuptling hingehen. Man zündet ein Feuer an und betrachtet nun das Resultat des *kozau-bun-zichc gun*. Die beiden vom Häuptling am Rande der Fläche niedergelegten Steine haben sich nach dem gegenüberliegenden Ende hin vorwärtsbewegt, und die von ihnen in der weichen Erde hinterlassenen Spuren zeigen den einzuschlagenden Weg an.

Auf diesem Ort der Weissagung werden die aus Stoffstücken, Perlen und anderen Dingen bestehenden Opfergabe, die der Anführer und die anderen Männer bei sich tragen, während der Nacht an einem Pfahl aufgehängt, dazu die *je-bi-ug* oder Erinnerungsstücke an tote Freunde, die man entweder auf dem Schlachtfeld wegwirft oder, wenn möglich, in die aufgerissenen Eingeweide der Feinde, die im Kampfe fallen, legt. Hat etwa ein Krieger ein Lieblingskind durch den Tod verloren, so trägt er ein Kleidungsstück oder Spielzeug dieses Kindes oder eine seiner Haarlocken bei sich, die er auf dem Kampfplatz wegwirft. Die Späher, die einer Kriegergruppe ins Feindesland vorangehen und in der Nähe ihrer Zelte oder früheren Lagerplätze herumschleichen, versuchen, dort Kinderspielzeuge, wie kleine Bogen oder selbst die Stücke eines zerbrochenen Bogens, zu finden. Sie heben diese Funde sorgfältig bis zu ihrer Rückkehr zur Kriegergruppe auf, und wenn sie dort einen Mann kennen, der sein Kind verloren hat, werfen sie ihm diese Dinge mit den Worten zu: »Dein Sohn ist dort; wir sahen ihn mit den Kindern unserer Feinde spielen. Willst du nicht hingehen, um ihn wiederzusehen?« Der trauernde Vater hebt das Beutestück auf, betrachtet es, beginnt zu weinen und ist dann mit großem

Eifer dabei, sich auf den Feind zu stürzen. Da ein indianischer Anführer an der Spitze einer Kriegergruppe seine Gefolgsmänner in keiner anderen Weise als durch seinen persönlichen Einfluß kontrollieren kann, ist es notwendig, die Teilnehmer mit solchen Mitteln zu erregen und zu besonderem Tatendrang anzureizen.

Der Muskegohäuptling *A-gus-ko-gaut*, den wir auf diesem Kriegszug begleiteten, nannte sich (genau wie der vor einigen Jahren unter den Shawnee aufgetauchte[3] einen Propheten des Großen Geistes. Er hatte vor kurzem seinen Sohn verloren und trug einen *je-bi* in der Absicht, ihn auf einem blutigen Schlachtfeld zurückzulassen. Seine Absicht wurde jedoch von *Ta-bush-shah* (»Der plötzlich Ausweichende«) vereitelt, der uns mit zwanzig Mann einholte. Dieser ruhelose und ehrgeizige Ojibwa wollte es nicht dulden, daß jemand anderes als er selbst kriegerisch gegen die Sioux auszog und daß so geringgeschätzte Leute wie die Muskego seine eigenen kühnen Taten übertreffen sollten. Als er sich uns zugesellte, zeigte er keinerlei ablehnende Einstellung gegenüber unserer geplanten Unternehmung. Im Gegenteil, er behauptete, seinen Brüdern, den Muskego, zu Hilfe geeilt zu sein. Obwohl *A-gus-ko-gaut* kaum im Zweifel über *Ta-bush-shahs* Gefühle und Absichten sein konnte, nahm er ihn doch mit größter Liebenswürdigkeit und scheinbarer Freude auf.

So reisten wir denn gemeinsam einige Tage lang weiter. Beim Durchqueren der weiten Prärie wurde unser Durst so unerträglich, daß wir einige der für Krieger geltenden Regeln durchbrechen mußten. Unsere Anführer kannten die Beschaffenheit der Gegend, die wir durchzogen, und wußten, daß es in einer Entfernung von wenigen Meilen Wasser gab. Aber die meisten der zu Fuß wandernden älteren Krieger waren von Müdigkeit und Durst ganz außerordentlich geschwächt. In dieser Notlage erwies es sich als notwendig, daß einige der berittenen Teilnehmer wie *Wa-me-gon-a-biew* und ich vorauseilten und nach Wasser suchten, um, wenn wir es gefunden hätten, der Hauptgruppe Zeichen zu geben, in welcher Richtung sie sich bewegen sollten. Ich war unter den ersten, die eine Wasserstelle fanden, aber ehe noch alle unsere Leute dort eintrafen, waren ihre Leiden unerträglich geworden. Die an der Quelle Angekommenen schossen während der ganzen Nacht ihre Gewehre ab. Die Nachzügler trafen aus den verschiedensten Richtungen ein – einige erbrachen Blut, andere befanden sich im Zustande des Wahnsinns.

Eines Morgens trafen wir auf eine Büffelherde, und da wir nichts zu essen hatten, wurden einige unserer jungen Leute abgeordnet, einige der Tiere zu erlegen. Seitdem wir den Sioux gesehen hatten, waren wir nur nachts gereist und hatten uns tagsüber versteckt gehalten. Da aber die Muskego ihre jungen Leute ganz offen zur Verfolgung der Büffel ausschickten und da sie am Tage einherritten und ihre Gewehre abschossen, nahm *Ta-bush-sha* die Gelegenheit wahr, die offenbar das einzige Ziel seiner Reise bildete: unsere Gruppe zu entzweien und alle Absichten *A-gus-ko-gauts* damit zu durchkreuzen.

Unser Lager war nun reichlich mit Fleisch versehen, und wir feierten eine Art Fest, das wir in aller Form vorbereitet hatten. Nach dem Mahle erhob sich *Ta-bush-shah* und hielt uns mit lauter Stimme eine Ansprache. »Ihr Muskego«, sagte er, »seid keine Krieger, wenn ihr auch, wie ihr behauptet, weit aus eurem Lande herbeigekommen sei, um die Sioux zu finden. Aber obwohl sich Hunderte von Feinden in eurer unmittelbaren Nähe befinden, wie es wahrscheinlich der Fall ist, werdet ihr niemals imstande sein, auch nur einen einzigen davon aufzuspüren, es sei denn, sie überfielen und töteten euch.« Am Schlusse seiner Rede drückte er seinen Entschluß aus, sich von einer so schlecht geführten Gruppe zu trennen und mit seinen zwanzig Mann in seine Heimat zurückzukehren.

Als er gesprochen hatte, antwortete ihm *Pe-zhew-o-ste-gwon*, der offizielle Redner *A-gus-ko-gauts*. »Nun«, sagte er, »erkennen wir deutlich, warum unsere Brüder, die Ojibwa und die Cree, uns am Roten Flusse nicht begleiten wollten. Ihr befindet euch jetzt in der Nähe eures Stammeslandes, und es ist völlig unwichtig für euch, ob ihr jetzt oder im Herbst auf die Sioux trefft. Wir aber kommen von weit her. Mit uns sind unsere Freunde und Kinder, die wir nur befriedigen können, wenn wir ins Lager unserer Feinde gelangen. Ihr wißt, wie es mit einer solchen Gruppe geht, selbst wenn sie so zahlreich ist wie die unsere jetzt. Wenn nur einer ihr den Rücken kehrt, werden andere ihm folgen, bis niemand mehr übrig ist. Aus diesem Grunde seit ihr zu uns gekommen, um eure jungen Männer von uns wegzuziehen und uns zur Rückkehr zu zwingen, ohne daß wir etwas erreicht hätten.« Nach diesen Worten des Muskegosprechers erhob sich *Ta-bush-sha*, ohne etwas zu sagen, wandte sein Gesicht in die Richtung seiner Heimat und verließ uns mit seinen zwanzig Leuten.

A-gus-ko-gaut und die angesehensten Männer der Muskego blieben schweigend sitzen und sahen einen nach dem anderen ihrer jungen Männer aufstehen und den Ojibwa folgen. Zuerst schien diese Treulosigkeit *Ta-bush-shahs* einige der jungen Muskego zu erregen, denn sie schossen unvorsichtigerweise den abziehenden Ojibwa in den Rücken. Diese schienen darüber außer sich zu geraten, aber ihr kluger Anführer besänftigte ihren Rachedurst und gewann damit die Anerkennung anderer Muskego, die sonst zu gefährlichen Feinden geworden wären. *A-gus-ko-gaut* und seine wenigen Getreuen blieben den ganzen Tag an der Stelle auf dem Boden sitzen, wo sie die Rede *Ta-bush-shahs* angehört hatten; und als der alte Mann endlich seine Gruppe von sechzig auf fünf Teilnehmer zusammengeschmolzen sah, konnte er seine Tränen nicht zurückhalten.

Da auch *Wa-me-gon-a-biew* zu den Zurückkehrenden gehörte, war ich in die unmittelbare Nähe des Häuptlings aufgerückt, bei dem ich die ganze Zeitlang verblieb. Ich sagte zu ihm, daß, falls er die Absicht hätte, allein den Kriegszug fortzusetzen, ich ihn begleiten wolle, und wenn ich der Einzige sei. Die drei anderen Männer, die ebenfalls zurückblieben, waren seine persönlichen Freunde. Auch sie waren bereit, mit ihm zu gehen, wenn er es wünsche. Er aber sagte, daß wir, da wir so wenige wären, kaum etwas unternehmen könnten und daß die Sioux uns einfach niedermachen würden. So gaben wir unsere kriegerischen Pläne auf, und jeder der Männer versuchte nur, so schnell und so gut wie möglich heimzugelangen, ohne sich noch um irgend etwas anderes als seine eigene Sicherheit und Bequemlichkeit zu kümmern. Bald holte ich *Wa-me-gon-a-biew* und drei andere Männer ein, und wir blieben beieinander. Als Rückweg wählten wir eine andere Route als die zuerst genommene.

Wir erreichten den Großen Waldfluß (Large Wood River), der von einem Berge herunterkommt, ein langes Stück durch die Prärie und zehn Meilen unterirdisch weiterläuft, um dann in den Roten Fluß zu münden. Dort, wo dieser Fluß unter der Prärie fließt, trägt er einen anderen Namen, aber es ist zweifellos derselbe Fluß. Hier erlegten wir ein gewöhnliches rotes Reh, das denen von Kentucky glich, obwohl man diese Spezies im Norden nur sehr selten sieht.

Als wir zu meiner Familie zurückkehrten, hatte ich nur noch sieben Kugeln, und kein Händler war in der Nähe. So konnte ich im Augenblick keine weitere Munition erhalten. Mit den sieben Kugeln tötete ich zwanzig Moose-Elche und gewöhnliche Elche. Manchmal geht beim Schießen eines Elches die Kugel nicht durch das Tier hindurch und kann wieder benutzt werden.

Gegen Ende des Herbstes ging ich zum Handelsposten am Mausfluß, um verschiedene Einkäufe zu machen. Dort trennte sich *Wa-me-gon-a-biew* von uns, aber *Net-no-kwa* zog es vor, bei mir zu bleiben. Ehe er mich verließ, trafen wir im Handelsposten am Mausfluß einige Mitglieder einer Familie, die vor langen Zeiten Streit mit den Vorgängern *Wa-me-gon-a-biews* gehabt hatten. Sie waren uns fremd, waren Mitglieder einer zahlreichen Gruppe und viel zu mächtig für uns. Wir hörten von ihrer Absicht, *Wa-me-*

gon-a-biew zu töten und konnten nicht vermeiden, mehr und mehr in ihren Machtbereich zu geraten. Deshalb hielten wir es für angebracht, uns mit ihnen zu verständigen oder doch zum mindesten ihren guten Willen durch ein Geschenk zu erkaufen. Wir besaßen zwei Fässer Whisky, die wir der Gruppe gaben, wobei eins davon für das Oberhaupt der Familie, die uns bedroht hatte, bestimmt war. Als sie zu trinken anfingen, bemerkte ich das Verhalten eines Mannes, der unter großen Freundschaftsbezeichnungen *Wa-me-gon-a-biew* zum Mithalten aufforderte und selbst zu trinken vorgab. Um das letzte Mißtrauen meines Bruders zu beheben, begann dieser Mann sich bald wie ein Betrunkener zu benehmen, obwohl ich sah, daß er vollkommen nüchtern war, da er seit unserem Zusammensein kaum etwas getrunken hatte. Ich erriet ohne Mühe seine Absichten und beschloß, wenn irgend möglich, *Wa-me-gon-a-biew* vor etwaigen Anschlägen dieses Mannes zu bewahren. In der Hoffnung, einige freundschaftliche Gefühle für uns bei jener Cree-Familie zu erwecken, hatten wir unser Feuer ganz nahe dem ihren angezündet, und als ich merkte, daß *Wa-me-gon-a-biew* zu betrunken war, um sich noch irgendwelchen Zwang anzutun, schaffte ich ihn in unser Zelt. Ich hatte ihn kaum dort niedergelegt und seine Decke über ihn gebreitet, als ich mich auch schon von der feindlichen Familie umringt sah. Sie hatten Gewehre und Messer in ihren Händen und sprachen offen von ihrer Absicht, meinen Bruder zu töten. Zum Glück hatte unser alkoholisches Geschenk das Denkvermögen aller stark beeinträchtigt – es blieb jedoch immer noch jener bereits erwähnte Mann übrig, den ich als den gewichtigsten unserer Feinde ansah. Als zwei Mitglieder dieser Familie in der offenbaren Absicht, *Wa-me-gon-a-biew* zu erstechen, näher herankamen, trat ich zwischen sie und hinderte sie daran. Sie packten mich bei den Armen, was ich mir ohne Widerstand gefallen ließ, da sie, wenn sie mich mit dem Messer angreifen wollten, mich zum mindesten mit einer Hand loslassen mußten, was mir die Flucht ermöglichen konnte. Ich hatte außerdem ein langes und scharfes Messer, dem ich sehr vertraute, unter meiner Schulterdecke versteckt und hielt es mit meiner rechten Hand fest. Sehr bald, nachdem sie mich so gepackt hatten, hob der links von mir stehende Indianer, der meine linke Hand dabei weiter festhielt, sein Messer, um es mir in die Rippen zu stoßen. Sein etwas betrunkener Begleiter fühlte in seinen Gürtel, um sein eigenes Messer zu finden, merkte, daß er es verloren hatte und rief seinem Gefährten zu, er solle warten, bis er sein Messer gefunden hätte, um ihm bei meiner Ermordung zu helfen. Damit ließ er meine rechte Hand los und ging zum Feuer, um sein Messer zu suchen. Dies war meine Chance. Mit einem plötzlichen Sprung riß ich mich von dem einen, der meine linke Hand noch hielt, los und ließ ihn gleichzeitig mein Messer sehen. Ich war nun frei und hätte mich durch die Flucht retten können. Aber ich beschloß, *Wa-me-gon-a-biew* nicht zu verlassen, da er sich in einer Lage befand, die, wenn ich ihn sich selber überlassen hätten, seinen sicheren Tod bedeuten mußte. Mein plötzlicher Widerstand und meine Flucht schienen die beiden Indianer für einen Augenblick stutzig zu machen. Sie staunten noch mehr, als sie mich den Körper meines betrunkenen Bruders aufheben und ihn nach zwei oder drei Sprüngen in ein am Ufer befindliches Kanu legen sahen. Sofort fuhr ich zur anderen Flußseite, denn die Entfernung zwischen dem Lager und dem Handelsposten war nur gering. Ich verstehe heute noch nicht, warum sie nicht auf mich schossen, solange das Lagerfeuer mich noch beleuchtete. Vielleicht waren sie doch dadurch, daß ich so wohlbewaffnet, so aktiv und so vollkommen nüchtern war, etwas eingeschüchtert. Besonders der letztere Umstand gab mir ihnen gegenüber einen offensichtlichen Vorteil.

Kurz nach diesem Zwischenfall verließ mich *Wa-me-gon-a-biew*, wie er es sich schon vorher vorgenommen hatte, und ich schlug am Assiniboin-Fluß ein Lager für mich selber auf. Wir waren dort kaum ein paar Tage, als auch schon ein Bruder *Net-no-kwas* namens *A-ke-wah-*

zains eintraf, um für einige Zeit bei uns zu wohnen. Er war noch nicht lange bei uns, als wir eines Tages einen alten Mann in einem kleinen Kanu den Fluß herauffahren sahen. *A-ke-wah-zains* erkannte in ihm sofort den Vater der Männer, vor deren Wut ich kürzlich *Wa-me-gon-a-biew* errettet hatte. Als wir ihn anriefen, kam er auch tatsächlich ans Ufer, aber wir merkten bald, daß er nichts von dem wußte, was sich zwischen seinen Kindern und uns zugetragen hatte. Als *A-ke-wah-zains* ihm das Vorgefallene berichtete, regte er sich so dabei auf, daß ich ihn nur mit Mühe davon abhalten konnte, den hilflosen alten Mann auf der Stelle umzubringen. Ich ließ es jedoch zu, daß er einen Teil des Rums, den der Alte bei sich hatte, behielt und verhalf dem letzteren zu schnellster Flucht, da er bei uns nicht mehr sicher gewesen wäre, sobald sein Alkohol gewirkt hatte.

Am gleichen Abend bat mich *A-ke-wah-zains*, mein schweres, langes und sehr gutes Gewehr gegen das seine zu vertauschen, das kurz und leicht war. Obwohl ich damals noch nicht wußte, wie ungleich der Wert der beiden Waffen war, weigerte ich mich doch, den Tausch vorzunehmen. Auch *Net-no-kwa* war gegen diesen Tausch, aber ich fand einfach keinen Weg, die Bitte dieses Mannes abzuschlagen, zumal dies unter den Indianern keineswegs üblich ist.

Während des einen Monats, den ich dort blieb, tötete ich trotz der geringen Qualität meines Gewehres vierundzwanzig Bären und etwa zehn Moose-Elche. Da wir nun über unseren Bedarf hinaus mit Bärenfett versorgt waren, besuchte ich das *sunjegwun*, das ich an der Stelle, wo ich die zwanzig Moose-Elche mit sieben Kugeln erlegte, errichtet hatte, und speicherte das Bärenfett dort auf. Als später unser Mundvorrat sehr knapp wurde, kehrte ich mit meiner Familie zu dieser Vorratsstätte zurück, um bis zum Frühling von den dort aufbewahrten Nahrungsmitteln zu leben. Aber es zeigte sich, daß *Wa-me-gon-a-biew* mit seiner Familie und auch verschiedene andere dort gewesen waren, sie erbrochen und alles bis auf das letzte Pfund Fleisch genommen hatten. Da wir auf diese Weise der

Gefahr des unmittelbaren Verhungerns ausgesetzt waren, sah ich mich gezwungen, auf die Büffeljagd zu gehen. Glücklicherweise trieb die Härte des Winters diese Tiere nun in die Wälder hinein, so daß ich innerhalb weniger Tage eine ganze Menge Büffel töten konnte. *Wa-me-gon-a-biew* und andere Indianer gesellten sich zu uns. Wir schlugen unser Lager innerhalb einer kleinen bewaldeten Stelle der Prärie auf. In einer Nacht ereignete es sich, daß sowohl *Net-no-kwa* wie einige andere Mitglieder meiner Familie davon träumten, daß ein Bär sich in der Nähe unseres Zeltes aufhielte. Am nächsten Morgen ging ich auf die Suche nach ihm und fand ihn in seiner Höhle. Ich schoß, und sobald der Rauch sich verzog, sah ich ihn auf dem Bauche liegen und ging mit dem Kopf voran in das Loch, um ihn herauszuziehen. Da mein Körper das Licht absperrte, merkte ich nicht, daß er noch am Leben war, bis ich meine Hand auf ihn gelegt hatte. Er drehte sich und sprang mich an. Ich zog mich zurück, so schnell ich nur konnte, er aber schnappte mit seinen Zähnen in solcher Nähe nach mir, daß ich seinen warmen Atem auf meinem Gesicht fühlte. Er hätte mich sofort packen können, tat es aber nicht. Als ich die Höhle mit einem Sprung verließ, ergriff ich mein Gewehr, mit dem Bären dicht auf meinen Fersen. Sobald ich glaubte, einen kleinen Vorsprung gewonnen zu haben, feuerte ich hinter mich, brach ihm den Kiefer und konnte ihn bald darauf töten. Später ging ich nur unter entsprechenden Vorsichtsmaßnahmen in Bärenhöhlen und vor allem erst, nachdem ich mich überzeugt hatte, daß das Tier wirklich tot sei. Als der Winter zu Ende ging, gab es so viele Büffel in unserer unmittelbaren Nähe, daß wir sie mit dem Bogen schossen und die jüngeren sogar mit Lederschlingen fangen konnten.[4]

Zu Beginn der Zuckersaison gingen wir zum *Pe-kau-kau-ne Sah-ki-e-gun* (Buffaloe Hump Lake oder Büffelhöckersee), der zwei Tagesreisen vom Pembinah-Fluß entfernt liegt, um Biber zu fangen. Wir nahmen unsere Frauen mit auf die Jagdgründe, ließen aber *Net-no-kwa* und die

Kinder zum Zuckermachen zurück. Wir hatten nun vor, genügend Biber zu erlegen, um vom Erlös der Felle ein gutes Pferd kaufen zu können, denn ich wollte im kommenden Sommer an dem geplanten Kriegszug gegen die Sioux teilnehmen. Innerhalb von zehn Tagen tötete ich zweiundvierzig große und schöne Biber und *Wa-me-gon-a-biew* ebenso viele.

Mit den Fellen gingen wir zum Handelsposten am Mausfluß, um Pferde zu kaufen. Mr. M'Kie hatte mir versprochen, mir ein sehr großes und schönes Pferd zu geben, das ich bereits gesehen hatte. Ich war sehr enttäuscht, als ich erfuhr, daß er es an die Nordwestkompanie verkauft hatte. So sagte ich ihm: »Da das Pferd zu den Nordwestleuten gegangen ist, werden auch die Biberfelle dorthin gehen.« Ich fuhr also zum anderen Ufer hinüber und kaufte eine große graue Stute für dreißig Biberfelle. Dieses Pferd war in vieler Hinsicht genausogut wie das andre, machte mir aber nicht die gleiche Freude. Auch *Wa-me-gon-a-biew* kaufte ein Pferd, jedoch von den Indianern, und wir kehrten zum Großen Waldfluß zurück, um *Net-no-kwa* zu finden, aber sie war schon zum Roten Fluß gezogen, wohin wir ihr nachfolgten.

Wir hielten uns eine Zeitlang am Assiniboin-Fluß auf, wo zahlreiche Indianer sich zu uns gesellten, darunter einige Verwandte meiner Frau, die ich noch nicht kannte. Unter ihnen befand sich ein verkrüppelter Onkel, der schon seit Jahren nicht mehr laufen konnte. Kaum hörte er, daß ich ein Weißer sei, so nahm er an, daß ich nicht jagen könne. Als er meine Frau traf, fragte er sie: »Nun, meine Tochter, ich höre, daß du jetzt verheiratet bist. Erlegt dein Mann jemals ein Stück Wild?« – »Ja«, antwortete sie, »wenn ein Elch sich verlaufen hat oder zu sterben wünscht und sich vor ihm aufstellt, gelingt es ihm manchmal, ein solches Tier zu töten.« – »Er ist heute zur Jagd ausgegangen, nicht? Wenn er etwas erwischen sollte, so werde ich selbst es heimholen, und du wirst mir das Fell geben, damit wir ein Paar Mokassins daraus machen können.«

Er sagte dies, um mich zu verhöhnen. Ich aber gab ihm das Fell eines Elches, den ich an diesem Tag erlegt hatte, damit er sich Mokassins machen konnte. Da ich auch weiterhin erfolgreich jagte, konnte ich alle Verwandten meiner Frau mit Wild versorgen. Daraufhin hörte ich keine verächtlichen Bemerkungen mehr. Bald aber war der Wildvorrat erschöpft, so daß wir uns nach verschiedenen Richtungen hin zerstreuen mußten. Ich zog den Assiniboin zehn Meilen weit entlang und fand dort zwei Zeltgemeinschaften mit *Po-ko-taw-ga-maw* (»Kleiner Teich«) als Anführer. Diese Gruppe bestand ebenfalls aus Verwandten meiner Frau. Als wir ankamen, kochte *Po-ko-taw-ga-maws* Frau gerade eine Elchzunge für ihren Mann, der noch nicht von der Jagd zurück war. Diese gab sie uns sofort und hätte noch mehr für uns getan, wenn nicht ihr Mann zurückgekehrt wäre. Danach gab sie uns nichts mehr, obwohl unsere kleinen Kinder vor Hunger schrien und reichlich Fleisch im Zelt vorhanden war. Es war schon zu spät, um noch jagen zu gehen, und ich erlaubte den Frauen nicht, Fleisch zu kaufen. Beim ersten Morgengrauen nahm ich mein Gewehr, stellte mich in den Zelteingang und sagte mit absichtlich lauter Stimme: »Kann niemand außer *Po-ko-taw-ga-maw* einen Elch heimbringen?« Meine Frau kam aus meinem Zelt heraus und gab mir ein etwa handgroßes Stück getrocknetes Fleisch, das, wie sie sagte, ihre Schwester für sie gestohlen hätte. Es kamen nun verschiedene Indianer aus ihren Zelten heraus, und ich warf das Stück Fleisch den Hunden vor, wozu ich sagte: »Sollen meine Kinder solches Fleisch essen, während die Wälder von Elchen wimmeln?« Noch vor Mittag hatte ich zwei fette Elche getötet und kam mit einer großen Ladung Fleisch in mein Zelt zurück. Es gelang mir auch, zahlreiche Büffel zu erlegen, die wir unter uns verteilten, um getrocknetes Fleisch daraus zu machen, denn wir hatten vor, unsere Familien zu verlassen, um den Kriegszug mitzumachen. Vorher gingen wir noch einmal in die Wälder, um gute Elch- und Moose-Elchfelle für Mokassins zu erbeuten.

Denn die Felle der Tiere in der offenen Prärie sind zu zart und ergeben kein gutes Leder.

Als wir eines Tages durch die Prärie zogen und uns umblickten, sahen wir in einiger Entfernung einen mit Gepäck beladenen Mann, der auch zwei große *Ta-wa-e-gun-num* oder Trommeln bei sich hatte, wie sie bei den Zeremonien des *Waw-be-no*[5] benutzt werden. Wir erwarteten eine Erklärung von unseren jungen Frauen und erkannten in dem näher kommenden Wanderer keinen anderen als *Pich-e-to*, der zu der Gruppe unfreundlicher Verwandten gehörte, die wir vor kurzem verlassen hatten. Das Gesicht des Bow-we-tig-Mädchens *Skwaw-shish* verriet, daß sie irgend etwas über *Pich-e-tos* Absichten wußte.

Zu jener Zeit war der *Waw-be-no*-Glaube unter den Ojibwa sehr populär, aber die älteren und höchstangesehenen Männer betrachteten ihn als eine falsche und gefährliche Religion. Die Riten des *Waw-be-no* unterscheiden sich wesentlich von denen des *Midé* und sind für gewöhnlich von Ausschweifungen und Anstößigkeiten begleitet. Die dabei benutzte *Ta-wa-e-gun*-Trommel unterscheidet sich grundlegend von der beim *Midé* benutzten *Woin Ah-keek* oder *Me-ti-kwaw-keek*, da sie wie eine Soldatentrommel aus einem Reifen besteht, während die letztere aus einem mit Feuer ausgehöhlten Stück Baumstamm gemacht wird, über das man das Trommelfell bindet. Auch die *She-zhe-gwun* oder Rassel ist gänzlich anders als die beim *Midé* benutzte. Beim *Waw-be-no* tanzen Männer und Frauen gemeinsam, wobei allerlei Gaukelkünste und Feuerkünste vollführt werden. Die Mitglieder nehmen feurige Kohlen und rotglühende Steine in ihre Hände und manchmal in den Mund. Manchmal reiben sie ihre Handflächen mit Schießpulver ein und reiben sie dann an Kohlen oder glühenden Steinen, damit das Pulver brennt. Manchmal läßt einer der Hauptteilnehmer am *Waw-be-no* einen mit kochendem Wasser gefüllten Kessel vor sich hinsetzen, und ehe es noch abkühlt, reicht er mit seinen Händen auf dem Boden des Gefäßes, um einen Hundekopf oder den

Teil eines anderen Tieres zum Vorschein zu bringen, der hineingelegt worden ist. Während er wie ein Verrückter singt und umhertanzt, reißt er dabei mit seinen Zähnen das Fleisch ab und läßt ihm auch noch die Knochen folgen, während er immer noch singt und wie irrsinnig herumtanzt. Sie machen den Unwissenden vor, daß sie die Fähigkeit, die Einwirkungen des Feuers und anderer heißer Substanzen zu ertragen, einer höheren Macht verdanken; in Wirklichkeit benutzen sie gewisse Pflanzen, die die Teile, die damit eingerieben werden, unempfindlich gegen Feuer machen. Die von ihnen benutzten Pflanzen sind das *Waw-be-no-wusk* und das *Pe-zhe-ke-wusk*. Die erstere wächst in großen Mengen auf der Insel von Mackinac und wird von den weißen Amerikanern »Yarrow« (Schafgarbe) genannt; die andere wächst nur in der Prärie. Diese Pflanzen werden gemischt und zerstoßen oder zusammengekaut und über Hände und Arme gestrichen. Die *Waw-be-no-wusk* oder Schafgarbe ist in Form eines Umschlages ein ausgezeichnetes Mittel gegen Verbrennungen und wird von den Indianern oft zu diesem Zwecke benutzt, während die beiden Pflanzen gemischt der Haut und selbst den Lippen und der Zunge eine erstaunliche Widerstandsfähigkeit gegen die Einwirkungen des Feuers verleihen.

Pich-e-to war nun mit seinen beiden *Ta-wa-e-guns* endlich herangekommen und kam zu uns. *Net-no-kwa* verlor keine Zeit, ihn zu fragen, was ihn herführe. Als sie erfuhr, daß seine Absichten sich nur auf das Bow-we-tig-Mädchen konzentrierten, gab sie ihre Zustimmung und verheiratete die beiden auf der Stelle. Am nächsten Morgen kamen *Waw-be-be-nais-sa* und *Wa-me-gon-a-biew* mit mir von der Mündung des Assiniboin. Sie hatten einen Elchbock und einen Moose-Elch geschossen. Ich wandte nun eine neue Jagdmethode an, die viel zu der langsam von mir erworbenen Geschicklichkeit beitrug. Ich hatte mir nämlich vorgenommen, jedes Tier, auf das ich schoß, auch zu töten, und wenn es mich die größte Anstrengung kosten sollte. Nachdem ich diesen Grundsatz als eine Notwendigkeit zu betrachten gelernt hatte, wurde ich viel vorsichtiger beim Anschleichen und schoß auch erst dann, wenn ich meinen Schuß für aussichtsreich hielt. Im Frühling faßte ich diesen Entschluß und erlegte während des Sommers viele Tiere; im ganzen verfehlte ich nur zwei, auf die ich geschossen hatte. Um einen Moose-Elch besonders im Sommer zu erlegen, bedarf es besonderen Geschicks und großer Vorsicht. Man fing an, mich als einen guten Jäger zu betrachten. Besonders *Waw-be-be-nais-sa* wurde eifersüchtig auf meine Erfolge, und oft schlich er in meiner Abwesenheit hinterlistig in mein Zelt, um mein Gewehr zu verbiegen, oder er lieh es sich unter dem Vorwand aus, daß das seine reparaturbedürftig sei, und gab mir meines dann entweder in verbogenem oder anderweitig beschädigtem Zustande zurück.

Nachdem wir eine Menge Fleisch erbeutet und getrocknet hatten, errichteten wir ein *sunjegwun* oder eine Plattform, wo wir so viel davon aufspeicherten, daß wir den Unterhalt unserer Frauen während unserer Abwesenheit für gesichert hielten. Noch ehe wir unsere Vorbereitungen für unsere Abreise beendet hatten, wurden wir von einer etwa zweihundert Mann zählenden Kriegergruppe der Sioux überfallen, die einige unserer Leute töteten. Eine kleine Gemeinschaft von Assiniboin und Cree waren schon ins Sioux-Land gezogen und waren auf dem Wege zufällig auf diese Kriegergruppe von zweihundert getroffen, waren ihnen entkommen und hatten sich einige Male so nahe an sie herangemacht, daß sie bereits den Kranichkopf sahen, den Siouxhäuptlinge bei der Wahrsagerzeremonie des *Ko-au-bun-zitch-e-gun* zur Ermittlung der Position des Feindes statt der Steine benutzen. Diese kleine Gruppe von Assiniboin und Cree hatte nicht den Mut, die Sioux zu überfallen, benachrichtigten aber die Ojibwa auf Umwegen von deren Anwesenheit.

Die Ojibwa versammelten sich im Zelt ihres Oberhäuptlings, der in der Vorhut seines Stammes jagte und es verachtete, Furcht zu zeigen. Er hätte der drohenden Gefahr entgehen können, indem er sich sofort zum Handelsposten zurückgezogen hätte. Er wollte auch aufbrechen, aber seine alte Frau, die auf die jüngere, die bei ihm in höherer Gunst stand, eifersüchtig war, machte ihm Vorwürfe und sagte, daß er der jungen Frau mehr Liebesbeweise erzeigt hätte als ihr. Er antwortete: »Du hast mich seit langer Zeit mit deiner Eifersucht und deinen Vorwürfen geärgert. Ich habe es satt. Die Sioux sind in unserer Nähe, und ich werde auf sie warten.« Deshalb blieb er, wo er war, und setzte seine Jagd fort. Eines Morgens stieg er auf einen in der Nähe seines Zeltes befindlichen Eichbaum, um die Prärie nach Büffeln abzusuchen und wurde beim Herunterklettern von zwei jungen Sioux erschossen, die sich während des größten Teiles der Nacht dort verborgen hatten. Sein Ruf hatte ihnen solche Furcht eingeflößt, daß sie ihn nicht schon eher überfallen hatten. Schon hörte man das Getrappel der Pferde, und die Begleiter des erschossenen Häuptlings hatten kaum Zeit, ihre Zelte zu verlassen, als auch schon die zweihundert berittenen Sioux sie umringten. Einer der Kundschafter, die sich im Haselnußgesträuch verborgen hatten, war ein Onkel des berühmten Yankton-Häuptlings[6] *Wah-ne-taw*, dessen Vater als Anführer der Kriegergruppe fungierte. *Wah-ne-taw* selbst, damals noch nicht so bekannt wie später, war auch dabei. Der Kampf dauerte einen ganzen Tag lang, und alle Ojibwa (etwa zwanzig), außer *Ais-ainse* (»Kleine Muschel«), zwei Frauen und einem Kind wurden getötet.

Herr H., der Händler von *Pembinah*, gab den Ojibwa ein Fünfundvierzigkilofaß Pulver und hundert Pfund Kugeln zur Verfolgung der Sioux, da der Häuptling, sein eigener Schwiegervater, getötet worden war. Vierhundert Krieger machten sich auf, von denen hundert Assiniboin und die übrigen dreihundert Cree, Ojibwa und Muskego waren. Am ersten Tag nach der Abreise von *Pembinah* verließen uns hundert Ojibwa und zogen in ihre Heimat zurück. In der nächsten Nacht gingen die meisten Assiniboin, nachdem sie zahlreiche Pferde, darunter vier, die *Wa-*

me-gon-a-biew und mir gehörten, gestohlen hatten. Ich hatten nur sieben Paar Mokassins mitgenommen[7], da ich den Kriegszug beritten mitmachen wollte, und der Verlust meiner Pferde war für mich schon deshalb ein großes Unglück. Ich ging zu *Pe-shau-ba*, dem Häuptling der Ottawa-Gruppe, zu der ich gehörte, und sagte ihm, daß ich von den wenigen Assiniboin, die noch bei uns waren, Ersatz für das Verlorene forderte; aber er wollte dies nicht gestatten. Er sagte mit Recht, daß die aus einer solchen Maßnahme resultierende Unzufriedenheit zu Streitereien führen und unser gesamtes Unternehmen gefährden könne. Obwohl ich seinen Rat für weise hielt, soweit er das Interesse der Allgemeinheit betraf, behob er mich doch nicht meiner privaten Nöte, und ich ging unter den Ottawa und meinen Ojibwafreunden herum und versuchte sie zu veranlassen, den Assiniboin ihre Pferde wegzunehmen. Niemand außer einem jungen Manne namens *Gish-kau-ko* wollte mir zustimmen. Er war ein Verwandter des gleichnamigen Mannes, der mich als Kind gefangengenommen hatte. Er verabredete mit mir, gemeinsam die dreizehn Assiniboin, die noch bei uns geblieben waren, zu überwachen und mir, wenn die Gelegenheit sich böte, dabei zu helfen, ihnen ihre Pferde wegzunehmen. Bald danach sah ich eines Morgens acht dieser Männer im Lager herumbummeln und glaubte, daß sie die Absicht hätten, uns zu verlassen. Ich rief *Gish-kau-ko*, und wir belauerten sie gemeinsam. Kaum hatten die meisten Ojibwa das Lager verlassen, als diese Männer auch schon ihre Pferde bestiegen und ihre Gesichter nach der Richtung der Heimat wandten. Obwohl sie gut bewaffnet waren, folgten wir ihnen nach. Da wir wußten, daß wir ihnen ihre Pferde nicht mit Gewalt abnehmen konnten, ließen wir unsre Waffen im Lager zurück und folgten den Assiniboin mit leeren Händen. Einer, der am Ende der Gruppe ritt, stieg ab, um sich mit uns zu unterhalten; aber sie paßten alle zu gut auf, als daß wir ihnen hätten ihre Pferde abnehmen können. Wir versuchten, durch Bitten zu unserem Ziel zu gelangen.

Aber statt sie zu erweichen, erreichten wir damit nur, daß sie einen Boten auf dem schnellsten Pferd ins Lager zurückschickte, um die fünf dort noch verbliebenen Assiniboin, mit deren Sicherheit ich ihnen gedroht hatte, vor mir zu warnen. Wir kehrten zu Fuß zurück und gingen sofort zu den Zelten dieser fünf Assiniboin, aber da sie von unserem Kommen benachrichtigt waren, flohen sie auf ihren Pferden.

Bei einem See am Roten Fluß fanden wir im Walde an einem Baume hängend die Leiche eines jungen Sioux, namens Roter Donner. Wir befanden uns nun auf der Spur der zurückkehrenden Kriegergruppe, zu der dieser junge Mann gehörte und die unseren Häuptling ermordet hatte. Die Ojibwa rissen die Leiche herunter und schlugen, traten und skalpierten sie. *Pe-shau-ba* verbot mir, an diesen unmännlichen Ausbrüchen der Ojibwa teilzunehmen. In der Nähe fanden wir auch einen Gefangenenpfahl[8], wo über den Gefangenen getanzt worden war. Daran erkannten wir, daß einige unserer Freunde lebendig erwischt worden waren. Die Spuren der Krieger waren noch frisch. Wir waren etwa zwei bis drei Tagesreisen hinter ihnen.

Am Quersee (Lake Traverse) hatte sich unsere Zahl bereits auf einhundertzwanzig verringert. Von diesen waren drei Männer Assiniboin-Halbblut, etwa zwanzig Cree und ebenso viele Ottawa und die anderen Ojibwa. Viele waren durch ungünstige Vorhersagungen entmutigt worden, die von *Pe-shau-ba*, dem Ottawahäuptling, in der ersten Nacht, nachdem wir *Pembinah* verlassen hatten, gemacht worden waren. Er sagte uns damals, daß er in einem Traume die Augen der Sioux wie Sonnen gesehen hätte, die überallhin blickten und alle Ojibwa sahen, ehe diese noch nahe genug herangekommen waren, um sie anzugreifen. Auch hätte er unsere Gruppe unverletzt, aber ohne Skalps zurückkehren gesehen. Auch hatte er an der linken Seite des Quersees in entgegengesetzter Richtung unseres Weges zwei verlassene Sioux-Zelte gesehen und wollte sie auf dem Rückweg überfallen.

Westlich vom Quersee, etwa zwei Tagesreisen davon entfernt, befindet sich *O-ge-mad-wud-ju*, der Häuptlingsberg, in dessen unmittelbarer Nähe das Dorf lag, zu dem die Gruppe, die wir verfolgten, gehörte. Als wir uns diesem Berge näherten, bewegten wir uns mit größter Vorsicht vorwärts. Meistens versteckten wir uns tagsüber im Walde und rückten nur in der Nacht weiter vor. Als wir uns dem Dorfe nur auf wenige Meilen angenähert hatten, machten wir in der Mitte der Nacht halt und warteten auf die früheste Morgendämmerung, die von den Indianern bei Angriffen bevorzugte Tageszeit. Es war noch völlig dunkel, als die Schwarze Ente, ein hochangesehener Krieger, die Zügel seines Pferdes in die Hand nahm, auf das Dorf zuging und mir erlaubte, ihn zu begleiten. Im Morgengrauen erreichten wir einen kleinen Hügel, der uns vor der Sicht der Dorfbewohner schützte. Die Schwarze Ente lugte vorsichtig hervor und sah zwei Männer, die ganz in der Nähe vorbeigingen. Er kletterte den Hügel hinunter und warf seine Decke in einer besonderen Art hoch. Dies war das Signal zum Angriff für die Ojibwa. Es folgte das Abnehmen der Gamaschen, das Weglegen der Schulterdecken, und innerhalb eines Augenblicks schlich unsere gesamte Gruppe nackt hinter der Schwarzen Ente her. Wir erkletterten leise, aber schnell, den Gipfel des Hügels und standen vor dem Dorfe. Als die beiden Männer die Krieger entdeckten, kamen sie, statt zu fliehen, direkt auf die Anführer zu – es waren zwei junge Leute unserer eigenen Gruppe. Sie hatten uns verlassen, als wir haltmachten und hatten es, ohne uns zu benachrichtigen, unternommen, die Position des Feindes zu ermitteln. Sie fanden das Lager schon seit Stunden verlassen vor und verjagten, als wir ankamen, die Wölfe von den Abfallhaufen. Der *Sas-sah-kwi* oder das Kriegsgeschrei ertönte von den Lippen aller Teilnehmer, als sie vorwärtsstürzten. Dieser laute und durchdringende Schrei schüchtert die Schwachen und die ohne Waffen Überrumpelten ein, während er den Geist der zur Schlacht Bereiten erhebt. Er hat auch, wie ich oft erfahren habe, einen überraschenden Einfluß auf die Tiere. Ich habe einen Büffel so übermannt davon gesehen, da er einfach niederfiel, ohne noch weiterlaufen oder auch Widerstand leisten zu können; und ein Bär, der es hört, erschrickt manchmal so fruchtbar darüber, daß er in äußerster Hilflosigkeit seine Höhle verläßt oder von einem Baume herunterfällt.

Unsere Anführer waren nicht gewillt, das Ziel der Reise aufzugeben, und so verfolgten wir denn die Spuren der Sioux noch tagelang. In jedem ihrer verlassenen Lager fanden wir ihr *Ko-sau-bun-zitch-e-gun*-Erdstück, aus dessen Zustand wir ersahen, daß sie von Tag zu Tag genau unsere Position kannten. Die jungen Leute unserer Gruppe bekamen nun Lust zu desertieren. Dies versuchten die Häuptlinge zu verhindern, indem sie vertrauenswürdige Personen als Wachtposten aufstellen, und zwar sowohl im Lager wie auch auf dem Marsch. Diese oft geübte Maßnahme erweist sich jedoch stets als wirkungslos und scheint die Anzahl der Deserteure nur zu vermehren, wahrscheinlich, weil die jungen Männer jede Art von Zwang verabscheuen. Nachdem wir in Verfolgung der Sioux den St.-Peters-Fluß gekreuzt hatten, wurden sie immer unruhiger und undisziplinierter. Am oberen Teil des Flusses haben die Händler eine Festung, in die die Sioux geflohen waren. Als wir einen Tagesmarsch weit von dieser Stelle entfernt waren, verbreiteten sich Angst und Zögern unter allen Teilnehmern. Die Häuptlinge wollten einige junge Männer vorwärtsschicken, um die Position des Feindes auszukundschaften, aber niemand meldete sich zu diesem Amt.

So blieben wir an Ort und Stelle und nahmen die Gelegenheit wahr, uns einige notwendige Artikel wie Mokassins und anderes zu verschaffen. Ein Mann, der sich auf einem Kriegszug befindet und Mokassins, Schießpulver, Kugeln oder etwas anderes Lebensnotwendiges braucht, und seien es nur Mokassins, nimmt einen einzelnen Mokassin in seine Hand und geht damit durch das Lager, wobei er bei anderen Teilnehmern stehenbleibt, von denen er Hilfe erhofft. Er braucht dazu nichts zu sagen, da die

Besitzer reichlicher Mengen des von ihm geforderten Gegenstandes ihm für gewöhnlich das Gebrauchte sofort geben. Sollte dieser Versuch fehlschlagen, so geht der Häuptling selbst von einem Mann zum anderen und nimmt von denen, die die größte Menge des Gebrauchten haben, das Notwendige weg. Bei einer solchen Gelegenheit ist er wie für die Schlacht gekleidet, und zwei oder drei junge Krieger begleiten ihn.

Nach einem zweitägigen Aufenthalt in der Nähe des Forts der Händler kehrten wir alle um. Da wir aber mit dem Ausgang unserer Unternehmung nicht zufrieden waren, gingen wir noch einmal in das Dorf am Häuptlingsberg, um dort vielleicht doch einige unserer Feinde zu finden. Nachdem wir den Häuptlingsberg verlassen hatten und auf dem Heimweg über die Prärie hinzogen, merkten wir, daß etwa hundert Sioux uns verfolgten.

Zehn zu uns gehörige Männer gingen zu Fuß in sechs Tagen vom Häuptlingsberg zum *Pembinah*; unsere Hauptgruppe jedoch brauchte, obwohl viele beritten waren, zehn Tage, um denselben Weg zurückzulegen. Einer der vier war ein alter Ottawa-Mann aus *Wau-gun-uk-kezze* oder L'Arbre Croche.

Als ich am *Pembinah* ankam, erfuhr ich, daß meine Familie zur Mündung des Assiniboin gezogen war. Nachdem unsere Gruppe sich aufgelöst und die meisten meiner Freunde mich verlassen hatten, wurde eines nachts mein Pferd doch noch gestohlen. Ich kannte den Täter, und da er nicht weit von mir sein Zelt aufgeschlagen hatte, ging ich am nächsten Morgen bewaffnet hin, um das Tier zurückzuholen. Aber auf dem Wege begegnete ich *Pe-shau-ba*, der, ohne eine Frage an mich zu stellen, meine Absicht erriet und mir strikt verbot, weiterzugehen. *Pe-shau-ba* war ein guter Mann und hatte großen Einfluß innerhalb der Gruppe. Ich hätte entgegen seinem Befehl das Pferd dennoch zurückholen können, aber ich zog vor, dies nicht zu tun, und kehrte mit ihm um. Ich hatte nun keine Mokassins mehr und regte mich so über den Verlust meines Pferdes auf, daß ich nichts essen konnte. Als ich endlich nach zwei Tagesmärschen vom *Pembinah* bei den Meinen ankam, war ich vor Müdigkeit völlig erschöpft. Meine Füße waren wund und geschwollen, und ich fand meine Familie halb verhungert vor. Drei Monate war ich fortgewesen, hatte lange und mühevolle Märsche gemacht und nichts erreicht.

NEUNTES KAPITEL

Besuch einiger Assiniboin-Dörfer, um die gestohlenen Pferde zurückzuerhalten – Eigentümliche Sitten – Ich erbeute ein Assiniboin-Pferd – Kriegszug zum Schildkrötenberg – Schlacht in einem Mandan-Dorfe – Die Lehren des Shawnee-Propheten – Folgen der Betrunkenheit.

Kurz nachdem ich zu meiner Familie zurückgekehrt war, hörte ich, daß die Assiniboin damit prahlten, mein Pferd gestohlen zu haben. Sofort machte ich mich bereit, zu ihnen hinzugehen. Aber ein Ojibwa, der schon oft versucht hatte, mich von meinen Versuchen abzuhalten, dieses Pferd oder ein anderes an seiner Statt zurückzuholen, gaben mir eines der seinen unter der Bedingung, daß ich keine weiteren Versuche machen würde, mein eigenes wiederzubekommen. Aus diesem Grunde sagte ich eine Zeitlang nichts weiter hierüber.

Nachdem ich den Winter an der Mündung des Assiniboin verbracht hatte, ging ich zum Zuckermachen an den Großen Waldfluß (Great Wood River), aber auch dort hörte ich, daß sich die Assiniboin noch immer des Besitzes meines Pferdes rühmten. Ich überredete daraufhin *Wa-me-gon-a-biew,* mich zu den Assiniboin zu begleiten, um möglicherweise mein Pferd zurückzuerbeuten. Nachdem wir vier Tage gereist waren, kamen wir zehn Meilen entfernt vom Handelsposten am Mausfluß zum ersten Assiniboindorf, das aus etwa dreißig Lederzelten bestand. Wir wurden gesehen, ehe wir noch ins Dorf kamen, denn die Assiniboin, die eine abgesplitterte, abtrünnige Gruppe der Sioux sind und sich mit den Ojibwa verbündet haben, leben in dauernder Angst vor Sioux-Angriffen und stellen deshalb stets Wachtposten auf, die die Annäherung jedes Fremden beobachten.

Unter den Männern, die zu unserem Empfang herbeikamen, befand sich auch *Ma-me-no-kwaw-sink.* Er war der Indianer, mit dem *Pe-shau-ba* vor einiger Zeit um meinetwillen in Streit geraten war. Er fragte, wohin wir gingen. Ich antwortete: »Wir kommen um unserer Pferde willen, die die Assiniboin gestohlen haben«. – »Ihr geht am besten dahin zurück, woher ihr gekommen seid«, war seine Antwort, »denn wenn ihr euch dem Dorfe nähert, so werden wir euch das Leben nehmen.« Ich ignorierte diese Drohungen und erkundigte mich nach *Ba-kis-kung-nung,* denn Männer aus dessen Familie hatten unsere Pferde genommen. Man antwortete mir, daß man nicht wisse, wo er sich aufhielte, da *Ba-kis-kung-nung* gleich nach seiner Rückkehr zu den Mandan gegangen wäre und noch nicht zurückgekehrt sei. Bei den Mandan habe der frühere Besitzer mein Pferd, als er es wiedererkannte, dem Sohne von *Ba-kis-kung-nung* abgenommen, worauf der letztere sich durch den Diebstahl eines guten schwarzen Pferdes schadlos gehalten habe. Seitdem habe man nichts mehr von ihm gehört.

Wa-me-gon-a-biew, den die Art, wie wir im Dorfe behandelt wurden, entmutigte und vielleicht sogar einschüchterte, versuchte, mich von weiteren Schritten in dieser Angelegenheit abzuhalten. Als er merkte, daß er mich nicht umstimmen konnte, kehrte er nach Hause zurück und ließ mich allein die Suche nach meinem Pferde fortsetzen. Ich ließ mich nicht davon beeinflussen und beschloß, lieber jedes Mandandorf und -lager nach meinem Pferde zu durchsuchen, als ohne es umzukehren. Ich ging zum Handelsposten am Mausfluß, und nachdem ich den Zweck meiner Unternehmung erklärt hatte, erhielt ich dort zwei Pfund Schießpulver, dreißig Kugeln, einige Messer und kleinere Gegenstände und außerdem genaue Anweisungen, wie das nächste Dorf der Mandan zu finden sei. Da ich allein reiste, überquerte ich ein großes Stück flacher Prärie, wo ich in der Ferne etwas auf der Erde liegen sah, das einem Baumstamm glich. Da ich wußte, daß es hier keine Baumstämme gab, es sei denn, daß sie von Menschen hergebracht worden wären, hielt ich den Gegenstand für ein Kleidungsstück oder für die Leiche eines Menschen, der hier vielleicht bei der Jagd verunglückt war. Ich schlich mich vorsichtig heran und sah endlich, daß es sich um einen auf dem Bauche liegenden Mann handelte, der mit dem Gewehr in der Hand auf vorüberfliegende Wildgänse wartete. Er hatte seine Aufmerksamkeit auf die mir entgegengesetzte Richtung konzentriert, und ich hatte ihn schon beinahe erreicht, als er aufsprang und in einen Schwarm Gänse schoß. Sofort warf ich mich auf ihn, denn die Klappern aus Habichtsschnäbeln, die ich trug und das Klirren meines Silberschmucks hatten ihn in der Nähe auf mich aufmerksam gemacht. Ehe er noch Widerstand leisten konnte, fing ich ihn in meinen Armen auf, da ja sein Gewehr nicht geladen war. Als er sich gefangen sah, schrie er: »Assiniboin«, und ich antwortete: »Ojibwa!« Wir waren beide erleichtert, als wir merkten, daß wir einander als Freunde behandeln konnten, und obwohl wir wegen unserer Sprachverschiedenheiten nicht miteinander zu reden vermochten, forderte ich ihn durch Gesten auf, sich neben mich zu setzen, was er auch sofort tat. Ich gab ihm eine vor kurzem getötete Gans, und nachdem wir uns eine Weile zusammen ausgeruht hatten, bedeutete ich ihm, daß ich mit in sein Zelt kommen wollte. Wir wanderten zwei Stunden lang zusammen, bis wir das Dorf erreicht hatten, und ich folgte ihm sogleich in sein Zelt. Als ich hinter ihm eintrat, bedeckten die dort befindliche alte und die junge Frau ihre Köpfe mit ihren Schulterdecken, und mein Begleiter ging in ein kleines Nebenzelt, das gerade nur für eine Person Platz hatte. Dort blieb er versteckt, und seine Frau brachte ihm das Essen hin. Obwohl er vor unseren Blicken verborgen war, unterhielt er sich doch mit den anderen. Sobald er das Zelt zu verlassen wünschte, benachrichtigte seine Frau ihre Eltern, die daraufhin ihre Köpfe versteckten. Das taten sie auch, wenn er wieder hineinwollte.

Diese Sitte wird bei den Assinibion streng von allen verheirateten Männern eingehalten und ist auch bei den anderen *Bwoinug* oder Dakota, wie sie sich selber nennen, üblich. Sie besteht ebenfalls bei den am Missouri lebenden Omaha.[1] Diesem Brauch sind nicht nur die Beziehungen eines Mannes zu seinen Schwiegereltern unterworfen, sondern er wird auch auf die Onkel und Tanten ausgedehnt, die sich alle gegenseitig nicht erblicken dürfen. Wenn ein Mann das Zelt betritt, in dem sein Schwiegersohn sitzt, muß dieser sein Gesicht bedecken, bis er wieder fortgegangen ist. Wenn der junge Mann im Zelte seiner Schwiegereltern wohnt, so hat er entweder darin ein eigenes kleines Sonderzelt, oder es wird für ihn durch das Aufhängen von Matten oder Fellen eine Sonderabteilung geschaffen, wohin auch seine Frau sich nachts zurückzieht. Tagsüber ist sie die zwischen ihm und den anderen Familienmitgliedern vermittelnde Person. Ein Mann darf niemals den Namen seines Schwiegervaters aussprechen; tut er es dennoch, so wird dies als im höchsten Grade unschicklich und respektlos angesehen. Diese Sitte ist bei den Ojibwa völlig ungebräuchlich und wird von ihnen als äußerst töricht und lästig betrachtet.

Die Bewohner dieses Zeltes behandelten mich mit größter Freundlichkeit. Obwohl der Mais dort sehr selten ist, hatten sie doch einen kleinen Vorrat davon aufgespeichert, von dem sie mir Mahlzeiten zubereiteten und gaben. Der junge Mann erzählte ihnen, wie sehr ich ihn in der Prärie erschreckt hatte, und sie alle lachten herzlich hierüber. Dieses Dorf bestand aus fünfundzwanzig Zelten; aber obwohl ich mich überall erkundigte, wußte niemand, wo ich *Bagis-kun-nung* finden könnte. Vielleicht befand er sich in dem eine Tagesreise entfernt gelegenen Nachbardorf. Ich blieb einige Zeit im Zelte des jungen Mannes, den ich in der Prärie getroffen hatte, und wanderte dann zum nächsten Dorfe. Da ein Schwarm Gänse darüber hinwegflog, schoß ich hinein und traf einen der Vögel. Er fiel zwischen einer Gruppe Assiniboin nieder. Unter ihnen befand sich ein sehr alter, arm aussehender Mann, dem ich Zeichen machte, daß er sie sich holen sollte. Er fühlte sich jedoch zuerst veranlaßt, mir seine Dankbarkeit in einer Weise auszudrücken, die ich nie vorher gesehen hatte. Er trat an mich heran, legte seine beiden Hände auf meinen Kopf und streichelte mehrere Male das lange Haar, das mir über die Schultern hing, wozu er etwas, was ich nicht verstehen konnte, in seiner Sprache sagte. Dann hob er die Gans auf und gab mir durch Zeichen zu verstehen, daß ich ihn in sein Zelt begleiten und dort mit ihm essen müsse, ehe ich das Dorf verlassen könne. Während er die Gans zubereitete, ging ich von Zelt zu Zelt, um mir ihre Pferde anzusehen, in der Hoffnung, das meine unter ihnen zu entdecken, aber ich fand es nicht. Einige der jungen Männer begleiteten mich auf diesem Gang, aber ohne Waffen und in freundlicher Weise. Als ich mich jedoch zum nächsten Dorfe aufmachte, bemerkte ich, daß einer dieser jungen Leute ein schnelles Pferd bestieg und mir voranritt.

Als ich dort ankam, beachtete mich niemand oder schien mich auch nur zu sehen. Dort wohnte eine Gruppe, die mir völlig unbekannt und scheinbar gegen mich voreingenommen war. Ihr Häuptling *Kah-oge-maw-weet Assiniboin* (»Der oberste Assiniboin«) war ein hervorragender Jäger, kam aber bald nach meinem Besuche um. Er war ungewöhnlich lange von zu Hause fortgeblieben, und als man seinen Spuren nachfolgte, zeigte es sich, daß ein Grizzlybär ihn angegriffen und getötet hatte.

Da diese Leute ausgesprochen unfreundlich zu mir waren, ging ich in keines ihrer Zelte, sondern stand nur herum, um ihre Pferde zu betrachten und möglicherweise meines darunter zu entdecken. Ich hatte viel von der Schnelligkeit und Schönheit eines jungen Pferdes aus dem Besitz des Häuptlings gehört und erkannte bald dieses mir nur von Beschreibungen her bekannte Tier.

Ich verbarg ein Halfter unter meiner Schulterdecke, wartete auf eine passende Gelegenheit, streifte es über den Kopf des Pferdes, bestieg es und flog mehr auf ihm davon als ich floh. Ich hatte mich wegen der Unfreundlichkeit der Dorfbewohner zu dieser Tat entschlossen, obwohl es meine ursprüngliche Absicht gewesen war, nur mein eigenes Pferd und kein anderes zu nehmen. Als das Pferd und ich völlig außer Atem waren, sah ich mich nach den Assiniboin-Zelten um, die kaum mehr sichtbar waren und wie kleine Punkte auf der fernen Prärie erschienen. Ich dachte nun über mich selber nach und hielt das Getane für falsch, da ich das Lieblingspferd eines Mannes, der mich nicht ausgesprochen beleidigt hatte, stahl, obgleich er mir gegenüber die dem Fremden geschuldete Gastfreundschaft nicht verletzt hatte. Ich stieg ab und wollte das Pferd laufen lassen, als ich plötzlich dreißig bis vierzig berittene Männer erblickte, die eine Bodensenkung vor meinen Blicken verborgen hatte und die mir schon ganz nahe auf den Fersen waren.

Ich konnte gerade noch auf ein Dickicht aus niedrigen Haselnußbüschen zulaufen, als sie bei mir angekommen waren. Sie ritten umher, um nach mir Ausschau zu halten, und dieser Aufenthalt gab mir die Möglichkeit, ein Versteck zu finden. Endlich stiegen sie ab und verteilten sich in verschiedene Richtungen, um mich zu suchen. Einige waren ganz in meiner Nähe, wandten sich dann aber um und suchten mich anderswo. Ich hatte mein Versteck so gewählt, daß ich ihre Bewegungen verfolgen konnte, ohne mich der Gefahr, von ihnen gesehen zu werden, auszusetzen. Ein junger Mann riß seine Kleider ab, als ginge es in die Schlacht, sang sein Kriegslied, legte sein Gewehr beiseite und ging mit seiner Kriegskeule geradewegs auf die Stelle zu, wo ich versteckt lag. Er stand etwa zwanzig Schritte von mir entfernt. Mein Gewehr war geladen, und ich zielte gerade auf sein Herz, als er sich plötzlich umdrehte und wegging. Ich glaubte nicht, daß er mich sah, aber das Gefühl, von einem ungesehenen bewaffneten Feind beobachtet zu werden, dessen Standort er erst entdecken konnte, nachdem er schon in seiner Macht war, hatte ihn wahrscheinlich zur Umkehr bewegt. Sie setzten ihre fruchtlose Suche bis in die Nacht hinein fort und kehrten dann endlich unter Mitnahme des Häuptlingspferdes in ihr Dorf zurück.

Beglückt über meine Rettung trat ich die Heimreise an, und zwar, ohne mir nur die geringste Nachtruhe zu gönnen. Am dritten Abend erreichte ich den Handelsposten am Mausfluß. Die Händler sagten, ich sei ein Narr gewesen, das Pferd, für das sie mir einen hohen Preis gezahlt hätten, nicht mitgebracht zu haben.

In dem zehn Meilen von diesem Handelsposten entfernt liegenden Assiniboin-Dorf hatte ich einen Freund namens *Be-na* (»Fasan«). Diesen bat ich, während meiner Anwesenheit mein Pferd zurückzuholen oder mindestens herauszubekommen, wo ich *Ba-gis-kun-nung* finden könne. Als ich nach einem Besuch beim Mausfluß-Handelsposten zu ihm zurückkehrte, führte *Be-na* mich sogleich in ein Zelt, in dem zwei alte Frauen wohnten. Von dort aus zeigte er mir durch die Ritzen der Zeltbedeckung das Zelt *Ba-gis-kun-nungs* und seiner vier Söhne. Ihre Pferde grasten in der Nähe, und wir erkannten unter ihnen das schöne schwarze, das sie anstatt des meinen von den Mandan mitgebracht hatten.

Wa-me-gon-a-biew war auch beim Handelsposten gewesen, aber noch vor mir zum Dorfe zurückgekehrt, wo er im Zelte der Söhne eines Bruders von *Taw-ga-we-ninne* wohnte, die seine Vettern waren und ihn mit großer Freundlichkeit behandelten. Er hatte Boten zu *Ba-gis-kun-nung* geschickt, die diesem ein gutes Gewehr, einen Häuptlingsmantel und alle bewegliche Habe, die er bei sich trug, anboten, wenn er ihm dafür ein Pferd zur Heimreise gäbe. Als ich das erfuhr, machte ich ihm schwere Vorwürfe und sagte, daß, wenn *Ba-gis-kun-nung* die Geschenke angenommen hätte, ich ihm nicht nur sein Pferd, sondern auch jene Geschenke hätte abnehmen müssen.

Kaum war ich im Dorfe angekommen, als ich auch schon zu *Ba-gis-kun-nung* ging und zu ihm sagte: »Ich will ein Pferd haben.« – Er antwortete: »Ich gebe dir keins.« – »So werde ich dir eines wegnehmen.« – »Wenn du das tust, so werde ich dich erschießen.« Nach dieser Unterhaltung kehrte ich in das Zelt von *Be-na* zurück und traf meine

Vorbereitungen für einen zeitigen Aufbruch am nächsten Morgen. *Be-na* gab mir eine neue Büffelfelldecke, auf der ich heimreiten konnte, außerdem bekam ich von der alten Frau einen langen Lederriemen für einen Halfter, da ich den meinen an dem Häuptlingspferd gelassen hatte. Ich schlief nicht in *Be-nas* Zelt, sondern in dem unserer Vettern. Ganz zeitig früh, als ich zum Aufbruch fertig war, ging ich zu *Be-na,* aber er schlief noch. Ohne irgendein Geräusch zu machen, breitete ich eine schöne neue Decke, die ich besaß, über ihn und ging dann mit *Wa-me-gon-a-biew* fort. Als wir bei *Ba-gin-kun-nungs* Zelt ankamen, sahen wir seinen ältesten Sohn draußen sitzen und die Pferde bewachen. *Wa-me-gon-a-biew* versuchte, mich von meiner Absicht, eins wegzunehmen, abzubringen, da das unmöglich war, ohne gesehen zu werden und da wir reichlichen Grund zu der Annahme hatten, daß man bereit sei, Gewaltmaßnahmen zu ergreifen, um unseren Versuch zu vereiteln. Ich sagte ihm, daß ich seinen Rat nicht befolgen würde, aber stimmte zu, etwa zweihundert Meter weit zu gehen, unser Gepäck dort niederzulegen und dann gemeinsam zurückzukehren, um das Pferd zu holen. Als wir so weit außer Sicht waren, wie ich es für nötig hielt, legte ich meine Last nieder. Aber *Wa-me-gon-a-biew* erschreckt von meiner Entschlossenheit, begann zu laufen. Während er vom Dorfe weglief, kehrte ich genau so schnell dorthin zurück. Sobald der Sohn von *Ba-gis-kun-nung* mich erblickte, fing er an, so laut er konnte, etwas in seiner Sprache zu rufen. Die einzigen Worte, die ich verstand, waren: *»Wah-kah towah«* und *»Shoonk-ton-gah«* (»Ojibwa« – »Pferd«). Wahrscheinlich sagte er: »Ein Ojibwa nimmt ein Pferd.« Ich antwortete: *Kah-ween-gwautch Ojibwa«* (»Nicht ganz ein Ojibwa«). Sofort war das ganze Dorf auf den Beinen. Auf den Gesichtern der um mich Versammelten konnte ich keinen festen Entschluß lesen, für oder gegen mich Stellung zu nehmen; im Gegenteil, mein Freund *Be-na* und die ihm umgebenden Cree ermutigten mich geradezu. Ausgesprochene Feindseligkeit war nur bei

Ba-gis-kun-nung und den Seinen vorhanden. Ich war so aufgeregt, daß ich mit meinen Füßen nicht einmal mehr den Boden fühlte, aber Furcht hatte ich keine. Als ich mein Halfter um den Kopf des schwarzen Pferdes gelegt hatte, zögerte ich einen Augenblick mit dem Aufsitzen, denn dazu brauchte ich meine beiden Arme und setzte mich damit einer etwaigen Attacke von hinten aus. Unentschlossenheit wäre aber in diesem Augenblick das Unangebrachteste gewesen. So sprang ich denn auf das Pferd. Aber ich sprang höher und weiter als notwendig und fiel infolgedessen mit dem Gewehr in der einen Hand und Bogen und Pfeilen in der anderen an der Seite des Pferdes nieder. So schnell ich konnte, stellte ich mich wieder auf die Füße und beobachtete die Gesichter meiner Feinde. Alle außer dem *Ba-gis-kun-nungs* waren in Gelächter ausgebrochen, was mir mein Selbstvertrauen zurückgab, denn ich wußte, daß sie, wenn sie einen offenen Angriff auf mich hätten unternehmen wollen, den Augenblick gewählt hätten, als ich auf dem Boden lag und nicht den, als ich mich wieder wehren konnte. Ich bestieg also das Pferd, diesmal mit Vorsicht, wobei das laute und herzliche Lachen der Indianer mich davon überzeugte, daß sie mein Verhalten nicht als unverzeihlich ansahen.

Als ich mich umwandte, um davonzureiten, sah ich *Wa-me-gon-a-biew* noch immer wie einen aufgescheuchten Truthahn rennen; er war schon fast außer Sicht. Ich holte ihn ein und sagte zu ihm: »Mein Bruder, du mußt müde sein. Ich will dir mein Pferd leihen«, und wir zogen zusammen weiter. Endlich machten sich aus dem Dorfe zwei berittene Männer auf, um uns zu verfolgen. *Wa-me-gon-a-biew* erschrak, wollte davonreiten und mich allein zurücklassen, um sich selber aus der Situation zu ziehen. Aber als ich seine Absicht erkannte, sagte ich ihm, er solle mir das Pferd wiedergeben. Er tat dies und raste zu Fuß davon. Als die beiden Männer etwa auf eine halbe Meile an mich herangekommen waren, stieg ich vom Pferde, nahm die Zügel in meine Hand und erwartete sie, indem ich ihnen mein

Gesicht zuwandte. Sie hielten auf dem Pfad in meiner Nähe an und sahen nach der anderen Richtung hin, woraus ich schloß, daß *Wa-me-gon-a-biew* sich im nahen Gebüsch versteckt hatte. Die Zwei blieben auf dem Wege, während ich mit dem Pferd am Zügel fast bis Mittag auf demselben Platz stehenblieb. Zahlreiche Dorfbewohner standen auf einem kleinen Hügel in der Nähe der Zelte und beobachteten uns, um zu sehen, was sich ereignen würde. Die beiden *Ba-gis-kun-nungs* wurden es endlich satt, noch länger dort zu stehen. Sie trennten sich und kamen mir von zwei verschiedenen Richtungen aus entgegen, so daß ich annahm, daß sie mich einkreisen und niederschießen wollten. Aber nachdem sie verschiedene Male auf mich zugegangen waren, kehrten sie wieder um und warteten auf dem Pfad zwischen mir und *Wa-me-gon-a-biew.* Ich hatte nun genug von ihrem kläglichen Benehmen, bestieg das Pferd und ritt auf sie zu. Sie wichen mir aus und gingen zum Dorf zurück. In dieser Situation verhielt *Wa-me-gon-a-biew* sich noch feiger als gewöhnlich.

Nachdem die beiden Männer in ihr Dorf zurückgekehrt waren, ritt ich weiter, und *Wa-me-gon-a-biew* kam aus dem Gebüsch hervor, in das er sich verkrochen hatte. Am Abend erreichten wir das Zelt unseres alten Freundes *Waw-so,* der früher mit *Pe-shau-ba* zusammengelebt hatte. Da ich nicht wünschte, *Waw-so* von meinem Abenteuer zu erzählen, versteckte ich das geraubte Pferd im Walde. Aber während der Nacht, als ich schon eingeschlafen war, erzählte *Wa-me-gon-a-biew* ihm alle Geschehnisse des vergangenen Tages. Als *Waw-so* hörte, wie ich über das Pferd hinweggesprungen war (ich hatte es *Wa-me-gon-a-biew* erzählt), lachte der alte Mann so laut und herzlich, daß ich davon aufwachte.

Wir verbrachten also die Nacht bei *Waw-so* und reisten am nächsten Morgen nach *Ko-te-kwaw-wi-ah-we-se-be,* wo ich damals wohnte, weiter. Ich besaß nun zwei Pferde, und da ich einem Freund begegnete, der keines hatte, versprach ich ihm eins. Er wollte es aber erst haben, wenn er heimginge. So verschob ich die Schenkung bis zu seiner Rückkehr. Inzwischen starb das Pferd, das ich für ihn bestimmt hatte, an einer aufgerissenen Ader, so daß mir nur das schwarze Pferd verblieb. Ich nannte es Mandan und gewann es außerordentlich lieb. Als der Mann jedoch zurückkam, mußte ich mein Versprechen halten und gab ihm dieses Pferd. Meine Frau weinte, und auch mir tat es sehr leid, mich von diesem wertvollen Tier zu trennen.

Drei Monate später schickten die Cree Tabak an die Ojibwa[2], damit sie mit ihnen zu den Mandan zögen, um an einem Kriegszug gegen die *Bwoi-nung* (Sioux) in der Missourigegend teilzunehmen. Während diese Botschaften ausgetauscht wurden, ließ *Ba-gis-kun-nung* mich wissen, daß er, falls ich an diesem Kriegszug teilnehmen sollte, mir das Leben nehmen würde. Ich kümmerte mich aber nicht darum.

Es waren sechs Tagesreisen von meinem Aufenthaltsort bis zum Schildkrötenberg (Turtle Mountain), wo die Cree sich in beträchtlicher Anzahl versammelten. Ich hielt mich schon etwa einen Monat lang bereit, als *Wa-ge-to-te* mit sechzig Leuten auf dem Wege zu dem Treffpunkt bei mir vorüberkam. Acht der Unseren gesellten sich ihnen zu, nachdem wir ihnen unsere Hilfe gewährt hatten, denn diese Gruppe litt schon seit einiger Zeit schrecklichen Hunger. Nach zwei bis drei Tagen ging es uns allein genauso, und wir schickten zwanzig junge Leute auf die Büffeljagd. *Wa-ge-tote* wollte, daß ich mit ihnen ginge, aber ich lehnte dies ab. Er bat mich immer wieder und nahm endlich mein Gepäck mit den Worten auf seine Schulter: »Mein Neffe, nun mußt du gehen. Ich werde dir deine Last tragen, bis du wiederkommst.« So ging ich denn mit auf die Jagd und hatte das große Glück, gleich einen Elch zu erlegen. Die Indianer fielen wie hungrige Hunde darüber her, und bald war kein Stück mehr davon übrig, obwohl kaum die Hälfte der am meisten Hungernden etwas davon abbekommen hatten. Die zwanzig jungen Leute, die wir auf die Büffeljagd geschickt hatten, kehrten ohne Beute zurück.

Manche wurden nun so schwach vor Hunger, daß wir sie zurücklassen mußten, da sie nicht mehr zu laufen imstande waren. Tagelang hatten wir keine andere Nahrung als die Wurzeln der *Me-tush-koo-she-min* oder Grasbeere, eine eßbare Wurzel, die die Franzosen pomme blanche (»weiße Kartoffel«) nennen. Sie gehört zur Art der Psoralea, die in der Missouri-Gegend außerordentlich häufig wächst. Wenn man diese Wurzel kocht oder brät, so ist sie sehr wohlschmeckend und nahrhaft, jedoch erzeugt ihr ausschließlicher Genuß bald Verdauungsstörungen. Ich befand mich bereits in einem sehr elenden Zustande, als mich eines Nachts ein alter Mann, ein Verwandter meiner Frau, weckte, und mir eine kleine Portion *pemmican*[3], die er sorgfältig verborgen gehalten hatte, in die Hand gab. Mit Hilfe dieser Nahrung konnte ich den Schildkrötenberg erreichen, wo gleichzeitig etwa die Hälfte der Gruppe *Wa-ge-totes* ankam. Die anderen, von denen wir uns getrennt hatten, trafen zum Teil später ein, andere waren in ihre Heimat zurückgegangen, und wieder andere blieben verschollen.

Die Assiniboin und die Cree, mit denen wir uns am Schildkrötenberg verabredet hatten, waren schon einige Tage vorher aufgebrochen. Wir folgten ihren Spuren, als sie plötzlich umkehrten. Sie erzählten, daß sie gleichzeitig mit einer Sioux-Gruppe, die das Mandan-Dorf überfallen wollte, dort angekommen seien. Der Mandan-Häuptling hatte zu ihnen gesagt: »Meine Freunde, diese Sioux sind hierhergekommen, um mein Feuer zu löschen. Sie wissen nicht, daß ihr hier seid. Da sie nicht gegen euch ausgezogen sind, braucht ihr euer Blut nicht in unserem Streit zu vergießen. Bleibt bei uns im Dorfe, und ihre werdet sehen, daß wir Männer sind und keine Hilfe brauchen, wenn man uns in unserer Heimat überfällt.« Das Mandan-Dorf war von einem Palisadenzaun umgeben, den die Sioux den ganzen Tag über belagerten. Als endlich eine Kampfpause eingetreten war, sagte der Mandan-Häuptling von ihnen zu den Sioux: »Verlaßt unser Dorf, oder unsere Freunde, die

Ojibwa, werden euch überfallen. Sie haben schon den ganzen Tag hier gewartet und sind ausgeruht und nicht ermüdet wie ihr.« Die Sioux antworteten: »Das ist leere Prahlerei, mit der ihr eure Schwäche verbergen wollt. Bei euch sind keine Ojibwa, und selbst wenn Hunderte da wären, so würden sie nichts gegen uns bedeuten. Die Ojibwa sind Weiber, und wenn euer ganzes Dorf voll von ihnen wäre, würden wir euch nur um so schneller besiegen.« Als die Cree und Assiniboin diese Sticheleien hörten, ärgerten sie sich und kamen herbei, um die Sioux anzugreifen, die bei ihrem Anblick nach allen Richtungen hin flohen. Obgleich die Ojibwa selber kaum an dem Kampfe teilgenommen hatten, erhielten sie einige der dabei erbeuteten Skalps. Auch unser Anführer *Wa-ge-to-te* bekam einen, obwohl er sich einige Tagesmärsche entfernt vom Kampfplatz aufgehalten hatte. Mit dieser Trophäe kehrte er in seine Heimat zurück.

Auf dem Rückweg in die Heimat konnte ich kein Wild mehr erlegen und war deshalb schon wieder halb verhungert. Als ich endlich ankam, fand ich meine Familie in demselben Zustande vor. Am nächsten Tage aber war das Glück mir hold. Ich konnte einen Elch schießen und erhielt auch danach durch meine eigenen Bemühungen einen schönen Nahrungsvorrat.

Während ich noch hier am Großen Waldfluß (Great Wood River) lebte, drang das Gerücht von einem großen Manne der Shawnee zu mir, der durch die Gnade des Großen Geistes eine Offenbarung erfahren hatte.[4] Ich jagte gerade in der Prärie, als ich einen Fremden herankommen sah. Erst hielt ich ihn für einen Feind; als er aber näher kam, erkannte ich ihn als Ojibwa, der sich jedoch sehr seltsam benahm. Er machte mir Zeichen, daß ich nach Hause gehen sollte, ohne sein Begehren näher zu erklären. Auch weigerte er sich, mich anzusehen oder sich mit mir zu unterhalten. Ich hielt ihn für geistesgestört, begleitete ihn jedoch zu meinem Zelt. Nachdem wir zusammen geraucht hatten, berichtete er endlich, daß er mit einer Botschaft des Shawnee-Propheten gekommen sei. »Von jetzt an«, so sagte er,

»darfst du das Feuer in deinem Zelt niemals ausgehen lassen. Sommer und Winter, Tag und Nacht, bei Gewitter oder bei gutem Wetter mußt du daran denken, daß das Leben in deinem Körper und das Feuer in deinem Zelt dasselbe sind. In dem Augenblick, wo du dein Feuer ausgehen läßt, wird auch das Leben in deinem Körper erlöschen. Du darfst keinen Hund am Leben lassen und darfst niemals ein Wesen schlagen, sei es nun ein Mann, eine Frau, ein Kind oder ein Hund. Der Prophet selbst wird kommen und deine Hand schütteln. Ich bin ihm vorausgeeilt, um dir den Willen des Großen Geistes, so wie er sich ihm offenbart hat, mitzuteilen, und dir zu sagen, daß die Erhaltung deines Lebens in jedem Augenblick von deinem völligen Gehorsam abhängt. Von nun an dürfen wir niemals trinken, stehlen, lügen oder gegen unsere Feinde ausziehen. Wenn wir diesen Geboten gehorchen, so werden die Sioux, selbst wenn sie in unser Land einfallen, uns nicht sehen können, und wir werden geschützt und glücklich sein.«

Ich hörte ihm aufmerksam zu, sagte aber, daß ich nicht glauben könne, daß wir alle sterben müßten, falls unser Feuer einmal ausginge. Außerdem wäre es zuweilen sehr schwierig, die Kinder in gewissen Fällen nicht zu bestrafen, und unsere Hunde wären unerläßlich bei der Jagd, so daß ich nicht glauben könne, daß der Große Geist sie von uns nehmen wolle. Noch bis spät in die Nacht hinein redete er zu uns und legte sich dann in meinem Zelt schlafen. Am Morgen wachte ich als Erster auf und bemerkte, daß das Feuer ausgegangen war. Ich weckte ihn und sagte, er solle sich überzeugen, wie viele der Unseren noch lebten und wie viele tot seien. Er sah, daß ich seine Lehre lächerlich zu machen suchte und begegnete mir mit Würde, indem er feststellte, daß ich ja noch nicht die Hand seines Propheten geschüttelt hätte. Der Zweck seines Kommens sei es ja gerade, mich auf dieses wichtige Ereignis vorzubereiten und mich auf die damit zusammenhängenden Pflichten und Gefahren hinzuweisen. Ich muß sagen, daß ich mich mit meinem Unglauben nicht sehr wohl fühlte.

Im allgemeinen empfingen die Indianer die Lehren dieses Mannes mit großer Demut und Angst. Alle Gesichter zeigten Bedrückung und Furcht. Viele töteten ihre Hunde und versuchten, die Lehren dieses neuen Predigers zu befolgen, der immer noch bei uns blieb. Wie immer in solchen Lagen wandte ich mich an die Händler, denn ich glaubte, wenn die Gottheit wirklich irgendwelche Botschaften an die Menschen auszurichten hätte, so würden diese zuerst an die Weißen gelangen. Die Händler machten sich über die Offenbarung des göttlichen Willens an einen armen Shawnee lustig und bestärkten mich in meinen Zweifeln. Dennoch drückte ich meinen Unglauben den Indianern gegenüber nicht offen aus, sondern weigerte mich nur, meine Hunde zu töten und zeigte auch keinen großen Eifer, den anderen Geboten nachzukommen. Solange ich unter den Indianern lebte, habe ich mich immer allen ihren Sitten gefügt, soweit das mit meinem Wohlbefinden und meiner Bequemlichkeit vereinbar war. Ich habe viele ihrer Vorstellungen zu den meinen gemacht, habe aber andererseits auch immer andere darunter gefunden, die ich keinesfalls anzunehmen bereit war.

Der erwähnte Ojibwa blieb einige Zeit unter den Indianern meiner Umgebung und übte vor allem auf die Anführer seinen Einfluß aus, daß ein Zelt eingerichtet und eine Zeit für die öffentliche Verkündung der Lehren des Propheten festgelegt wurde. Als die Indianer, unter denen auch ich mich befand, in das für die Feier erbaute lange Zelt eingelassen wurden, sahen wir, sorgsam unter einer Decke versteckt, etwas, das dem Körper eines Mannes glich, liegen. Zwei junge Männer hielten dort Wache, bereiteten nachts wie für einen Menschen dort ein Bett und schliefen selbst in der Nähe. Solange die Versammlung dauerte, näherte sich niemand diesem Lager oder wagte etwa, die Decke aufzuheben, die den unbekannten Inhalt bedeckte. Vier Schnüre schimmeliger und mißfarbener Bohnen waren alles, was man zu sehen bekam. Nach einer langen Ansprache, während der die hervorstechendsten Züge der neuen Offenbarung dargelegt und dem Geiste der Versammelten eingehämmert wurden, brachte man die vier Schnüre aufgereihter Bohnen, die angeblich aus dem Fleische des Propheten selbst gemacht worden waren, unter großer Feierlichkeit zu jedem der in diesem Zelte versammelten Männer. Er mußte dann jede Schnur vorsichtig am oberen Ende halten und die Bohnen zart durch seine Hand gleiten lassen. Man nannte dies: »die Hand des Propheten schütteln«, und gelobte durch diese symbolische Handlung Gehorsam gegenüber seinen Vorschriften und Annahme seiner Eingebungen als von Gott herkommend. Alle Indianer, die die Bohnen berührten, hatten vorher ihre Hunde getötet; sie gaben ihre Medizinsäcke auf[5] und bemühten sich, alles von ihnen Verlangte getreulich auszuführen.

Es hatten sich bei uns recht beträchtliche Menschenmengen angesammelt. Auch hatten wir viel Aufregung und Schrecken durchgemacht und begannen nun den Hunger zu fühlen. Die Männer sahen ungewöhnlich sorgenvoll aus; die aktivsten unter ihnen wurden gleichgültig, und selbst der Mut der Tapfersten schien gelitten zu haben. Ich machte mich mit meinen Hunden, die ich mich zu töten oder töten zu lassen geweigert hatte, zur Jagd auf. Mit ihrer Hilfe fand und tötete ich einen Bären. Als ich zurückkehrte, sagte ich zu einigen Indianern: »Hat der Große Geist uns nicht unsere Hunde gegeben, damit sie uns helfen, das zum Lebensunterhalt Notwendige zu beschaffen? Kannst du wirklich glauben, daß er vorhatte, uns ihre nützliche Hilfe zu entziehen? Man erzählt uns, der Prophet erlaubt nicht, daß das Feuer in unseren Zelten ausgehe, und wenn wir reisen oder jagen, so läßt er uns kein Feuerzeug benutzen, auch soll nach seinem Gebot kein Mann einem anderen Feuer geben. Soll es also der Wunsch des Großen Geistes sein, daß wir ohne Feuer in unseren Jagdlagern liegen, oder ist es sein Wille, daß wir durch das Aneinanderreiben von zwei Hölzern, nicht aber mit Hilfe von Flint und Stahl unser Feuer erzeugen?« Aber sie wollten nicht auf mich hören. Die ehrliche Begeisterung, die die meisten ergriffen hatte, beeinflußte mich so sehr, daß ich mein Flint und Stahl wegwarf, meinen Medizinsack fortlegte und in vielen Einzelheiten die neue Lehre annahm; jedoch tötete ich nicht meine Hunde. Ich lernte es bald, Feuer durch Reiben eines trockenen Zedernstäbchens zu erzeugen, das ich stets bei mir trug; aber die Nichtmehrverwendung von Flint und Stahl brachte vielen Indianern große Unbequemlichkeiten und große Leiden.

Der starke und beklagenswerte Einfluß des Shawnee-Propheten äußerte sich bei allen Ojibwa, von denen ich Kenntnis hatte, dennoch hatten sie nicht das Gefühl, daß seine Lehre dazu beitragen könnte, sie alle zu irgendeinem höheren Zweck zu vereinigen. Zwei oder drei Jahre lang wurde allerdings bedeutend weniger getrunken als früher; man dachte weniger an Kriegszüge, und die gesamte Lebensauffassung hatte sich durch den Einfluß eines einzigen Mannes etwas verändert. Langsam aber wurden jene Eindrücke verwischt, Medizinsäcke, Stahl und Flint wurden wieder benutzt; man zog wieder Hunde auf und schlug auch die Frauen und Kinder wieder, und endlich verachtete man den Shawnee-Propheten. Noch heute wird er von den Indianern als ein Betrüger und schlechter Mensch angesehen.

Da wir wieder einmal kein Fleisch hatten, ging ich in den Wald auf die Suche nach Moose-Elchen und tötete vier. Ohne mein Gewehr beiseite zu legen, schnitt ich sie auf und zerteilte sie. Als ich das letzte der Tiere ausnahm, hörte ich einen Schuß in einer Entfernung von etwa zweihundert Metern. Ich wußte, daß ich mich mehr als jeder andere Ojibwa der Sioux-Grenze angenähert hatte, und nahm nicht an, daß sich irgendwelche Ojibwa in der Nähe befänden. Ich glaubte deshalb, daß mich ein Sioux gehört haben müsse, aber es kam keine Antwort. Ich paßte noch genauer auf als vorher und schlich mich bei Anbruch der Dunkelheit so leise und vorsichtig heim wie nur möglich. Am nächsten Tage ging ich wieder zu der Stelle, wo ich den

Schuß gehört hatte, und folgte den Spuren. Es waren die eines Ojibwa, der auf einen von ihm verfolgten Bären wahrscheinlich mit so großer Hingabe geschossen hatte, daß er meinen Ruf nicht hörte. Bald darauf fand ich viele Spuren und stellte fest, daß ich mich nicht weit von einem von den Ojibwa erbauten befestigten Lager befand. Dreimal erhielt ich Botschaften von den in diesem Lager lebenden Häuptlingen, die mich wegen meiner viel zu gefährlichen Position warnten und mich aufforderten, zu ihnen zu ziehen. Aber ich liebte es nicht, an einem so dichtbevölkerten Orte zu wohnen. Ich entschloß mich erst dann, diese Zufluchtsstätte aufzusuchen, als ich die Spuren eines Sioux gefunden hatte, der mein Lager offensichtlich belauerte.

In der Nacht vor unserer Abreise herrschten in meinem Zelte mehr Schrecken und Alarm, als sie sonst bei den Indianern üblich sind. Ich hatte die von mir beobachteten Spuren erwähnt und zweifelte nicht daran, daß eine Gruppe Sioux sich in meiner unmittelbaren Nähe befände und mich noch vor Tagesanbruch überfallen würde. Etwa die halbe Nacht war verstrichen, ohne daß wir Schlaf gefunden hätten, als wir plötzlich draußen verdächtige Geräusche hörten und unsere Hunde aufgeregt zu uns hineinliefen. Ich sagte meinen Kindern, daß die Zeit gekommen wäre, wo wir alle miteinander sterben müßten, setzte mich in den Vorderteil des Zeltes, vergrößerte die Zeltöffnung, steckte die Mündung meines Gewehrs hindurch und erwartete jeden Augenblick das Herannahen des Feindes. Schritte wurden deutlich hörbar, aber da die Nacht sehr dunkel war, konnte ich nichts sehen. Endlich bewegte sich ein kleiner schwarzer Gegenstand, nicht größer als der Kopf eines Mannes, langsam und in direkter Richtung auf mein Zelt zu. Hier erfuhr ich wieder, wie stark die Angst das Sehvermögen beeinflußt, denn dieser kleine Gegenstand schien beim Näherkommen die Höhe eines Mannes anzunehmen, sah aber dann wieder plötzlich so klein aus wie vorher. Nachdem ich mich endlich davon überzeugt hatte, daß es nur ein kleines Tier sein konnte, ging ich hinaus und fand ein Stachelschwein, das ich mit meinem Tomahawk tötete. Trotzdem wurde der Rest der Nacht in derselben Unruhe verbracht wie der Anfang.

Gleich am nächsten Morgen floh ich in das befestigte Ojibwa-Lager. Die Häuptlinge hielten bei meiner Ankunft eine Ratssitzung ab und sandten zwei junge Männer aus, um sie nach den dort zurückgelassenen Sachen sehen zu lassen. Da ich aber wußte, daß die Sioux sich in der Nähe aufhielten und daß, wenn den jungen Männern etwas zustoßen sollte, ihre Freunde die Schuld auf mich schieben würden, ging ich auf Umwegen auch dorthin, um dabei zu sein, falls etwas geschehen sollte. Ich fand mein Zelt unbelästigt vor, und wir konnten meine Sachen ungestört in die Festung bringen.

Die Sioux kamen ab und zu, um unsere Befestigungen zu studieren, aber sie wagten sie nie anzugreifen. Eines Tages beim Frühling gingen alle Ojibwa fort. Nur ich mußte bleiben, da ich für einen abwesenden Händler verschiedene Ballen in Verwahrung hatte, die ich nicht forttragen konnte. Die Häuptlinge machten Einwendungen gegen mein Bleiben und sagten, daß ich geradezu mein Leben wegwürfe, denn die Sioux wüßten längst, daß unsere Hauptgruppe abgezogen sei und würden, sobald ich allein dort bliebe, sofort die Gelegenheit wahrnehmen, über mich herzufallen. Diese Ermahnungen erreichten mich und stimmten mich traurig, besonders da wieder Fälle gemeldet wurden, daß Männer, Frauen und Kinder gerade an dieser Stelle von den Sioux getötet worden waren. Aber ich hatte keine Wahl und mußte bleiben. Nachts verrammelte ich alle zum Lager führenden Eingänge, so gut ich es vermochte und wachte innerhalb der Palisaden.

Die Nacht war noch nicht weit fortgeschritten, als ich im hellen Mondlicht zwei Männer entdeckte, die direkt auf den Haupteingang zuschlichen. Als sie ihn verschlossen fanden, umkreisten sie die Befestigung und versuchten, über den Zaun zu sehen. Die Angst drängte mich, sofort auf sie zu schießen, aber da kam mir der Gedanke, daß sie vielleicht keine Sioux sein könnten. Ich wählte also eine Position, von der aus ich, ohne mich selbst zu exponieren, direkt auf sie zielen konnte, und rief sie an. Tatsächlich waren es der Händler, um dessentwillen ich zurückgeblieben war, und ein ihn begleitender Franzose. Sehr erleichtert öffnete ich ihnen meine Festung und verbrachte, beruhigt durch die erhaltene Verstärkung, eine gute Nacht. Am nächsten Morgen verließen wir das Lager, nahmen die Bündel des Händlers mit und folgten dem Pfade der Ojibwa.

Ich hatte keine Lust, wieder mit einer so großen Gruppe zu leben und zog mich allein in den Wald zurück. Später tat ich mich mit einigen vom Roten Fluß stammenden Ojibwa zusammen, deren Häuptling *Be-gwa-is* (»Der den Biberbau Aufbrechende«) hieß. Alle Jäger dieser Gruppe hatten seit Tagen versucht, einen alten Moose-Elchbock zu schießen, der wegen seiner Schlauheit und Vorsicht geradezu berühmt bei ihnen geworden war. Schon am ersten Tage, als ich zur Jagd auszog, sah ich diesen Elch, vermochte ihn jedoch nicht zu erlegen. Statt dessen tötete ich einen anderen und kehrte am nächsten Tage zurück, entschlossen, dieses Tier, wenn irgend möglich, zu erwischen. Ich hatte das Glück, daß Wind und Wetter meinem Unternehmen sehr günstig waren, und vermochte deshalb diesen Moose-Elchbock zu schießen. Mein Erfolg war zum größten Teil dem Zufall oder doch mindestens Umständen, die außerhalb meiner Macht lagen, zuzuschreiben; die Indianer jedoch führten ihn auf meine Überlegenheit zurück und sahen mich seitdem als den besten Jäger ihrer Gruppe an.

Unter *Be-gwa-is* zogen wir nun zu zwölft ins Land der Sioux auf die Biberjagd und ließen unsere Frauen im Walde zurück. Bei diesem Jagdausflug wurden alle Indianer schneeblind, und da ich der einzige Jagdfähige war, ernährte und versorgte ich die ganze Gesellschaft mehrere Tage lang. Der Zustand der Augen meiner Kameraden besserte sich sofort, als im Frühling der Schnee zu verschwinden begann. Wir teilten uns in drei Gruppen ein, von denen

Das Mandan-Dorf Min-Tutta-Hankusch

eine aus vier Mann bestehende zum Büffelfluß (Buffalo River) zog, von den Sioux angegriffen wurde und zwei ihrer Leute verlor, von denen einer getötet und der andere verwundet und gefangengenommen wurde.

Ich hatte mich durch einen unglücklichen Zufall mit meinem Tomahawk am Knöchel verletzt und konnte deshalb nicht schnell vorwärtskommen. Gerade da gerieten meine Gefährten vor Angst außer sich, weil sie glaubten, die Sioux wären uns ganz dicht auf den Fersen. Ohne die geringste Rücksicht auf mich zu nehmen, flohen sie, so schnell sie nur konnten. Es war im Vorfrühling; den ganzen Tag lang hatte es geregnet und geschneit, und am Abend erhob sich ein kalter Nordwestwind, so daß das Wasser wieder zu frieren begann. Ich folgte langsam meinen Gefährten nach und holte sie spät in der Nacht ein. Sie hatten in einem schlechten Lager elenden Unterschlupf gefunden. Da sie den Lehren jenes Propheten anhingen, hatten sie es nicht gewagt, ein Feuer anzuzünden. Einer dieser Männer war *Wa-me-gon-a-biew,* der mich, wie stets in gefährlichen Situationen, wieder einmal verlassen hatte, worin die anderen ihm in nichts nachstanden. Am nächsten Morgen war das Eis dick genug, daß wir den Fluß zu Fuß überqueren konnten, und da dieser plötzlichen Kältewelle warmes Wetter vorausgegangen war, litten wir sehr. Wir kehrten vier Tage lang ins Zuckerlager zu unseren Frauen zurück und gingen dann wieder ins Siouxgebiet, wo wir die zwei Männer trafen, die von der von den Sioux überfallenen Gruppe übriggeblieben waren. Sie befanden sich in elendestem Zustande und waren halb verhungert.

Auf dieser Reise trafen wir auch einen amerikanischen Händler, an dessen Namen ich mich nicht mehr entsinne, der mich aber mit besonderer Liebenswürdigkeit behandelte und mir riet, die Indianer zu verlassen und mit ihm in die Staaten zurückzukehren. Aber ich war arm, hatte nur wenige wertvolle Pelze und besaß außerdem eine Frau und ein Kind. Er sagte, daß die Regierung und die Bevölkerung der Vereinigten Staaten mich mit Großzügigkeit behandeln würden und versprach mir auch persönlich alle erdenkliche Hilfe. Ich lehnte jedoch sein Angebot ab, da ich vorläufig lieber unter den Indianern blieb, wenn es auch mein endgültiges Ziel war, sie einmal später zu verlassen. Ich erfuhr von diesem Mann, daß meine Verwandten bis Mackinac nach mir gesucht hatten und diktierte ihm einen Brief an sie, den dieser Herr versprach, an ihre Adresse gelangen zu lassen. Als wir uns trennten, gab er *Wa-me-gon-a-biew* und mir je ein Rindenkanu und andere wertvolle Geschenke.

Unter den Geschenken, die ich von dem amerikanischen Händler erhalten hatte, befand sich auch ein kleines Faß mit sechzehn Litern Rum, das ich bisher auf meinem Rücken getragen hatte. *Wa-me-gon-a-biew* und die anderen Indianer hatten dies stets mit der Begründung abgelehnt, daß nach unserer Rückkehr die alten Männer, die Häuptlinge und alle anderen gemeinsam davon trinken sollten. Als ich aber einmal fortging, um nach meinen Fallen zu sehen, nahmen sie die Gelegenheit wahr und öffneten das Faß. Bei meiner Rückkehr fand ich sie alle betrunken und miteinander streitend vor. Da ich mir unserer gefährlichen und exponierten Lage voll bewußt war, begann ich mich zu sorgen, besonders, weil einige meiner Gefährten sinnlos betrunken und unfähig zu denken oder zu handeln waren. Zum mindesten versuchte ich, sie zu ruhigerem Verhalten zu bereden, gefährdete damit aber meine eigene Sicherheit. Als ich zwei, die gerade übereinander herfallen wollten, mit meinen beiden Händen auseinanderhielt, kam ein dritter, ein alter Mann, von hinten und stach mit seinem Messer nach mir. Ich konnte gerade noch ausweichen. Da ich ihnen Feigheit vorgeworfen hatte, waren alle beleidigt. Und doch war es wahr, daß sie es alle vorzogen, wie Kaninchen in ihrem Loche zu bleiben, statt entweder ihre Feinde anzugreifen oder auf die Jagd zu gehen, damit wir etwas zu essen hätten. Da ich sie schon seit einiger Zeit ernährt und unterhalten hatte, ärgerte ich mich über meine Torheit. Da sich jedoch nichts Aufregendes mehr ereignete, fingen die Indianer langsam wieder zu jagen an, und wir hatten alle so viel Glück dabei, daß wir fast ein ganzes Kanu mit Pelzen füllen konnten.

Der Rest des noch in dem Fasse befindlichen Rums, den ich sorgfältig versteckt hatte, wurde von ihnen in meiner Abwesenheit gestohlen, so daß ein weiteres Trinkgelage von ihnen veranstaltet wurde.

Nachdem wir unsere Jagd abgeschlossen hatten, zogen wir zusammen weiter. Als wir beim Roten Fluß ankamen, hörten wir dort wildes Gewehrfeuer. Meine Gefährten glaubten, es rühre von den Sioux her, verließen mich, flohen quer über Land und konnten so das Hauptlager in weniger als einer Tagesreise erreichen. Da ich entschlossen war, das Kanu mit unseren Pelzen nicht zu verlassen, blieb ich allein zurück und kam nach vier Tagen sicher zu Hause an.

Um diese Zeit versammelten sich die Indianer in *Pembinah,* um ihre Pelze zu verkaufen und ihre üblichen alkoholischen Orgien zu feiern. Sie brachen gerade auf, als ich anlangte, und zwar zogen sie zu Lande fort, während die Frauen die Lasten in den Kanus nachbrachten. Ich versuchte, *Wa-me-gon-a-biew* und meine näheren Freunde von ihrem törichten und schädlichen Vorhaben abzubringen, aber ich konnte sie nicht überreden, und sie zogen mir voran. Ich folgte ihnen langsam nach, jagte und trocknete Fleisch und kam erst in *Pembinah* an, als die meisten Mitglieder der Gruppe schon mehrere Tage lang getrunken hatten. Sogleich erfuhr ich, daß *Wa-me-gon-a-biew* seine Nase verloren hatte; einem anderen war ein großes Stück aus seiner Backe herausgebissen worden, und die übrigen waren ebenfalls mehr oder minder verletzt.

Man erzählte mir, daß mein Bruder (wie ich *Wa-me-gon-a-biew* immer nannte) gerade angekommen war, als er in ein Zelt ging, wo ein junger Mann, ein Sohn des *Ta-bush-shish* eine alte Frau schlug. *Wa-me-gon-a-biew* machte keinen Gebrauch von seinen Waffen. Da kam der alte *Ta-*

bush-shish herein und mißverstand in seiner Betrunkenheit wahrscheinlich die Rolle, die *Wa-me-gon-a-biew* hier spielte. Er packte ihn an seinem Haarschopf und biß ihm die Nase ab. In diesem Augenblick kam auch *Be-gwa-is,* ein alter Häuptling, mit dem wir uns stets sehr gut verstanden hatten, sah, daß man sich in den Haaren lag, und beschloß mitzutun. Der über den Verlust seiner Nase wütende *Wa-me-gon-a-biew* stand mit gesenktem Kopf, warf plötzlich seine Hände in die Luft, packte den nächsten Haarschopf, den er erwischen konnte, und biß unbesehen dem Besitzer des Kopfes die Nase ab. Zufällig war es die unseres Freundes *Be-gwa-is.* Nachdem seine Raserei sich etwas gelegt hatte, erkannte er seinen Freund und rief erschreckt aus: »Wah! Mein Vetter!« *Be-gwa-is* war ein guter und freundlicher Mann, und da er genau wußte, daß *Wa-me-gon-a-biew* nur irrtümlich auf ihn losgegangen war, zeigte er nicht den geringsten Ärger oder die geringste Nachträglichkeit gegenüber dem Manne, der, ohne es zu wollen, zum Urheber seiner Verstümmelung geworden war. »Ich bin ein alter Mann«, sagte er, »und man wird nur noch kurze Zeit darüber lachen können, daß ich keine Nase mehr habe.«

Was mich selber anbelangt, so war ich sehr böse auf *Ta-bush-shish,* da mir schien, daß er die Gelegenheit wahrgenommen hatte, einen alten Groll an *Wa-me-gon-a-biew* auszulassen. Ich ging in das Zelt meines Bruders und setzte mich zu ihm. Sein Gesicht und alle seine Kleider waren mit Blut bedeckt. Lange Zeit sagte er gar nichts, als er dann aber sprach, merkte ich, daß er vollkommen nüchtern war. »Morgen«, sagte er, »werde ich mit meinen Kindern weinen. Aber übermorgen gehe ich zu *Ta-bush-shish.* Wir müssen beide sterben, denn ich habe keine Lust, weiterzuleben, wenn jeder, den ich treffe, sich über mich lustig macht.« Ich sagte ihm, daß er, wenn er *Ta-bush-shish* töten wolle, dabei jederzeit auf meine Mithilfe rechnen könne, und ich hielt mich dementsprechend in Bereitschaft. Nachdem er aber nochmals über die Sache nachgedacht und einen Tag lang mit seinen Kindern geweint hatte, kam *Wame-gon-a-biew* davon ab, sein blutiges Vorhaben auszuführen, und beschloß, wie *Be-gwa-is,* seinen Verlust so würdevoll wie möglich zu ertragen.

ZEHNTES KAPITEL

Geistesgegenwart und Hingabe einer indianischen Mutter – Indianische Kriegsführung – Unterhaltungen mit einem Häuptling – Winterjagd am Begwionusko-*Fluß – Medizinjagd – Totschlag und die damit verbundenen Gebräuche – Symbolische oder Bilderschrift – Der Tod* Pe-shau-bas *– Unglück am Geistersee und der Tod der Kleinen Muschel.*

Wenige Tage nach diesen Ausschreitungen in der Betrunkenheit wurde *Ta-bush-shish* schwer krank. Er litt an brennendem Fieber, sein Fleisch schwand dahin, und er war offensichtlich dem Tode nahe, als er zwei Kessel und andere Geschenke von beträchtlichem Wert mit einer Botschaft an *Wa-me-gon-a-biew* sandte. »Mein Freund«, so lautete die Botschaft, »ich habe dich gräßlich gemacht und du hast mir dafür die Krankheit geschickt. Ich habe schon viel gelitten, und wenn ich jetzt sterben sollte, so müssen meine Kinder noch mehr leiden. Ich schicke dir diese Geschenke, damit du mich am Leben läßt.« *Wa-me-gon-a-biew* sagte dem Boten, er solle *Ta-bush-shish* das Folgende ausrichten: »Ich habe deine Krankheit nicht verursacht, deshalb kann ich dir auch nicht deine Gesundheit zurückgeben. Deshalb nehme ich deine Geschenke nicht an.« *Ta-bush-shishs* Krankheit dauerte über einen Monat, und all sein Haar fiel dabei aus. Dann endlich begann sein Zustand sich langsam zu bessern, und wir alle zogen in die Prärie. Aber wir verstreuten uns nach den verschiedensten Richtungen hin und blieben weit voneinander entfernt.

Im Frühling danach versammelten sich wieder eine große Gruppe Ojibwa am Roten Fluß, um in das Gebiet der Sioux zu ziehen. Diesmal bestand aber angeblich nicht die Absicht, die Sioux zu überfallen, sondern man wollte nur in ihrem Lande jagen. Ich reiste mit einer zahlreichen Gruppe, die dem Häuptling *Aisainse* (»Kleine Muschel«) unterstand. Auch dessen Bruder, *Wa-ge-tone*, war ein bemerkenswerter Mann. Wir waren den Roten Fluß schon etwa hundert Meilen weit hinuntergezogen, als wir den Händler Mr. Hanie trafen, der uns etwas Rum gab. Ich hauste mit mehreren Männern und deren Familien, die zumeist Verwandte meiner Frau waren, in einem einzigen großen Zelt mit drei Feuern. Es war Mitternacht oder auch schon später, als ich plötzlich von einem Manne, der mich roh an der Hand packte und hochzerrte, aus dem Schlaf geweckt wurde. Ein kleines Feuer brannte noch im Zelt, und ich erkannte über mir das böse und drohende Gesicht von *Wa-ge-tone*, dem Bruder unseres Häuptlings Kleine Muschel. »Ich habe feierlich gelobt«, sagte er, »daß, wenn du wirklich mit uns in dieses Land ziehen würdest, du nicht mehr leben sollst. Steh auf und mach dich bereit, mir zu antworten.« Dann ging er zu dem neben mir schlafenden *Wah-zhe-gwun*, den er mit ähnlichen unverschämten Worten bedrohte. Inzwischen aber hatte ein alter Verwandter von mir, *Mah-nuge*, der auf der gegenüberliegenden Seite schlief, sich mit dem Messer in der Hand von seinem Lager erhoben. Als *Wa-ge-tone* bei ihm angekommen war, erhielt er eine scharfe Antwort. Daraufhin kehrte er zu mir zurück, zog sein Messer und bedrohte mich mit dem sofortigen Tod. »Du bist hier ein Fremdling«, sagte er, »und einer von den vielen, die in fernen Gegenden wohnen, nur damit sie sich und ihre Kinder hier mit Nahrung versorgen, die ihnen nicht gehört. Ihr seid aus eurem Land vertrieben worden, weil ihr zu schwach und wertlos seid, um ein eigenes Heim und eine eigene Heimat zu besitzen. Deshalb kommt ihr zu uns. Ihr seid auf unseren besten Jagdgründen gewesen. Wo ihr euch aufgehalten habt, habt ihr die Tiere ausgerottet, die der Große Geist uns zur Nahrung gegeben hat. Verlaß deshalb auf der Stelle diese Gegend und belaste uns nicht länger mit deiner Gegenwart, sonst werde ich dir ganz bestimmt das Leben nehmen.« Ich antwortete, daß ich nicht zu dem Zwecke, Biber zu jagen, in das Land reiste, in das wir unterwegs waren. Sollte ich dies aber dennoch tun, so hätte ich das gleiche Recht dazu wie er, und ich wäre stark genug, dieses Recht zu verteidigen. Unsere Unterhaltung wurde etwas geräuschvoll, so daß der alte *Mah-nuge* mit seinem Messer in der Hand herbeikam und den lauten und halb angetrunkenen *Wa-ge-tone* aus dem Zelt vertrieb. Ich sah diesen Mann lange Zeit nicht wieder. Sein Bruder, Kleine Muschel, jedoch bat mich, seine Worte nicht ernst zu nehmen.

Hier holte uns nun auch ein Bote ein, der für die Ottawa die Nachricht brachte, daß *Muk-kud-da-be-na-sa* (»Die Amsel«), ein Ottawa aus *Waw-gun-uk-ke-zie* oder L'Arbre Croche, vom Huronensee herbeigekommen sei, um uns alle nach dort heimzurufen. So kehrten wir denn um, und einer nach dem anderen ging seiner Wege, bis nur noch *Wa-ge-tone* übrig war, der sich einem zu jener Zeit vom Blutegelsee (Leech Lake) ausgehenden Kriegszug der Ojibwa anschloß. Ein Teil dieser Gruppe hatte am Wilden Reisfluß (Wild Rice River) haltgemacht und war in das bereits erwähnte Fort oder befestigte Lager gegangen. Hier jagten sie, stellten Fallen und verstreuten sich in unbesonnener Weise, als eine große Gruppe Sioux in der Nähe auftauchte.

Ais-ainse, der Ojibwa-Häuptling, kam eines Abends mit zwei erlegten Elchen von einer erfolgreichen Jagd zurück, und am folgenden Morgen machten sich seine Frau und deren junger Sohn an die Bereitung von Trockenfleisch. Sie waren schon weit vom Lager entfernt, als der Junge als erster die ganz in der Nähe befindliche Sioux-Gruppe entdeckte und seiner Mutter zurief: »Die Sioux kommen!« Die alte Frau zog ihr Messer, durchschnitt den Gürtel, der seine Schulterdecke hielt, und sagte ihm, er solle mit aller ihm zur Verfügung stehenden Kraft heimlaufen. Sie selbst ging den Kriegern mit dem Messer in der Hand entgegen. Der Junge hörte viele Schüsse, und von der alten Frau hat man nie wieder etwas gehört. Er lief immer weiter, und als er merkte, daß die Verfolger nahe hinter ihm waren, verlor er die Besinnung. Als er endlich in dem befestigten Lager ankam, befand er sich in einem Zustand geistiger Umnachtung, und die Sioux waren etwa einhundertzwanzig Meter hinter ihm. Einige Tage lang erbrach er Blut und erhielt niemals wieder seine Kraft und Gesundheit zurück, obwohl er noch etwa ein Jahr am Leben blieb.

Einige der Ojibwa jagten in entgegengesetzter Richtung von der Stelle, wo die Frau der Kleinen Muschel die Krieger getroffen hatte. Sobald die Sioux aus der Gegend des Forts verschwanden, wurden junge Männer als Späher ausgesandt und entdeckten, daß sie den Jägern auf der Spur waren. Zwei oder drei von ihnen erreichten auf Umwegen die Kleine Muschel, und zwar gerade, als die heranschleichenden Sioux den Häuptling erschießen wollten. Ein langer Kampf entspann sich ohne Verluste auf beiden Seiten. Endlich wurde einer der Ojibwa am Bein verwundet, und seine Gefährten zogen sich etwas zurück. damit er unter der Deckung einiger Büsche entkommen könne; aber diese Bewegung entging den Sioux nicht. Ungesehen von den Ojibwa folgten einige von ihnen dem Verwundeten, töteten ihn, nahmen seinen Skalp und seine Medaille – denn er war der Lieblingssohn des Ojibwa-Häuptlings *Ais-ainse* – kehrten zum Kampfplatz zurück und warfen diese Trophäen mit einigen triumphierenden und aufschneiderischen Worten unter die Ojibwa. Der beim Anblick des Skalps und der Medaille rasend gewordene Vater sprang aus seinem Hinterhalt, erschoß einen der Sioux, schnitt ihm den Kopf ab und hielt ihn den Überlebenden entgegen. Die anderen Ojibwa faßten bei diesem Vorgehen der Kleinen Muschel neuen Mut, machten einen gemeinsamen Angriff und schlugen die Sioux in die Flucht.

Ein anderer bedeutender Ojibwa, der ebenfalls *Ta-bush-shish* hieß, hatte in Begleitung eines Gefährten in einer anderen Richtung gejagt. Er hörte die Schüsse, die den Tod der alten Frau und den Kampf *Ais-ainses* begleiteten, und kehrte ins Lager zurück. Die Indianer sagten von ihm, was sie oft nach seinem Tode einem Manne nachrühmen: daß er eine Vorahnung des ihm Bevorstehenden besessen hätte. Schon am Abend vorher war er, wie es den Indianern oft geht, verärgert heimgekommen, da ihm die Zungenfertigkeit seiner alten Frau, die auf seine Galanterien gegenüber einer Jüngeren und Hübscheren eifersüchtig war, auf die Nerven ging. Bei dieser Gelegenheit hatte er gesagt: »Schimpf nur, alte Frau, denn ich höre es zum letzten Mal.« So befand er sich denn im Lager, als ein Teilnehmer an der Schlacht ankam, der sich versteckt gehalten hatte und mit der Botschaft von dem Kampf, in den die Kleine Muschel verwickelt war, nach Hause floh. *Ta-bush-shish* hatte zwei prächtige Pferde und sagte zu einem seiner Freunde: »*Be-na*, ich glaube, du bist ein Mann. Willst du eines meiner Pferde nehmen und mit mir nachsehen gehen, was *Ais-ainse* den ganzen Tag lang getan hat? Sollten wir uns nicht schämen, ihn in Rufweite so lange kämpfen zu lassen, ohne ihm zu Hilfe zu eilen? Wir sind etwa hundert, die zitternd in diesem Lager herumgestanden haben, während unser Bruder wie ein Mann gekämpft hat, mit nur vier oder fünf jungen Leuten, die ihm beistehen.« Sie ritten fort, folgten einer Spur der Sioux und kamen zu einer Stelle, wo noch ein Feuer brannte. Dort ruhten sie sich einen Augenblick aus. Dann schlichen sie sich näher heran, aber da sie es dort nicht für angebracht hielten zu schießen, gingen *Ta-bush-shish* und *Be-na* auf den Pfad, den die Sioux nehmen mußten und legten sich in den Schnee. Es war schon Nacht, aber es war nicht sehr dunkel. Als die Sioux weiterzogen, entdeckten einige das Versteck der beiden Ojibwa. *Ta-bush-shish* und *Be-na* sprangen auf und feuerten auf sie, aber *Be-na* floh gleich danach, als hätte er die Anweisung dazu bekommen. Als er sich schon in beträchtlicher Entfernung von jener Stelle befand und sah, daß er nicht verfolgt wurde, blieb er stehen, um zu horchen, und er hörte während des größten Teiles der Nacht hin und wieder einen Schuß, dazu den schrillen und einsamen Kriegsruf *Ta-bush-shishs* von verschiedenen Richtungen her. Endlich ertönten zahlreiche Schüsse auf einmal, worauf das Triumphgeschrei der Sioux beim Fallen eines Feindes erklang und alles still blieb. Daraufhin kehrte er ins Lager zurück.

So starben sie denn alle auf einmal: die alte Frau, *Ta-bush-shish* und der Sohn von *Ais-ainse*.

Später erfuhren wir, daß am selben Tage die Kriegergruppe vom Blutegelsee, der *Wa-ge-tone* sich angeschlossen hatte, vierzig Sioux-Zelte in der Prärie überfiel. Sie hatten zwei Tage lang gekämpft, und es gab viele Tote auf beiden Seiten. *Wa-ge-tone* war der erste Mann, der ein Sioux-Zelt angriff. *Wah-ka-zhe*, der Bruder des *Muk-kud-da-be-na-sa*, begegnete am Winnipeg-See den vom Wilden Reisfluß zurückkehrenden Ottawa. Zehn Jahre lang hatte er sich in den Rocky Mountains und in den umliegenden Gebieten aufgehalten, wollte aber nun zu seinem eigenen Volke heimkehren. Im Laufe seines langen Lebens hatte er lange unter den Weißen gelebt und war mit den verschiedenen Arten, wie man dort seinen Lebensunterhalt finden kann, wohlvertraut. Er sagte mir, daß ich unter den Weißen eine bedeutend bessere Stellung einnehmen könne, jedoch wäre es mir unmöglich, ein Händler zu werden, da ich ja nicht schreiben könne. Auch zum Farmer wäre ich nicht geeignet, da ich dauernde harte Arbeiten nicht liebe. Es gäbe nur ein Amt, das meinen Gewohnheiten und Fähigkeiten entspräche: das eines Dolmetschers.

Durch ihn erfuhren wir vieles, so zum Beispiel die Geschichte eines Missionars, der zu den Ottawa von *Waw-gun-uk-kezie* gekommen sei und sie aufgefordert habe, ihre Religion aufzugeben und dafür die der Weißen anzunehmen. Auch erzählte er uns im Zusammenhang damit die Anekdote von einem getauften Indianer, der nach seinem Tode zur Pforte des Himmels der Weißen ging, um dort Einlaß zu begehren. Aber der Mann am Tor sagte, daß Rothäute nicht eingelassen würden. »Geh nach Westen«, fuhr jener Wächter fort, »denn dort befinden sich die Dörfer und Jagdgründe der Söhne deines Volkes, die vor dir auf der Erde gelebt haben.« So machte der Indianer sich dorthin auf. Aber als er das Dorf erreicht hatte, wo die Toten seines Volkes wohnten, weigerte sich der Häuptling, ihn hereinzulassen. »Du hast dich unserer geschämt, während du noch lebtest; du hast es vorgezogen, dem Gott der Weißen zu dienen. Geh nun zu seinem Dorf und laß ihn für dich sorgen.« So stießen ihn beide aus ihren Himmeln aus.

Da *Wah-ka-zhe* der Angesehenste unter uns war, übertrugen wir es ihm, unsere Wanderzüge zu leiten. Aber aus Bequemlichkeit, vielleicht auch, weil er mich schätzte, bestimmte er, daß nicht nur er selbst, sondern auch die gesamte Gruppe meinen Anordnungen folgen solle. Da wir kein anderes Ziel verfolgten, als für unseren Lebensunterhalt zu sorgen, und da ich als ein sehr guter Jäger betrachtet wurde und diese Gegend besser kannte als alle anderen Mitglieder unserer Gruppe, war diese Entscheidung taktisch richtig.

So riet ich denn den anderen, den Winter am *Be-gwi-o-nush-ko*-Fluß zu verbringen. Dieser Fluß mündet zehn Meilen unterhalb von Pembinah in den Roten Fluß ein, und zu der Zeit, von der ich berichte, war das Land dort voller Wild. Wir lebten deshalb angenehm und im Überfluß, und *Wah-ka-zhe* rühmte sich oft seiner Weisheit, die ihn veranlaßt habe, mich zum Anführer der Gruppe zu bestimmen. Aber als ein Teil des Winters bereits um war, begann *Wa-me-gon-a-biew* mit dem Gedanken zu spielen, daß *Wah-ka-zhe* geopfert werden müsse, da er mit dem Manne, der *Taw-ga-we-ninne, Wa-me-gon-a-biews* Vater, getötet hatte, entfernt verwandt war. Ich weigerte mich, mit diesem Plane irgend etwas zu tun zu haben oder gar ihn in seinem Vorhaben zu unterstützen. Trotz meiner Vorhaltungen ging er eines Tages mit dem Messer in der Hand in *Wah-ka-zhes* Zelt, um ihn zu töten. Jedoch erriet ein Sohn *Wah-ka-zhes* namens *Muk-kud-da-be-na-sa* seine Absicht und verhinderte sie. Daraufhin forderte er sofort *Wa-me-gon-a-biew* zum Zweikampf heraus, aber dieser verweigerte ihm dies in seiner gewohnten feigen Art. Ich machte nicht nur *Wa-me-gon-a-biew* wegen seines unmännlichen Verhaltens ernste Vorwürfe, sondern schlug auch *Wah-ka-zhe* vor, ihn aus unserer Gruppe auszuschließen, da ich ihn nicht länger als meinen Bruder betrachtete. *Wah-ka-zhe* war jedoch ein besonnener und gütiger Mann, der allen Unfrieden und jede Ruhestörung verabscheute. Deshalb vergab er ihm.

Bald danach kehrte der Hunger bei uns ein, und wir kamen so herunter, daß wir beschlossen, eine Medizinjagd zu veranstalten. Als besten Jäger der Gruppe schickte *Nah-gitch-e-gumme* mir und *O-ge-ma-we-ninne* je einen kleinen Ledersack voll Medizin, der gewisse feingestoßene und mit roter Farbe vermischte Wurzeln enthielt, mit denen wir kleine Figuren der Tiere bestrichen, die wir zu erlegen hofften. Genau dieselbe Methode, jedenfalls soweit es den Gebrauch der Medizin anlangt, wird von den Indianern angewandt, wenn sie einem andern eine Krankheit oder etwas anderes Böses anzaubern wollen. Man fertigt von dem Manne, der Frau oder dem Tier, an dem man die Kraft der Medizin erproben will, eine Zeichnung oder eine kleine Figur an. Will man sie töten, so punktiert man die Stelle des Herzens mit einem scharfen Werkzeug und bestreicht sie mit der Medizin. Die hierbei benutzte Zeichnung oder Figur eines Tieres wird *muzzi-ne-neen* genannt (Plural: *muzzi-ne-neen-ug*), dasselbe Wort bezeichnet die entweder roh auf Birkenrinde eingeritzte oder sorgfältiger aus Holz geschnitzte Figur eines Mannes oder einer Frau.

Mit großer Hoffnung auf Erfolg gingen wir so ausgerüstet auf die Jagd. Aber *Wah-ka-zhe* kam uns nach, um uns vor dem Gebrauch der Medizin, die *Nah-gitch-e-gum-me* uns gegeben hatte, zu warnen, denn diese sei bestimmt, uns Unglück zu bringen und uns vielleicht den Tod zuzuziehen. Wir machten deshalb keinen Gebrauch von ihr, hatten aber das Glück, verschiedene Tiere zu erlegen. *Nah-gitch-e-gum-me*, der unseren Erfolg seiner Medizin zuschrieb, verlangte einen großen Anteil von unserer Jagdbeute. Da ich weitere Hungersnot voraussah, trennte ich mich von der Gruppe, um allein zu jagen. Ich hatte immer das Gefühl, daß ich allein am Besten für meine Familie sorgen könne. *Wah-ka-zhe* und Die Amsel zogen an den Winnipegsee weiter, von wo sie, wie ich erwartete, nicht zurückkehrten.

Nachdem die Jagdsaison vorüber war und die Zeit für die Frühlungsversammlungen herannahte, fuhr ich den *Begwi-o-nush-ko* hinunter, um zu den Händlern am Roten Fluß zu gelangen. Die meisten der Indianer hatten bereits ihre Lager verlassen und waren vor mir aufgebrochen. Als ich eines Morgens an einem unserer ehemaligen Rastplätze vorüberkam, sah ich dort einen Stab im Ufersande stecken, an dessen Spitze ein Stück Birkenrinde befestigt war. Als ich dieses Rindenstück näher untersuchte, fand ich darauf eine Klapperschlange und ein Messer eingeritzt. Der Griff des Messers berührte die Schlange, und die Spitze steckte in einem Bären, dessen Kopf nach unten hing. Neben der Klapperschlange war ein weiblicher Biber eingeritzt, und eine der Zitzen dieses Tieres berührte die Schlange.

Dies war eine Nachricht an mich, aus der ich erfuhr, daß *Wa-me-gon-a-biew*, dessen Totem *She-she-gwah*, die Klapperschlange war, einen Mann vom Bärentotem getötet hatte. Daß *Wa-me-gon-a-biew* der Mörder war, wurde außerdem dadurch angezeigt, daß seine Mutter vom Bibertotem stammte – diese Mutter war niemand anders als *Net-no-kwa*. Da in unserer Gruppe nur wenige Mitglieder des Bärentotems lebten, war ich überzeugt, daß es sich bei dem Opfer um einen jungen Mann namens *Ke-zha-zhoons* handelte. Daß er tot und nicht etwa nur verwundet war, verriet mir der herabhängende Kopf des Bären.

Der Erhalt dieser Nachricht hielt mich nicht von der Fortsetzung meiner Reise ab. Im Gegenteil, ich beeilte mich nun ganz besonders und wurde gerade noch Zeuge des Begräbnisses des jungen Mannes, den mein Bruder getötet hatte. *Wa-me-gon-a-biew* selbst grub ein Grab, das groß genug für zwei Leichen war. Dann brachten *Ke-zha-zhoons* Freunde den Toten herbei. Als er in das Grab hinabgesenkt wurde, zog *Wa-me-gon-a-biew* alle seine Kleider bis auf einen Hüftschurz aus, setzte sich nackt zu Häupten des Grabes, zog sein Messer und bot es dem nächsten männlichen Anverwandten des Verstorbenen an. »Mein Freund«, sagte er dabei, »ich habe deinen Bruder getötet. Du siehst, daß ich ein Grab gemacht habe, das groß genug für uns beide ist. Ich bin bereit und willens, bei ihm zu schlafen.« Der erste und auch der zweite sowie alle anderen Freunde des Ermordeten verweigerten nacheinander die Annahme des ihnen von *Wa-me-gon-a-biew* angebotenen Messers, denn die Verwandten *Wa-me-gon-a-biews* waren mächtig unter den Indianern, und es war die Angst vor ihnen, die ihm das Leben rettete. Er hatte den jungen Mann deshalb umgebracht, weil er ihn mit »abgeschnittene Nase« angeredet hatte. Da keiner der männlichen Verwandten des Toten gewünscht hatte, öffentlich seine Ermordung zu rächen, sagte *Wa-me-gon-a-biew* zu ihnen: »Diese Sache hat sich nun für jetzt und für die Zukunft erledigt. Sollte aber irgendeiner unter euch mich in gleicher Weise beleidigen, so werde ich wieder tun, was ich getan habe.«

Die Art, wie ich in der Ferne von diesem Mord erfuhr, stellt eine bei den Indianern allgemein übliche Nachrichtenübermittlungsmethode dar, die in den meisten Fällen vollkommen exakt und zufriedenstellend funktioniert. Alle Männer des Stammes sind mit den betreffenden Totems, zu denen die einzelnen Mitglieder gehören, vertraut. Erscheint auf einer Zeichnung die Figur eines Mannes ohne diese spezifizierende Angabe, bedeutet dies, daß er entweder ein Sioux oder zum mindesten ein Fremder ist. In den meisten Fällen (wie auch dem obigen) werden Menschenfiguren überhaupt nicht gezeichnet, sondern durch die Bilder ihres Totems ersetzt. Wenn die gezeichnete Nachricht andeuten soll, daß ein Mann sich in Hungersnot befindet, so wird manchmal eine Menschengestalt dargestellt, deren Mund man mit weißer Farbe bemalt, oder aber man kennzeichnet den Mund des statt des Menschen gezeichneten Totemtieres mit weißer Farbe.

Bald kamen drei Zeltgemeinschaften zu der meinen hinzu, und ich befand mich wieder in der Gesellschaft von *Pe-shau-ba*, *Waw-zhe-kah-maish-koon* und anderen. *Waw-so*, der alte Freund und Gefährte *Pe-shau-bas*, war auf der Jagd versehentlich von einem Assiniboin erschossen worden. Wir lebten im Überfluß und in Zufriedenheit, nur wurde *Pe-shau-ba*, den der Tod seines Freundes *Waw-so* sehr mitgenommen hatte, plötzlich schwer krank. Er fühlte sein Ende herannahen und sagte oft zu uns, daß er nicht mehr lange leben würde. Eines Tages erzählte er mir das Folgende:

»Ehe ich auf die Welt kam, befand ich mich oben beim Großen Geist. Dort sah ich viele gute und begehrenswerte Dinge und unter anderem auch eine schöne Frau, die ich nicht müde wurde, täglich zu betrachten. Da sagte der Große Geist zu mir: ›*Pe-shau-ba*, liebst du die Frau, die du so oft betrachtest?‹ Als ich dies bejahte, fuhr er fort: ›Geh hinunter und verbringe ein paar Winter auf der Erde. Du kannst aber nicht allzu lange dort bleiben. Denke stets daran, meine Kinder, die du unten sehen wirst, freundlich und mit Güte zu behandeln.‹ So kam ich denn unten auf der Erde an und habe nie vergessen, was er zu mir sagte. Wenn mein Volk seine Feinde bekämpfte, habe ich stets im Pulverdampf zwischen den beiden Gruppen gestanden. Niemals habe ich in den Zelten meine Freunde geschlagen. Wenn junge Männer mich beleidigten, so habe ich ihre Torheit nicht beachtet und bin auch immer bereit gewesen, unsere Tapferen gegen die Sioux zu führen. Ich bin immer schwarz angemalt wie jetzt wieder in die Schlacht gegangen, so wie es sich für einen Indianer gehört. Nun aber höre ich wieder dieselbe Stimme, die zu mir redete, ehe ich auf diese Welt gelangte – sie sagt mir, daß ich nicht länger hierbleiben kann. Dir, mein Freund, bin ich ein Beschützer gewesen, und du wirst traurig sein, wenn ich weg muß; sei aber nicht wie eine Frau, denn du wirst mir bald auf meinem Wege nachfolgen.«

Dann zog er die neuen Kleider an, die ich ihm gegeben hatte, verließ das Zelt, um noch einmal die Sonne, den Himmel, den See und die fernen Berge zu betrachten. Dann legte er sich ruhig auf seinen Platz im Zelt, und innerhalb weniger Minuten hörte er auf zu atmen.

Nach dem Tode *Pe-shau-bas* machte ich einen erneuten Versuch, in die Staaten zu gelangen, aber *Waw-zhe-kah-maish-koon* hinderte mich daran. Ich verbrachte den Rest des Winters mit ihm und ging im Frühling zum *Ne-bo-wese-be* (dem Dead River oder Toten Fluß), wo wir Mais pflanzten und den Sommer verbrachten. Nachdem wir im Herbst den Mais geerntet hatten, gingen wir zu unseren Jagdgründen.

Ein alter Ojibwa namens Krummer Finger hatte ein Jahr lang in meinem Zelt gelebt und während der ganzen Zeit nicht ein einziges Tier getötet. Als ich auf die Büffeljagd auszog, folgte er mir jedoch, und als wir eine große Herde erblickten, versuchte der alte Mann wegen meines Rechts auf diesen Jagdgrund einen Streit vom Zaune zu brechen. »Ihr Ottawa«, so sagte er, »habt kein Anrecht auf diesen Teil des Landes; und obwohl ich euch nicht alle kontrollieren kann, so habe ich doch wenigstens dich in meiner Gewalt und bin entschlossen, dich zu töten, falls du nicht endlich in dein eigenes Gebiet zurückgehst.« Diese Drohung machte keinen Eindruck auf mich, und ich verbot ihm, mich noch weiter zu belästigen. Noch etwa eine Stunde lang setzte er seine Zänkereien fort, begann aber danach endlich die Büffelherde mit anzuschleichen und auf die Tiere mit zu schießen. Bald gesellten sich zwei Ottawa, die den Streit mit angehört hatten, als sie herankamen und sich daraufhin im Gebüsch versteckten, uns zu. Nach drei oder vier erfolglosen Schüssen auf die Büffel trollte der alte Mann sich heim, da er sich scheinbar gleichermaßen über seine Unverschämtheit mir gegenüber wie über seine schlechten Jagdtalente schämte. So ging ich allein mit den beiden Ottawa auf die Büffel los, und wir erlegten eine Anzahl fetter Kühe.

Kurz danach hatte ich einen ganzen Tag auf der Jagd verbracht, als ich auf dem Rückwege spät in der Nacht auf den Gesichtern aller Bewohner meines Zeltes den Ausdruck einer ungewöhnlichen Schwermut bemerkte. Bei ihnen saß ein Mann namens *Chik-ah-to*, der mir fast gänzlich fremd war. Er sowohl wie die anderen schienen von einer plötzlichen und unerwarteten schlechten Nachricht ganz niedergebrochen zu sein. Als ich meine Frau nach dem Grund dieser offensichtlichen Niedergeschlagenheit fragte, gab sie mir keine Antwort. Endlich beantwortete *Waw-zhe-kah-maish-koon* meine ernsten Fragen und sagte mit äußerster Feierlichkeit und mit sehr besorgter Stimme, daß der Große Geist auf die Erde zurückgekehrt sei. »Warum ist er so bald wiedergekommen?« fragte ich, »seit einiger Zeit kommt er recht oft; dennoch denke ich, wir müssen auf das hören, was er uns zu sagen hat.«

Die leichte und unverbindliche Art, in der ich mich ausdrückte, erschien den meisten Indianern als sehr frivol, und so schienen sie alle entschlossen zu sein, mir keine weiteren Mitteilungen über diese Sache zu machen. Ich kümmerte mich nicht darum und ging wie üblich am folgenden Morgen auf die Jagd. Meine eigene Gleichgültigkeit und Verachtung gegenüber diesen angeblichen Offenbarungen des göttlichen Willens ließen mich für einige Zeit in Unwissenheit über den Inhalt der jüngst erfahrenen. Später in meinem Leben jedoch habe ich gelernt, daß mein Skeptizismus den großen Gott, in dessen Namen diese Offenbarungen gemacht wurden, zwar nicht kränkten, daß sie aber diejenigen, die sich als Botschafter seines Willens fühlten, sehr gegen mich aufbrachte und daß ich mich vielen Unannehmlichkeiten und Gefahren aussetzte, indem ich mir ihren Unwillen zuzog.

Nachdem wir uns im Frühling beim Handelsposten in *Pembinah* versammelt hatten, bauten die Häuptlinge eine große Hütte und riefen alle Männer zusammen, um ihnen den kürzlich offenbarten Willen des Großen Geistes kundzutun. Der Hauptträger dieser Offenbarung war *Manito-o-geezhik*, ein zwar nicht sehr hervorragender, aber wohlbekannter Ojibwa dieser Gegend. Er hatte sich auf etwa ein Jahr zurückgezogen und behauptete, während dieser Zeit den Aufenthaltsort des Großen Geistes besucht und seinen Anweisungen gelauscht zu haben. Einige Händler jedoch sagten mir, daß er in Wirklichkeit in St. Louis am Mississippi gewesen sei.

Die Kleine Muschel nahm es auf sich, den Zweck unserer Zusammenkunft zu erklären. Nachdem er gesungen und gebetet hatte, übermittelte er uns die Hauptpunkte der von *Manito-o-geezhik* empfangenen Offenbarung. Die Indianer sollten nicht mehr gegen ihre Feinde in den Kampf ziehen, sie sollten auch nie wieder stehlen, betrügen oder lügen; ebenfalls sollten sie sich weder betrinken noch ihr Essen oder ihre Brühe in heißem Zustande zu sich nehmen. Im Gegensatz zu den Forderungen des Shawnee-Propheten waren die von *Manito-o-geezhik* übermittelten Gebote nicht sehr beschwerlich. Im Gegenteil, viele der aufgestellten Regeln hatten einen gewissen bleibenden Nutzwert, und die Nachwirkungen ihres Einflusses zeigten sich auch zwei oder drei Jahre lang in dem besseren Verhalten und der etwas veränderten Lebensweise der Indianer.

Ehe wir vom Handelsposten aufbrachen, lud *Ais-ainse*, die Kleine Muschel, einige der Unseren und ganz besonders mich ein, ihn zu seinem Hauptaufenthaltsort am *Man-e-to-sah-gi-e-gun* oder Geistersee[1] zu begleiten, aber ich mochte nicht dorthin gehen, da ich wegen der Jagd auf Pelztiere in einer waldigen Gegend bleiben wollte. Zehn Männer, unter denen sich auch *Wa-ge-tone* und *Gi-ah-ge-git* befanden, nahmen seine Einladung an und begleiteten ihn mit zahlreichen Frauen. Ein Freund der Kleinen Muschel namens *Se-gwun-oons* (»Frühlingshirsch«) machte, ehe sie uns in Pembinah verließen, die Voraussage, daß dieser am Geistersee getötet werden würde. Da schon viele seiner Vorahnungen sich im täglichen Leben erfüllt hatten, vertrauten die Indianer so sehr darauf, daß seine Meinung über die Teilnehmer an der Reise am Geistersee erwartenden Gefahren wichtig genug genommen wurde, um *Wa-me-gon-a-biew* und andere zur Rückkehr zu veranlassen. Als letzter traf *Match-e-toons* ein, ein törichter und verlogener junger Mann. Er brachte uns die Nachricht, daß die Gefahren um die Kleine Muschel und seine Begleiter sich immer mehr verdichteten. Obwohl er vor seiner Flucht weit von ihnen entfernt gewesen war, behauptete er, in der Gegend ihres Lagers die Gewehrschüsse der Sioux gehört zu haben. Wir schenkten seinen Berichten zuerst keinen Glauben, sondern warteten von Tag zu Tag mit großer Spannung auf Neuigkeiten. Endlich beschlossen die Häuptlinge, zwanzig Männer auszusenden, die erforschen sollten, ob seine Behauptungen irgendwelche tatsächliche Berechtigung hätten. Als diese Gruppe im Lager der Kleinen Muschel eintraf, fanden sie, daß alle dort befindlichen Indianer von ihren Gefährten abgeschnitten worden waren. Vor dem Eingang zum Lager lag die Leiche *Segwun-oons*, des jungen Mannes, der den Angriff vorausgesagt hatte, ehe er *Pembinah* verließ. Bei ihm fanden sie den Körper eines gleichaltrigen anderen jungen Mannes, und weiter hinten lag voller Pfeile der massige Körper der Kleinen Muschel. Innerhalb des Lagers befanden sich die verstreuten Leichen zahlreicher Frauen und Kinder. Etwas entfernt sahen sie in sitzender Stellung den mit *puk-kwi*-Matten aus den Ojibwazelten bedeckten Körper eines toten Sioux. Niemand außer *Match-e-toons* war entkommen, aber wir zweifelten daran, ob er nicht eher während des Kampfes, statt, wie er berichtet hatte, am Abend vorher geflohen war. So also starb die Kleine Muschel, der letzte der bedeutenden Indianer seines Alters unter den Ojibwa des Roten Flusses. Nach dem Verlust so vieler Männer erschien unser Dorf wie ausgestorben.

Wir wanderten zum Roten Fluß, pflanzten Mais und verbrachten dort den Sommer. Ein alter Freund von mir, der Ottawa *Sha-gwaw-koo-sink*, hat den Anbau des Maises unter den Ojibwa im Gebiet des Roten Flusses eingeführt.

ELFTES KAPITEL

Die Habgier der Händler – Offenbarungen des Manito-o-geezhik – Die Behauptungen As-kaw-ba-wis – *Die Leichtgläubigkeit der Indianer – Die Kolonie der Hudons Bay-Händler am Roten Fluß – Eine große Kriegergruppe versammelt sich am Schildkrötenberg – Disziplinlosigkeit.*

Zehn Jahre lang war Mr. Henry in *Pembinah* Händler gewesen; ihm folgte, allerdings nur für kurze Zeit, Mr. M'Kenzie und dieser Mr. Wells, den die Indianer wegen seiner dicken, runden Gestalt *Gah-se-moan* (»Segel«) nannten. Er baute am Roten Fluß in der Nähe der Assiniboin-Mündung ein starkes Fort. In diesem Teil des Landes besaß die Hudson's Bay Company nun keinen Handelsposten mehr, und die Indianer gelangten bald zu der Einsicht, wie groß doch die Vorteile gewesen waren, die ihnen aus dem Konkurrenzkampf der beiden Handelskompanien erwachsen waren. Zu Anfang des Winters rief Mr. Wells uns alle zusammen, gab den Indianern ein Fünfundvierzigliterfaß Rum und etwas Tabak und sagte ihnen gleichzeitig, daß er ihnen auch nicht den Wert einer Nadel auf Kredit geben würde. Wenn sie aber Felle brächten, so würde er sie ihnen abkaufen und ihnen dafür die für ihren Lebensunterhalt während des Winters benötigten Gegenstände geben.

Während er diese Rede hielt, war ich nicht bei den Indianern. Als man mir davon berichtete und mir dazu meinen Anteil an den Geschenken gab, weigerte ich mich nicht nur, irgend etwas davon anzunehmen, sondern machte den Indianern auch schwere Vorwürfe wegen ihrer Feigheit, derartige Bedingungen anzunehmen. Seit vielen Jahren waren sie gewohnt, im Herbst Kredit zu bekommen und waren nun dringend bedürftig hinsichtlich ihrer Kleidung, ihrer Munition, ihrer Gewehre und Fallen. Wie konnten sie ohne die gewohnte Hilfe der Händler sich selbst und ihre

Familien durch den Winter bringen? Einige Tage später ging ich zu Mr. Wells und sagte ihm, daß ich arm sei und eine große Familie mit der Arbeit meiner Hände ernähren müsse und daß ich schwer leiden und vielleicht sogar untergehen würde, wenn er mir nicht genau soviel Kredit gäbe, wie ich ihn stets im Herbst gewohnt gewesen war zu empfangen. Er wollte meine Vorstellungen nicht anhören und sagte mir mit groben Worten, daß ich sein Haus verlassen sollte. Ich holte nun acht Silberbiber, wie sie von den Frauen als Schmuck ihrer Kleidung getragen werden und die ich im Vorjahr zu genau dem doppelten Preis, den man für einen Wettermantel bezahlt, erstanden hatte. Ich legte sie vor ihm auf den Tisch und bat ihn, mir einen Wettermantel dafür zu geben oder sie wenigstens als Pfand so lange zu behalten, bis ich den Preis für den Mantel in Fellen bezahlen könne. Er nahm den Schmuck in die Hand, warf ihn mir ins Gesicht und verbot mir, sein Haus je wieder zu betreten.

Da das kalte Winterwetter noch nicht eingesetzt hatte, ging ich sofort auf meinen Jagdgrund, tötete eine Anzahl Moose-Elche und ließ uns von meiner Frau für die Wintersaison geeignete Kleidungsstücke aus den Fellen machen; denn ich sah nun, daß wir gezwungen waren, sie anstatt der Schulterdecken und wollenen Sachen zu tragen, die wir gewohnt gewesen waren von den Händlern zu bekommen.

Ich setzte meine Jagd mit guten Erfolgen fort. Der Winter war noch nicht zur Hälfte vorüber, als ich erfuhr, daß Mr. Hanie, ein Händler der Hudson's Bay Company, in *Pembinah* angekommen sei. Ich ging sofort zu ihm, und er gab mir allen Kredit, den ich verlangte, und zwar im Werte von siebzig Biberfellen. Dann ging ich zum Moschusrattenfluß (Muskrat River), wo ich im weiteren Verlauf des Winters Marder, Biber, Otter usw. in großer Anzahl erlegte.

Zu Beginn des Frühlings ließ ich Mr. Hanie durch einige Indianer benachrichtigen, daß ich zur Mündung des

Assiniboin kommen würde, wo ich ihn zu treffen hoffte, um die mir kreditierte Summe zurückzuzahlen, denn ich hatte nun mehr als genug Felle dafür.

Als ich am Assiniboin ankam, war Mr. Hanie noch nicht vorbeigekommen, und ich wartete auf ihn gegenüber von Mr. Wells' Handelsposten. Ein alter Franzose bot mir Unterkunft in seinem Hause an und bewahrte meine Pelze unter dem Ort, den er mir zum Schlafen anwies[1] auf.

Als Mr. Wells erfuhr, daß ich angekommen war, sandte er dreimal nach mir und ließ mich bitten, ihn zu besuchen. Endlich gab ich den Vermittlungsversuchen meines Schwagers nach und überquerte den Fluß, um den Handelsposten des Mr. Wells zu besuchen. Dieser war hocherfreut über mein Kommen und behandelte mich mit äußerster Liebenswürdigkeit, auch bot er mir Wein und Nahrung und alles, was sein Haus nur bieten konnte, an. Ich hatte außer etwas Tabak nichts angenommen, als ich den Franzosen mit meinen Pelzbündeln hereinkommen sah. Sie wurden an mir vorüber und in Mr. Wells' Schlafzimmer getragen. Daraufhin verschloß er die Tür und steckte den Schlüssel ein. Sofort stellte er nun seine mir zuerst erzeigte Höflichkeit und Zuvorkommenheit ein. Ich sagte nichts, fühlte mich aber außerordentlich beklommen und unbehaglich, denn ich wollte mich weder der Mittel beraubt sehen, Mr. Hanie meine Schulden zurückzuzahlen, noch mein Eigentum durch Gewalt und ohne meine Zustimmung verlieren. Ich beobachtete genau das Haus und fand endlich auch eine Gelegenheit, in das Schlafzimmer zu schleichen, während Mr. Wells etwas aus einem Koffer herausnahm. Er versuchte zwar, mich zu verscheuchen und herauszudrängen, aber ich war zu kräftig für ihn. Nachdem er gewalttätig gegen mich geworden war, zögerte ich nicht, meine Pelzbündel zu holen, aber er entriß sie mir. Ich erbeutete sie zurück. Während wir noch darum rangen, rissen die Schnüre, die die Bündel zusammenhielten, und meine Pelze lagen über dem Fußboden verstreut umher. Als ich sie aufsammelte, zog er eine Pistole, lud sie und setzte sie mir auf die Brust. Ich stand einen Augenblick lang bewegungslos und glaubte, er würde mich töten, da er sich sehr aufgeregt hatte. Dann packte ich seine Hand, drehte sie im Gelenk um und zog aus meinem Gürtel ein langes Messer hervor, das ich fest in der rechten Hand hielt, während ich ihn noch mit der linken gepackt hatte. Als er sich so vollkommen in meiner Gewalt sah, rief er erst seine Frau, dann seinen Dolmetscher und forderte sie auf, mich aus dem Hause herauszuwerfen. Hierauf antwortete der Dolmetscher: »Du selber kannst das ebensogut wie ich.« Einige Franzosen waren auch anwesend, aber weigerten sich, ihm beizustehen. So merkte er denn, daß er mir mit Gewalt nichts anhaben konnte, und nahm seine Zuflucht zu milderen Mitteln. Er bot mir an, meine Pelze mit mir zu teilen, so daß ich die Hälfte für die Hudson's Bay-Leute verwenden könne. »Du hast stets zur Nordwestkompanie gehört«, sagte er, »warum läßt du uns plötzlich wegen der Hudson's Bay Company-Händler im Stich?« Er begann dann die Pelze abzuzählen und zwei getrennte Bündel daraus zu machen. Ich sagte ihm aber, daß dies unnötig sei und daß er nicht ein einziges Fell von mir erhalten würde. »Im vorigen Herbst«, sagte ich, »bin ich hungrig und verzweifelt zu dir gekommen, und du hast mich wie einen Hund von deiner Tür verjagt. Die Munition, mit der ich diese Pelztiere geschossen habe, wurde mir von Mr. Hanie geliehen, und deshalb gehören diese Felle ihm. Aber auch wenn dies nicht so wäre, würdest du nicht ein einziges bekommen. Du bist ein Feigling und hast noch nicht soviel Mut wie ein Kind. Besäßest du wenigstens das Herz einer Frau, so würdest du nicht deine Pistole auf meine Brust gesetzt haben, ohne mich zu töten. Mein Leben war in deiner Hand, und nichts hätte dich daran hindern können, es mir zu nehmen, noch nicht einmal die Furcht vor meinen Freunden, denn du weißt, daß ich hier ein Fremder bin und daß nicht einer unter den hiesigen Indianern seine Hand erheben würde, um meinen Tod zu rächen. Du hättest meinen Körper wie den eines Hundes in den Fluß werfen können, und keiner hätte dich gefragt, was du getan hast – aber dein Geist langte noch nicht einmal dazu aus.« Er fragte mich, ob ich nicht ein Messer in meiner Hand gehabt hätte. Ich zeigte ihm zwei, ein großes und ein kleines, und sagte ihm, er solle sich hüten, mich zu ihrem Gebrauch zu reizen. Endlich ermüdete ihn unser Wortwechsel. Er ging und setzte sich mir gegenüber in dem großen Raum nieder; und obgleich er sich weit von mir entfernt befand, konnte ich sein Herz schlagen hören, so groß war seine Erregung. Er blieb eine Weile dort sitzen und ging dann im Hofe auf und ab. Ich suchte meine Felle zusammen, und der Dolmetscher half mir dabei, sie wieder zusammenzuschnüren. Dann lud ich die Bündel auf meinen Rücken, verließ das Haus, ging ganz dicht an Mr. Wells vorüber, legte sie in mein Kanu und fuhr zum Hause des Franzosen ans andere Ufer herüber.

Am nächsten Morgen hatte Mr. Wells erneut über die Sache nachgedacht und fand es nun wohl nicht mehr richtig, mir mein Eigentum mit Gewalt wegnehmen zu wollen. Er schickte mir seinen Dolmetscher, um mir sein sehr wertvolles Pferd anbieten zu lassen, wenn ich um diesen Preis vergessen wollte, was er getan hatte. »Sage ihm«, trug ich dem Dolmetscher auf, »daß er ein Kind ist, das den einen Tag einen Streit verursacht und am nächsten diese Streitereien zu vergessen wünscht. Aber ich bin nicht seinesgleichen. Ich habe selber ein Pferd und werde meine Pelzbündel behalten. Außerdem werde ich niemals vergessen, daß er mir seine Pistole auf die Brust setzte, ohne den Mut aufzubringen, mich zu erschießen.«

Am folgenden Morgen traf einer der Angestellten des Handelspostens der Nordwestkompanie vom Mausfluß ein, und als er hörte, was geschehen war, erbot er sich, mir meine Pelzbündel abzunehmen. Obgleich ihn Mr. Wells ausdrücklich warnte, beschloß er dennoch, wenigstens den Versuch zu machen. Es war gegen Mittag, als der Franzose zum Fenster seines Hauses heraussah und mir sagte: »Mein Freund, mir scheint, nun wirst du deine Pelzbündel doch verlieren. Vier schwerbewaffnete Männer kommen, um dich zu besuchen, und ich glaube nicht, daß sie etwas Gutes vorhaben.« Als ich dieses hörte, legte ich meine Pelzbündel in die Mitte des Zimmers, setzte mich darauf und nahm eine Biberfalle in die Hand. Als der Handelsangestellte in Begleitung von drei jungen Männern hereingekommen war, forderte er kurzerhand meine Pelzbündel. »Welches Recht hast du«, fragte ich, »sie von mir zu verlangen?« – Er antwortete: »Du hast Schulden bei mir.« – »Wann habe ich je der Nordwestkompanie etwas geschuldet, das ich nicht prompt am vereinbarten Datum bezahlt habe?« – »Vor zehn Jahren«, sagte er, »hat dein Bruder *Wa-me-gon-a-biew* bei mir Schulden gemacht, die er bis auf zehn Felle bezahlt hat. Diese schuldet er mir noch, und du mußt sie bezahlen.« – »Gut«, war meine Antwort, »ich will bezahlen, was du verlangst. Aber du mußt mir gleichzeitig die vier Pelzbündel bezahlen, die wir dir von der Großen Tragstelle aus geschickt haben. Deine Quittung ist, wie du weißt, in *Ke-nu-kaw-ne-she-wa-bo-ant* mitsamt meinem Zelt verbrannt, und du hast weder mir noch einem Mitglied meiner Familie für diese hundertsechzig Biberfelle auch nur den Wert einer Nadel gezahlt.« Als er merkte, daß seine Methode erfolglos blieb und da er, obwohl er sie ignorierte, die Richtigkeit meiner Antwort einsah, versuchte er, genau wie am Vortage Mr. Wells, gewaltsam vorzugehen, was ihm jedoch ebenfalls nicht gelang. So kehrte er zum Fort zurück, ohne von mir auch nur ein einziges Marderfell erhalten zu haben.

Da Mr. Hanies Ankunft sich noch immer verzögerte, ging ich an den Toten Fluß (Dead River), und während ich dort auf ihn wartete, tötete ich vierhundert Moschusratten. Endlich traf Mr. Hanie an dem Orte, wo ich zusammen mit einem anderen Manne auf ihn gewartet hatte, ein. Er erzählte mir, daß er zur Mittagsstunde an Mr. Wells' Handelsposten an der Assiniboin-Mündung vorübergefahren sei und daß die gesamte Bemannung seines Kanus dabei gesungen habe. Sobald Mr. Wells ihn sah, habe er ihn sofort in einem mit bewaffneten Leuten wohlbemannten Kanu verfolgt. Als Mr. Hanie diese Verfolgung bemerkte, habe er am Ufer angelegt, seine Leute im Kanu gelassen und sei etwa achtzehn Meter weit in die offene Prärie hineingegangen. Dorthin sei Mr. Wells ihm mit einigen bewaffneten Männern nachgegangen. Als sie etwa neun Meter von ihm entfernt waren, habe Mr. Hanie ihnen Halt geboten. Eine lange Diskussion entwickelte sich, in deren Verlauf Mr. Hanie freie Weiterreise gewährt wurde. Ich erzählte ihm, wie ich von diesem Manne behandelt worden war und bezahlte meine Schulden. Für den Rest meiner Pelze tauschte ich bei ihm verschiedene Waren ein, und nachdem wir unser Handelsgeschäft abgeschlossen hatten, gab er mir einige sehr schöne Geschenke, unter denen sich ein wertvolles Gewehr befand. Als ich den Roten Fluß wieder hinauffuhr, traf ich noch einmal Mr. Wells. Er benötigte dringend etwas frisches Wild und bat mich darum; ich hätte es ihm auch gegeben, wenn es in meiner Macht gestanden hätte. Er schrieb meine abschlägige Antwort jedoch meinem bösen Willen zu. Als ich dann schon weit von ihm entfernt war, schickte er mir sein Pferd nach und tat dies auch noch einmal in Pembinah, aber ich weigerte mich stets, es anzunehmen. Trotz meiner hartnäckigen und wiederholten Weigerung erfuhr ich später, daß er das Pferd stets als mein Eigentum bezeichnet hatte, und nach seinem drei Jahre später erfolgten Tod rieten mir die Händler, das Pferd zu nehmen. Ich habe dies jedoch nicht getan, und es geriet in die Hände eines alten Franzosen. Nach dem Tode von Mr. Wells, aber niemals zu seinen Lebzeiten, kehrte ich zur Nordwestkompanie zurück und trieb mit ihnen Handel wie zuvor. Hätte er damals auf mich geschossen und mich noch so schwer verwundet, ich hätte ihm das nicht halb so übel genommen wie die Tatsache, daß er mir die Pistole auf die Brust gesetzt und sie wieder weggenommen hatte, ohne mich zu erschießen.

Für den Frühling hatte ich ein Zusammentreffen mit *Sha-gwaw-ko-sink* verabredet. Zur vereinbarten Zeit kam ich an dem ausgemachten Orte an, und bald darauf erschien auch der alte Mann allein und zu Fuß, um mich zu suchen. Er hatte sein Lager zwei Meilen von dieser Stelle aufgeschlagen und war schon zwei Tage dortgewesen. Er hatte einen reichlichen Vorrat frischen Fleisches, was mir sehr angenehm war, denn ich hatte seit einiger Zeit nur wenig erlegen können.

Mit ihm verbrachte ich den Sommer. *Sha-gwaw-ko-sink* war nun zu alt und zu schwach, um selbst zu jagen; aber er hatte einige junge Männer bei sich, die ihn mit Wild versorgten, soweit es vorhanden war. Im Spätherbst jedoch leerten sich unsere Jagdgründe. Das Wetter war sehr kalt, die Erde hart gefroren, aber kein Schnee fiel, so daß es sehr schwer war, etwa den Spuren eines Moose-Elchs zu folgen. Außerdem verrieten das Geräusch unserer Schritte auf dem harten Boden und das Rascheln des dürren Laubes den Tieren schon von weitem unsere Gegenwart. Da es unverändert so weiterging, litten wir alle den schrecklichsten Hunger und beschlossen als letzte Maßnahme, eine Medizinjagd zu unternehmen.

Ich verbrachte die Hälfte der Nacht mit Singen und Beten und legte mich dann schlafen. In meinem Traum sah ich einen schönen jungen Mann durch die obere Zeltöffnung zu mir hereinkommen. Er stand direkt vor mir. »Was bedeuten dieser Lärm und dieses Weinen, das ich höre?« fragte er, »glaubst du, daß ich es nicht weiß, wann du hungrig und verzweifelt bist? Ich sehe immer auf dich herab, und es ist unnötig, mich mit diesem lauten Geschrei zu rufen.« Dann deutete er direkt in die Richtung des Sonnenuntergangs und sagte: »Siehst du diese Spuren?« – »Ja«, antwortete ich, »es sind die Spuren zweier Moose-Elche.« – »Ich gebe dir diese zwei Moose-Elche zur Nahrung.« Dann deutete er in die entgegengesetzte Richtung, dorthin, wo die Sonne aufgeht, zeigte mir eine Bärenspur und sagte: »Auch dieses gebe ich dir.« Dann verließ er mein Zelt durch den Eingang, und als er seine Schulterdecke hob, sah ich, daß der Schnee schnell zu fallen begann.

Ich wachte bald danach auf, und da ich zu erregt war, um wieder einschlafen zu können, bat ich den alten *Shagwaw-ko-sink*, mit mir zu rauchen, und bereitete dann mein *Mut-zin-ne-neen-suk*[2] vor, so wie ich es hier aufgezeichnet habe. Es stellte die Tiere dar, die ich im Traume gesehen hatte.

Noch während der zeitigsten Morgendämmerung verließ ich das Zelt bei heftigem Schneefall, schlug die angegebene Richtung ein, fand längst vor Mittag die Spuren zweier Moose-Elche und tötete sie beide. Es waren ein Männchen und ein Weibchen, beide außerordentlich fett.

Die anläßlich dieser Medizinjagden benutzten Gesänge hängen mit den religiösen Anschauungen der Indianer zusammen. Oft sind sie an *Na-na-boo-shoo* oder *Na-na-*

bush[3] gerichtet, der als Vermittler angefleht wird, die jeweiligen Bitten an den Höchsten weiterzuleiten.[4] Zuweilen wenden sie sich auch an *Me-suk-kum-mik O-kwi* oder die Erde, die Urgroßmutter aller Wesen. In diesen Liedern wird geschildert, wie *Na-na-bush* in Erfüllung der Wünsche des Großen Geistes die Erde schuf, und wie alle Dinge, die die Onkel und Tanten *Na-na-bushs* (die Männer und Frauen der Menschen) zu ihrem Lebensunterhalt brauchen, dem Schutz und der Fürsorge der Großen Mutter anvertraut wurden. *Na-na-bush* ist stets der wohlwollende Vermittler zwischen dem Höchsten Wesen und der Menschheit. So veranlaßte er, daß zum Nutzen der Indianer die Tiere erschaffen wurden, deren Fleisch zur Nahrung und deren Haut und Leder zur Kleidung benötigt wird. Er schickte auch den Menschen mit übernatürlichen Kräften ausgestattete Wurzeln und Medizinen, um ihre Krankheiten zu heilen und ihnen in Hungerszeiten das Erlegen der Jagdtiere zu ermöglichen. Alle diese Dinge wurden dem Schutz *Me-suk-kum-mik O-kwis* anvertraut. Und damit *Na-na-bushs* Onkel und Tanten sie niemals umsonst zu rufen brauchen, wurde die alte Frau angewiesen, stets daheim in ihrem Zelt zu bleiben. Deshalb graben gute Indianer niemals Medizinwurzeln aus, ohne nicht zur selben Zeit eine Opfergabe als Geschenk an *Me-suk-kum-mik O-kwi* in der Erde zu vergraben.

Auch singen die Indianer davon, wie einst in früheren Zeiten der Große Geist den Bruder des *Na-na-bush* tötete und daß dieser darüber zornig wurde und sich gegen den Höchsten erhob. So gewaltig war seine Empörung gegen den großen Manito, daß dieser ihm zur Beruhigung die heilige Religion des Midéwiwin gab. Hierüber freute *Na-na-bush* sich sehr, und er brachte ihn seinen Onkeln und Tanten auf der Erde.

Viele dieser Lieder werden mittels einer wahrscheinlich nur den Indianern bekannten Methode auf Birkenrinde oder auf flache Holzstückchen niedergeschrieben. Man stellt die auszudrückenden Gedanken durch sinnbildliche Figuren, die den bereits erwähnten gleichen, dar. Desselben Mittels bedient man sich auch zur gewöhnlichen Nachrichtenübermittlung.

Etwa zwei Jahre vor der Zeit, von der ich hier berichte, verlor in unserer Gruppe *Ais-kaw-ba-wis*, ein ruhiger, unbedeutender Mann und schlechter Jäger, seine Frau durch den Tod, und seine Kinder hatten noch mehr Hunger zu leiden als gewöhnlich. Der Tod der Frau war von seltsamen Umständen begleitet gewesen, und *Ais-kaw-ba-wis* wurde schwermütig und verzweifelt, was wir aber auch seiner allgemeinen melancholischen Gemütsveranlagung zuschrieben. Endlich rief er die Häuptlinge zusammen und verkündete ihnen mit großem Ernst, daß er vom Großen Geiste durch eine Offenbarung ausgezeichnet worden ist. Er zeigte uns eine aus Erde gemachte, geglättete und mit roter Farbe beschmierte Kugel, die etwa halb so groß war wie der Kopf eines Mannes. »Als ich Tag für Tag weinend, betend und singend in meinem Zelt saß«, sagte er, »kam endlich der Große Geist zu mir mit den Worten: ›*Ais-kaw-ba-wis*, ich habe deine Gebete gehört. Ich habe beobachtet, wie du die Matten deines Zeltes mit deinen Tränen befeuchtest und habe deine Wünsche vernommen. Ich gebe dir diese Kugel, die, wie du siehst, rein und neu ist. Ich gebe sie dir, damit du die gesamte Erde rein und neu machst, so wie sie ursprünglich war, als *Na-na-bush* sie am Anfang aufbaute. Alle alten Sachen müssen weggeworfen und zerstört werden; alles muß neu angefertigt werden – und in deine Hände, *Ais-kaw-ba-wis*, lege ich diese große Aufgabe.‹«

Ich befand mich unter den ersten, die er einlud, seinen Verkündigungen zu lauschen. Bis er uns wieder entlassen hatte, sagte ich überhaupt nichts über seine Lehren, äußerte aber dann gegenüber einigen Gefährten meine Zweifel. »Mir kann es recht sein«, sagte ich, »daß wir auf so billige Art mit dem gesamten Wesen und Willen des Großen Geistes bekanntgemacht werden sollen. Plötzlich stehen unter uns diese gottbegnadeten Lehrer in Massen auf, aber zum Glück taugen sie sonst meist zu nichts anderem. Der Shawnee-Prophet lebt in weiter Ferne von uns; und obwohl *Ke-zhi-ko-we-ninne* und *Manito-o-geezhik* zu unserem Stamme gehören, waren sie zur Zeit ihrer angeblichen Offenbarungen anderswo. Jedoch waren diese immerhin Männer. Der neueste Prophet aber ist zu arm, zu träge und zu geistlos, um seine eigene Familie ernähren zu können. Dennoch will er uns glauben machen, daß der Große Geist ausgerechnet ihn erwählt habe, die gesamte Erde zu erneuern.« Ich hatte von diesem Manne immer eine ungünstige Meinung gehabt, da er einer der Wertlosesten[5] unter den

Indianern war, und mich verstimmte sein Versuch, sich als auserwählter und begnadeter Bote des Großen Geistes über uns erheben zu wollen. Überall, wohin ich auch ging, machte ich seine anmaßenden Behauptungen lächerlich, aber obwohl das Unglück ihn auf allen Wegen verfolgte, übte er dennoch einen gewaltigen Einfluß auf die Seelen der Indianer aus. Sein andauerndes nächtliches Trommeln verjagte das Wild aus unserer Gegend, und seine unverschämte Heuchelei machte ihn mir widerwärtig. Dennoch hatte er einen Weg gefunden, den Geist vieler Menschen zu verwirren, und die von mir gegen ihn angefachte Opposition blieb wirkungslos.

Als wir uns noch dort aufhielten und schon tagelang Hunger gelitten haben, ging ich auf die Jagd und verwundete einen Moose-Elch. Ich erzählte dies bei meiner Rückkehr und sagte auch, daß der Elch so schwer verwundet sei, daß er verenden würde. Am folgenden Morgen kam *Ais-kaw-ba-wis* in mein Zelt und verkündete mir mit größtem Ernst, daß der Große Geist bei ihm gewesen und ihm von dem von mir verwundeten Moose-Elch Kenntnis gegeben habe. »Er ist nun tot«, setzte er hinzu, »und du kannst ihn dort und dort finden. Es ist der Wille des Großen Geistes, daß dieser Elch hierhergebracht und als Opfertier zubereitet wird.« Ich hielt es nicht für unwahrscheinlich, daß der Moose-Elch wirklich tot wäre, ging hin und fand ihn noch lebend vor. Dies gab mir einen neuen Anlaß, *Ais-kaw-ba-wis'* Weissagungen lächerlich zu machen, dennoch erschütterte es in keiner Weise das von den Indianern in ihn gesetzte Vertrauen. Kurz darauf verwundete ich wieder einen Elch, ohne ihn zu töten. »Dieses«, sagte *Ais-kaw-ba-wis*, »ist der Moose-Elch, den der Große Geist mir gezeigt hat.« Ich ging und holte ihn, und da viele Indianer sehr hungrig waren, war ich bereit, ein Festessen zu veranstalten, allerdings nicht, um *Ais-kaw-ba-wis* damit seinen Willen zu tun. Da wir zu wenige waren, um alles Fleisch auf einmal aufzuessen, schnitten wir es von den Knochen ab und häuften diese, da sie ja von einem zeremoniell genossenen Tier stammten, ungebrochen vor *Ais-kaw-ba-wis* auf. Danach wurden sie an einem sicheren Ort außerhalb der Reichweite der Hunde und Wölfe in den Bäumen aufgehängt, denn kein Knochen eines derart geopferten Tieres darf gebrochen werden. Da ich am nächsten Tage schon wieder einen fetten Moose-Elch tötete, sagte *Ais-kaw-ba-wis*: »Du siehst, mein Sohn, wie dein gutes Verhalten belohnt wird. Du hast das erste Tier dem Großen Geist gegeben, und er sorgt nun dafür, daß es dir an nichts fehlt.« Auch am nächsten Tage töteten mein Schwager und ich je einen Moose-Elch, und *Ais-kaw-ba-wis* pries mit großen Redensarten die Wirkung des durch ihn veranlaßten Opfers, was die abergläubischen Vorstellungen der Indianer noch weiter verstärkte. Obwohl dieser Mann sich infolge seiner Verschlagenheit jetzt hoher Achtung erfreute, hatte er einst während einer Hungerszeit seine eigene Frau aufgegessen. Derartige Verbrecher wurden sonst von den Indianern als des Lebens unwürdig getötet.

Als zu Beginn des Frühlings die Schneedecke auf der Oberseite hart zu werden begann, gingen verschiedene Männer unserer Gruppe und ich mit *Shaw-gwaw-ko-sink, Wau-zhe-gaw-maish-koon, Ba-po-wash, Gish-kau-ko* fort, um in einiger Entfernung ein Jagdlager aufzuschlagen und ließen nur *Ais-kaw-ba-wis* bei den Frauen zurück. Da es zu dieser Jahreszeit sehr leicht ist, Elche und Moose-Elche zu schießen, erlegten wir viel Wild. Die Schneekruste trägt dann wohl einen Menschen, verurteilt diese Tiere aber fast ganz zur Bewegungslosigkeit.

Einmal ging *Gish-kau-ko* heim, um nach seiner Familie zu sehen und brachte mir auf dem Rückwege etwas Tabak und eine Nachricht von *Ais-kaw-ba-wis* mit: »Dein Leben ist in Gefahr.« – »Mein Leben«, antwortete ich darauf, »gehört weder *Ais-kaw-ba-wis* noch mir, sondern ist in der Hand des Großen Geistes. Sollte er wünschen, es in Gefahr zu bringen oder zu beenden, so habe ich keinen

Grund zur Klage. Jedoch kann ich nicht glauben, daß er seine Absichten einem so wertlosen Menschen wie *Ais-kaw-ba-wis* offenbart haben sollte.« Seine Andeutungen hatten jedoch alle Indianer, die mit mir waren, erschreckt, und sie kehrten so schnell sie konnten zu dem Lager zurück, wo *Ais-kaw-ba-wis* und die Frauen sich aufhielten. Ich folgte ihnen auf Umwegen, um noch einige der von mir gestellten Fallen zu besuchen. Da ich einen Otter gefangen hatte, nahm ich ihn auf den Rücken und kam etwas nach ihnen an. Hier fand ich alle unsere Zelte in ein einziges großes verwandelt vor, und die Frauen und Kinder saßen um ein offenes Feuer herum und zitterten vor Kälte. Als ich fragte, was alles dies bedeute, erfuhr ich, daß *Ais-kaw-ba-wis* sich gerade auf eine wichtige Offenbarung vorbereitete, die er vom Großen Geist erwartete. Um darauf zu warten, hatte er lange allein in diesem großen Zelt, zu dem niemand außer ihm Zutritt hatte, verbracht. Auf ein bestimmtes Zeichen hin sollte *Ba-po-wash* den Tanz aufführen und die anderen ihm folgen, viermal um das Zelt tanzen und sich dann innen niedersetzen, jeder an seinem Platze. Als ich dies hörte, betrat ich sofort das Zelt, warf meinen Otter nieder und setzte mich neben das Feuer. *Ais-kaw-ba-wis* warf mir einen wütenden und tückischen Blick zu und schloß dann wieder die Augen, um das durch mein Eintreten unterbrochene Gebet fortzusetzen. Bald begann er zu trommeln und laut zu singen, und nach der dritten Pause (dem mit *Ba-po-wash* vereinbarten Zeichen) betrat dieser tanzend das Zelt, gefolgt von Männern, Frauen und Kindern. Viermal umkreisten sie das Zelt und setzten sich dann alle auf ihre Plätze nieder.

Eine Zeitlang herrschte nun völliges Schweigen, während *Ais-kaw-ba-wis* mit geschlossenen Augen auf einem Stück glatten und gereinigten Bodens sitzenblieb, so wie die Kriegshäuptlinge es für das *Ko-zau-bun-zitch-e-kun* vorbereiten. Dann rief er jeden einzelnen Mann nacheinander auf und lud ihn ein, sich in seiner Nähe niederzusetzen. Endlich rief er auch mich, und ich setzte mich auf den mir von ihm angewiesenen Platz. »Shaw-shaw-wa ne-ba-se«, sagte er zu mir, »mein Sohn, es ist möglich, daß du dich jetzt fürchten wirst, denn ich habe dir etwas sehr Unangenehmes mitzuteilen. Der Große Geist hat mich, wie ihr alle wißt, schon in der Vergangenheit durch die Offenbarung seines Willens ausgezeichnet. Seit einiger Zeit pflegt er mir nun auch zu sagen, was mit jedem von euch in der Zukunft geschehen soll. Euch, meinen Freunden« (er wandte sich zu *Sha-gwaw-go-nuck* und den anderen Indianern), »hat er das volle Lebensalter eines Mannes gewährt, wie diese lange und gerade Linie anzeigt. Dein Leben aber, *Shaw-shaw-wa ne-ba-se*, der du dich vom rechten Pfade abgewandt und meine Mahnungen nicht beachtet hast, wird durch diese kurze und krumme Linie angezeigt. Du wirst nur die Hälfte der Spanne eines vollen Manneslebens erreichen. Die dritte Linie auf der anderen Seite zeigt das Schicksal der jungen Frau unseres *Ba-po-wash* an.« Während er so sprach, zeichnete er die umseitig wiedergegebenen Linien auf die Erde. Die lange gerade Linie A stellte nach seinen Worten das Leben von *Shaw-gwaw-koo-sink, Wau-zhe-maish-koon* und anderen dar, die kurze, krumme und unregelmäßige das meine, und die jäh endende auf der anderen Seite das Leben der Lieblingsfrau des *Ba-po-wash.*

Ba-po-wash hatte nun gerade die feinsten Stücke eines fetten Bären in der Absicht getrocknet, im Frühling ein Medizinfest zu veranstalten. Während er noch in unserem Jagdlager war, hatte *Ais-kaw-ba-wis* zu *Ba-po-washs* Schwiegermutter (der Mutter seiner jungen Frau) gesagt: »Der Große Geist hat mir mitgeteilt, daß nicht alles ist, wie es sein sollte. Schick jemanden hin um nachzusehen, ob der fette Bär, den dein Sohn für ein Medizinfest verwahrt, noch dort ist, wo er ihn aufgehoben hatte.« Sie ging und fand, daß der Bär verschwunden war. *Ais-kaw-ba-wis* selbst, der ein großer Fresser war, hatte ihn gestohlen.

Als *Ba-po-wash*, der sich sehr über das angekündigte

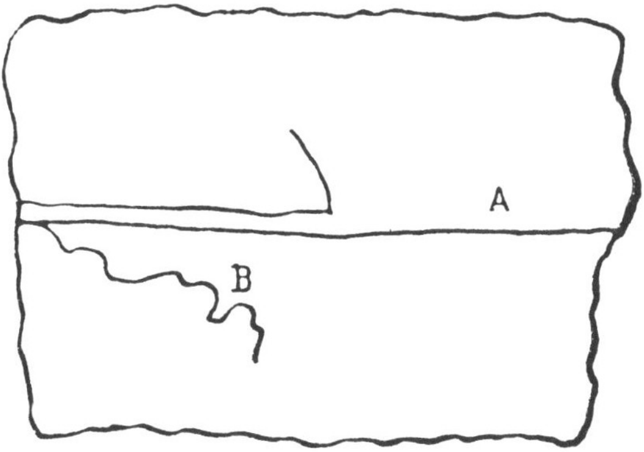

Übel aufregte, diese schlechten Nachrichten hörte, gab er *Ais-kaw-ba-wis* zur Abwendung des Übels nicht nur den Rest des Bärenfleisches, sondern dazu auch noch eine große Portion Mark, die er für das Fest verwahrt hatte, außerdem andere kostbare Geschenke.

Danach gingen wir zu einer Insel namens *Me-nau-zhe-taw-naun* am Waldsee (Lake of the Woods), wo wir diesmal statt auf unseren alten Feldern am Toten Fluß (Dead River) Mais zu pflanzen beschlossen hatten. Unterwegs schlugen wir ein Lager, um Zucker zu machen, und ließen *Ais-kaw-ba-wis* wieder bei den Frauen zurück. Zufällig hatte *Gish-kau-kos* Frau ihren Kessel im Zuckerlager in einiger Entfernung von der Stelle, wo wir uns wieder treffen wollten, aus Versehen zurückgelassen. Als die Männer fort waren, ließ *Ais-kaw-ba-wis* (der in einem kleinen Zelt für sich lebte, da er angeblich zu heilig war, um sich mit anderen zu mischen) diese Frau zu sich kommen und sagte zu ihr: »Der Große Geist ist nicht damit zufrieden, daß du dein Eigentum im Stiche läßt und verlierst. Deshalb geh und hole den Kessel, den du im Zuckerlager zurückgelassen hast.« Die Frau gehorchte. Kaum hatte sie das Lager verlassen, als er auch schon, angeblich um auf die Jagd zu gehen, in einer anderen Richtung ebenfalls fortging. Sobald er aber außer Sichtweite der Zelte war, folgte er auch schon den Fußspuren von *Gish-kau-kos* Frau. Sie war schon früher von ihm belästigt worden und ahnte auch jetzt, warum er sie nach dem Kessel geschickt hatte. Kaum sah sie ihn hinter sich herlaufen, als auch sie selber schon zu laufen anfing. Gerade in diesem Augenblick kam ich mit den anderen Indianern vom Handelsposten zurück, und wir beobachteten diese Jagd aus einiger Entfernung. Wir regten uns sehr darüber auf, denn wir sahen die Frau voranlaufen, und ihr Verfolger zeigte solchen Ernst, daß wir glaubten, einen Sioux vor uns zu haben, der in unser Land gekommen war, um unsere Frauen und Kinder zu ermorden. Als wir jedoch näher herankamen, gab der angebliche Prophet seine Verfolgung auf, setzte sich zu uns und trank mit uns von dem Rum, den wir vom Handelsposten mitgebracht hatten und von dem wir ihm sehr freigebig einschenkten. Zu Hause mußte die Frau jedoch den Wettlauf irgendwie erklären. Sie gab zu, daß *Ais-kaw-ba-wis* schon oft die Gelegenheit gesucht habe, mit ihr allein zu sein. Sie fürchtete sich so sehr vor ihm, daß sie niemals davon zu sprechen gewagt, sondern ihr Heil stets in der Flucht gesucht hatte. Dieser Tatbestand verursachte jedoch keinerlei Unruhe und verringerte *Ais-kaw-ba-wis'* Einfluß in keiner Weise. Wir wollten ihm einen großen Anteil an dem mitgebrachten Rum geben, aber als unser Anführer ihn holen lassen wollte, ließ er sagen, er könne nicht kommen. »Sagt dem Häuptling«, war seine Antwort, »daß er in mein Zelt kommen soll, wenn er mir etwas mitzuteilen hat«. Tatsächlich trug man ihm daraufhin den Schnaps ins Zelt. Die Wirkung des Getränks war eine gute: er schien geselliger und leutseliger zu werden, jedenfalls erschien er gegen Mitternacht schwankend in meinem Zelt. Auch nicht ein einziger Teil seines Körpers war mit einem Kleidungsstück bedeckt. Er war äußerst possierlich anzusehen, und ich verfehlte nicht, seinen Zustand zum Gegenstand unheiliger Späße zu machen.

Wir zogen dann zum Waldsee (Lake of the Woods), wo ich etwa einen Monat lang jagte, um dann in die Gegend, aus der ich herkam, zurückzukehren. Alle anderen Indianer blieben in *Me-nau-zhe-tau-naung*, um dort den

Boden vorzubereiten und Mais zu pflanzen. Ich aber begann die Konsequenzen der Feindschaft *Ais-kaw-ba-wis'* zu fühlen. Er nahm die Indianer und vor allem die Verwandten meiner Frau so sehr gegen mich ein, daß meine Lage in *Me-nau-zhe-tau-naung* unerträglich wurde und ich mich gezwungen sah, an den Roten Fluß zurückzukehren.

Um diese Zeit kamen über hundert Schotten[6] in diese Gegend, um sich unter dem Schutz der Hudson's Bay Company am Roten Fluß niederzulassen. Bei dieser Gelegenheit sah ich zum ersten Male seit ich ein Mann geworden war, zum ersten Male seit vielen Jahren, eine weiße Frau. Ich wurde in die Dienste der Hudson's Bay Company genommen, und der Geschäftsführer Mr. Hanie schickte mich, einige andere Männer und den Dolmetscher auf die Büffeljagd. Die Büffel befanden sich zu jener Zeit weit von dieser Gegend entfernt, und die Schotten waren in dringender Not um Nahrungsmittel. Ich hatte das Glück, ganz in der Nähe zwei Büffelbullen aufzuspüren und zu schießen, schickte das Fleisch zum Handelsposten und ging dann der Herde nach.

Nach einigen Tagen wurden wir um vier Handelsangestellte und etwa zwanzig schottische Arbeiter verstärkt. Die letzteren waren beauftragt, das von mir erbeutete Fleisch in mein Zelt zu bringen, von wo es auf Karren zur Niederlassung gefahren wurde. Alle diese Männer lebten in meinem Zelt, jedoch benahm sich einer der Angestellten, namens M'Donald, sehr ausfällig gegen meine Frau und meine Kinder. Mr. Hess wies ihn wiederholt zurecht, da er sich aber nicht besserte, beschwerte Mr. Hess sich bei Mr. Hanie. Daraufhin wurde M'Donald an einen mehrere Meilen entfernten Ort geschickt, wo die Indianer etwa zwanzig Büffel getötet hatten, die im Augenblick nicht fortgeschafft werden konnten. So blieb er dort zwei Monate lang allein und hatte keine andere Arbeit und kein anderes Vergnügen, als die Wölfe von dem Fleisch zu verjagen. Unter den drei bei mir verbleibenden Angestellten war ein Mr. M'Kenzie, der genau das Gegenteil von M'Donald war. Denn nach vier Monaten, als die meisten Leute in die Niederlassung zurückgerufen wurden, bat er Mr. Hanie um die Erlaubnis, noch länger mit mir zusammenbleiben zu dürfen, da er seine Kenntnisse der Ojibwa-Sprache verbessern wollte. Er blieb bis nach der Zuckersaison bei mir.

Während der vier Monate, die ich für die Hudson's Bay Company gejagt hatte, tötete ich etwa hundert Büffel. Die Hauptanzahl davon wurde in meinem Zelt gegessen, aber ich lieferte vierzig ganze fette Büffel an Mr. Hanie ab, der mir im Frühling dafür dreihundertzehn Dollars bezahlte. Diese schottischen Arbeiter, die sich während jener Zeit bei mir aufhielten, waren in ihrem Benehmen roher und brutaler als alle anderen Menschen, denen ich je zuvor begegnet war. Selbst zur Zeit des Überflusses aßen sie wie verhungerte Hunde und stritten sich stets um das Fleisch. Sie wurden von den Angestellten geschlagen und bestraft, aber sie setzten ihre Zänkereien trotzdem fort.

Mr. Hanie und der Gouverneur der Hudson's Bay Company[7] boten mir eine Dauerstellung und ein Haus an, aber ich verschob die Annahme dieses Angebots, da ich daran zweifelte, daß ihr Ansiedlungsversuch gelingen würde.

Einige der Indianer, mit denen ich am Waldsee gewesen war, kamen mir nach, verbrachten auch den Winter mit mir und kehrten dann wieder heim. Ich befand mich noch allein am Roten Fluß, als *Wa-ge-to-te* aus *Me-nau-zhe-tau-naung* herbeikam, um mir eine Botschaft meiner Schwiegereltern zu überbringen, die einige ihrer Kinder durch den Tod verloren hatten, sich einsam fühlten und mich bitten ließen, zu ihnen zu kommen. Diese Nachricht übermittelte *Wa-ge-to-te* mir in Gegenwart der Händler und einiger anderer Personen; dann aber rief er mich hinaus und sagte: »Glaube nicht, daß dein Schwiegervater dich in friedlicher Absicht nach *Me-nau-zhe-tau-naung* ruft. Als die Kinder krank waren, riefen sie *Ais-kaw-ba-wis* zu Hilfe. Er veranstaltete ein *chees-suk-kon* und behauptete, dich dabei zu sich gerufen und dich zu dem Eingeständnis gezwungen zu haben, daß du die Kinder mit böser Medizin verzaubert hättest, obwohl du zu jener Zeit am Roten Fluß warst. Er flößte deinem Schwiegervater und auch den meisten anderen Indianern der Lokalgruppe den Glauben ein, daß du die Macht über Leben oder Tod seiner Kinder gehabt hättest, und daß sie durch deinen Zauber getötet worden sind. Du kannst deshalb überzeugt sein, daß sie dich nur in der Absicht gerufen haben, dich zu töten.« Trotz dieser Warnung machte ich mich sofort auf den Weg. Hätte ich es nicht getan, so wären sie dadurch in ihrer unbegründeten Annahme meiner Schuld nur bestärkt worden.

Von den Schotten am Roten Fluß hatte ich ein neues Hemd gekauft, das ich auf dieser Reise anzog. Es verursachte mir jedoch einen so heftigen und quälenden Hautausschlag, daß ich einen Monat lang am *Be-gwi-o-nus-ko*-Fluß bleiben mußte und für lange Zeit kaum in der Lage war, mich zu rühren. Ich errichtete mein Zelt direkt am Fluß, und als ich nicht mehr gehen konnte, ernährte ich mich und meine Familie durch Fischfang. Sie legten mich in das Kanu, in dem ich drei bis vier Tage verbrachte. Nachts wurde ich mit einer Matte zugedeckt. Auch meine Frau erkrankte leicht, konnte aber wenigstens herumlaufen. Als mein Zustand sich zu bessern anfing, versuchte ich alle nur erdenklichen Medizinen. Das beste Mittel war angefeuchtetes Schießpulver, das ich in die sehr großen entzündeten Stellen einrieb. Diese von den Schotten übertragene Krankheit verbreitete sich auch unter den anderen Indianern und forderte zahlreiche Todesopfer.

Nach meiner Genesung fuhr ich den *Be-gwi-o-nus-ko* flußaufwärts und jagte an dem kleinen See desselben Namens, wo ich eine Menge Wild erlegte. Während ich mich dort noch aufhielt, kamen eines Tages vier junge Männer aus dem Indianerdorf *Me-nau-zhe-tau-naung* zu mir. In einem, der sein Gesicht geschwärzt hatte, erkannte ich meinen Schwager. Da drei seiner anderen Geschwister

Pferderennen der Sioux-Indianer

tot waren, hatten ihn der Kummer und das Gefühl der Verlassenheit bewogen, sich einer Kriegergruppe anzuschließen, um so auf ehrenhafte Weise sein ihm zum Überdruß gewordenes Leben zu opfern. Seine drei Gefährten, die ihn nicht allein gehen lassen wollten, hatten sich ihm freiwillig angeschlossen. Ich gab ihm mein Pferd und ging dann zum Waldsee zu meinem Schwiegervater, bei dem ich einige Tage lang blieb. Da zu dieser Zeit die Wildgänse in der Mauser waren und nicht fliegen konnten, fingen wir sie in Massen.

Nach vier Tagen sagte ich zu den alten Leuten: »Ich kann nicht hierbleiben, da mein kleiner Bruder weinend fortgezogen ist und von niemandem beschützt wird. Ich weiß, daß sein Weg Gefahren birgt und werde ihm folgen, um ihn darauf aufmerksam zu machen. Er sucht die Gefahr und will sich einer Kriegergruppe anschließen; oft aber liegt die Gefahr gerade dort, wo wir sie am wenigsten erwarten.« Ich wußte, daß *Wa-me-gon-a-biew* diesen Jungen beleidigen, überfallen und vielleicht töten würde, da er entfernt mit dem Manne verwandt war, der *Taw-ga-we-ninne* in Mackinac verwundet hatte. Zum mindesten aber würde er wahrscheinlich diese Tatsache zum Vorwand nehmen. *Shaw-gwaw-koo-sink* ließ sich von meiner Entschlossenheit und den von mir vorgebrachten Gründen überzeugen und wollte mich begleiten. So zogen wir denn zusammen zum Roten Fluß, wo wir hörten, daß *Wa-me-gon-a-biew* dem Jungen das ihm von mir geschenkte Pferd abgenommen und ihn sogar schon mit dem Tode bedroht hatte. Ich ging sofort zu *Wa-me-gon-a-biew*. Wegen dieses jungen Mannes wären wir bestimmt in ernsten Streit geraten, wenn nicht *Net-no-kwa* zwischen uns getreten wäre und uns getrennt hätte, gerade als wir übereinander herfallen wollten. Wir beschlossen nun alle, gemeinsam mit den Cree und Assiniboin gegen die Sioux auszuziehen, und ich warnte meinen jungen Schwager, während der ganzen Reise *Wa-me-gon-a-biew* nicht aus den Augen zu lassen. Als wir den Roten Fluß verließen, waren wir insgesamt vierzig Mann. Aber noch längst, ehe wir am Schildkrötenberg ankamen, schlossen sich uns aus den Cree- und Assiniboin-Lagern und -Dörfern so viele Krieger an, daß unsere Gruppe nun aus zweihundert Mann bestand. Als wir in der Nähe eines der Cree-Dörfer lagerten, wurden *Wa-ge-to-te* und die Häuptlinge zu einem Fest weggerufen und *Wa-me-gon-a-biew* begann von meinem Schwager zu reden. Da ich ihm nicht zuhören mochte, verließ ich das Lager und lief in der Umgebung herum und kam erst wieder, als ich glaubte, die Häuptlinge seien zurückgekehrt. Gleich merkte ich an den Gesichtern der Anwesenden, daß inzwischen etwas geschehen war. Sofort suchte ich den jungen Mann, um dessentwillen ich mich hauptsächlich sorgte, auf, fand ihn in Sicherheit und ging in mein eigenes Zelt. Auf dem Wege bemerkte ich einen alten Mann, der mein neu gewesenes, jetzt aber zersplittertes und zerbrochenes Gewehr in der Hand hielt und es zu reparieren versuchte. Sofort verstand ich, wem es zu verdanken war, daß ich mein Gewehr zu einem Zeitpunkt verlieren mußte, wo ich es so sehr brauchte. In meiner ersten Wut packte ich es und ging damit auf *Wa-me-gon-a-biew* los. Aber *Wa-ge-to-te* verhinderte mich daran, ihn zu schlagen, obwohl er selbst wie auch die anderen Häuptlinge sein Verhalten sichtlich mißbilligten.

Trotz des Verlustes meines Gewehrs kehrte ich nicht um. Ich bewaffnete mich mit meinem Gewehrkolben wie mit einer Kriegskeule, dazu mit einem Speer und zog weiter mit. An Zahl nun schon auf vierhundert Mann angewachsen, kamen wir zwei Tage später am Schildkrötenberg an. Dort hatten sich alle zu treffen verabredet, die an dem Kriegszug teilnehmen wollten. Wir hatten geglaubt, viel zahlreicher zu sein als die anderen, fanden aber zu unserem Erstaunen bereits tausend Assiniboin, Cree und Ojibwa dort vor.

Damit erst die Häuptlinge wegen der Begrüßungszeremonie miteinander Fühlung nehmen konnten, hielten wir uns zunächst in einiger Entfernung voneinander, denn es ist bei befreundeten Kriegergruppen üblich, beim Zusammentreffen zuerst in einem Schaugefecht einige Schüsse zu wechseln, die von demselben Springen, Schreien und Heulen begleitet sind wie eine wirkliche Schlacht. Hier jedoch waren beide Gruppen so zahlreich und die eine davon so sehr in der Überzahl, daß die Häuptlinge es für weiser hielten, sich in anderer Weise zu begrüßen.

Der Oberhäuptling *Match-a-to-ge-wub* (Ojibwa: »Viele sitzende Adler«; in der Cree-Sprache: *Mait-cha-to-ke-wub*) ordnete an, daß alle seine jungen Männer in ihren Zelten bleiben sollten. Nur zwanzig Krieger aus unserer Gruppe sollten die anderen begrüßen, indem sie ein die Einnahme eines Dorfes darstellendes Manöver ausführten. Ein großes Zelt, das zerschossen werden sollte, wurde aufgebaut. Unter den zwanzig für das Manöver Ausgesuchten war auch ich. Ich war mit einem Gewehr ausgerüstet, das ich mir von einem der zurückgebliebenen Männer geliehen hatte. Nur unter äußerstem Kräfteaufwand konnte ich es meinen Gefährten im Rennen, Springen, Gewehrladen und Schreien gleichtun, und obwohl wir uns viermal ausruhten, war ich bei unserer Ankunft im zerschossenen Häuptlingszelt vollkommen erschöpft. Ein Mitglied unserer eigenen Gruppe setzte sich unvorsichtigerweise und unaufgefordert während dieser Begrüßungszeremonie unserem Angriff aus. Seine Kleider wurden ihm versengt vom Rücken gerissen, sein Zelt verbrannt und er selbst schwer verletzt. Aber er hatte keinen Grund zur Beschwerde, da er sich selbst freiwillig in Gefahr begeben hatte und da außerdem sein Unglück einer ehrenvollen Unternehmung zuzuschreiben war. Schon während der ersten Nacht dieses Stammeszusammentreffens wurden drei Ojibwa getötet. Die nächsten Opfer waren zwei Assiniboin-Pferde, denen noch drei weitere folgten. Wenn solche Menschenmengen aus verschiedenen und weit entlegenen Gebieten sich versammeln, werden unwillkürlich auch einige alte Feinde zusammengebracht, und es ist durchaus nicht überraschend, daß die geringe Macht der Häuptlinge und ihr schwacher Einfluß dabei nicht ausreichen, um Unruhen und Blutvergießen zu verhindern. Besonders diesmal waren Männer aus den entferntesten Gebieten versammelt, Männer verschiedenster Geisteshaltung und Sprache; und von den ganzen Vierzehnhundert wollte kein einziger eine außerhalb seines eigenen Willens liegende Autorität anerkennen. Zu normalen Zeiten bringen sie wohl den Häuptlingen, denen zu folgen sie sich entschlossen haben, ein gewisses Maß von Respekt und Gehorsam entgegen, aber in den meisten Fällen hält dieser Gehorsam nur so lange an, als der Wille des Häuptlings mit dem der von ihm Angeführten identisch ist. Manche Indianer waren ein ganzes Jahr lang gereist, um hierherzugelangen. Zweihundert Zeltgemeinschaften hatten sogar ihre Frauen mitgebracht.

Bald nachdem wir alle uns am Schildkrötenberg vereinigt hatten, nahm mich ein vom Prärie-Fort stammender Cree in seine Familie auf, holte mein Gepäck und lud mich in sein Zelt ein. Er nannte mich stets *Ne-je* (»mein Freund«) und behandelte mich mit größter Freundlichkeit. Zahlreiche andere Männer, die kein Zelt mithatten, wurden in ähnlicher Weise in die Familien, die eines besaßen, aufgenommen.

ZWÖLFTES KAPITEL

Abergläubische Vorstellungen der Indianer – Gewalttätige und ungerechte Vorurteile – Unglück innerhalb der Familie – Reibereien zwischen der Hudsons Bay Company und der Nordwest-Pelzkompanie.

Am Abend nach diesem Vorkommnis gingen die Häuptlinge durch das Dorf und sprachen zu allen Leuten. Ihre Worte gipfelten in der Aufforderung, am nächsten Morgen lieber ins Siouxgebiet vorzustoßen, statt uns untereinander zu streiten und aufzureiben. So wurde denn das Lager aufgelöst. Die eine Hälfte der Indianer kehrte in ihre Heimat zurück, die andere zog vorwärts nach dem Sioux-Lande. Es war nun schon Spätherbst; und zwei Tage nachdem wir den Schildkrötenberg verlassen hatten, überraschten uns Regen- und Schneestürme. Zwei Pferde kamen in diesem Wetter um, aber auch viele Männer waren von gleichem Schicksal bedroht, vor allem die Ojibwa, deren jeder auf seinem Rücken ein *pukkwi* aus Birkenrinde trug, das groß genug war, um drei Männer teilweise zu bedecken. Da alle sich bemühten, den in Bedrängnis Geratenen den bestmöglichen Beistand zu gewähren, konnten viele geborgen werden.

Gleich nach dem Unwetter erfuhr ich, daß *Ba-gis-kun-nung* sich auf dem Wege zu mir befand, um mich wegen des ihm von mir entführten Pferdes zur Rede zu stellen. »Gut«, sagte ich, »ich glaube, *Ba-gis-kun-nung* hat noch ein oder zwei Pferde mehr. Sollte er mich wegen des einem ihm abgenommenen belästigen wollen, so werde ich mir noch eins wegholen.« Gegen Mittag traf er ein, aber *Wa-ge-to-te, Ke-me-wun-nis-kung* und andere der mir befreundeten Gruppe zugehörigen Männer waren bereit, jedwede etwa geplante Gewalttat zu verhindern. Ich briet mir gerade ein Stück Fleisch, als er auf mich zukam und mich etwa zwei Stunden lang stehend fixierte, ohne ein einziges Wort zu sagen. Dann ging er wieder fort.

Zwei Tage später kehrten zweihundert Assiniboin in ihre Heimat zurück. Sie wurden von den Verbleibenden geschmäht und beschimpft; jedoch schien dies ihren Entschluß in keiner Weise zu beeinflussen. Desertationen kleiner Gruppen waren nun an der Tagesordnung. In der Hoffnung, diese zu vermeiden, bestimmten die Häuptlinge fünfzig junge Männer als Wachtposten über die anderen, aber wie schon früher brachte diese Maßnahme keinen Nutzen. Als wir uns endlich auf eine Entfernung von zwei Tagesmärschen dem Dorfe, das wir angreifen wollten, angenähert hatten, waren wir nur noch vierhundert Mann stark, und von diesen waren nur sehr wenige bereit, *Match-a-to-ge-wub* zu folgen. Er brach zur üblichen Zeit auf und rückte allein vor. Aber als er etwa eine Meile von uns entfernt war und merkte, daß keiner ihm folgte, setzte er sich in der Prärie nieder. Von Zeit zu Zeit erhob sich der eine oder andere Mann, um ihm zu folgen, aber für jeden, der vorwärtsging, zogen etwa zwanzig ab. Ich erwartete mit meinem jungen Schwager das Endergebnis. Als wir sahen, daß von den einstigen vierhundert noch etwa zwanzig bereit waren, dem Häuptling weiter vorwärts zu folgen, beschlossen wir, uns diesen anzuschließen. Wir waren kaum etwas weiter vorwärtsgekommen, als einer der umkehrenden Assiniboin absichtlich das Präriegras anzündete. Nun kehrten außer dem Häuptling und einem oder zwei anderen Männern alle um. Er ging in die Nähe des Siouxdorfes, umschlich es einen oder zwei Tage lang, fand sich entdeckt und floh daraufhin, ohne Weiteres zu unternehmen. Die Sioux folgten unseren Spuren, kamen in Sicht, belästigten uns aber nicht. So kehrten wir alle sicher in unsere Heimat zurück. Das also war das Ende des großen Kriegsausfluges, für den so umfassende Vorbereitungen getroffen worden waren und von dem wir so viel erwartet hatten. Auf dem Rückweg nahm *Ke-me-wun-nis-kung* dem Assiniboin, der Feuer in der Prärie gelegt hatte, das Pferd weg und schlug ihn. Er wagte keinen Widerstand.

Als wir wieder in Pembinah angelangt waren, wurde, wie es nach Kriegszügen üblich ist, ein Trinkgelage abgehalten. Ich nahm daran teil, aber nur in sehr bescheidenem Maße. Ich hatte gerade ein bißchen getrunken, als ich jemanden verächtlich von meinem von *Wa-me-gon-a-biew* zerbrochenen Gewehr reden hörte. Mein Messer hatte ich an einen Mann verborgt, der Tabak damit schneiden wollte. Aber am Feuer lag ein angespitzter Stab, an dem Fleisch geröstet worden war. Mit diesem Stab in der Hand lief ich los, und da ich *Wa-me-gon-a-biews* Pferd neben seinem Zelte stehen sah, stach ich auf das Tier ein und gebrauchte dabei mit lauter Stimme genau dieselben Worte, die sein Besitzer beim Zerbrechen meines Gewehres gesprochen hatte. Das Pferd fiel augenblicklich nieder, starb aber erst am nächsten Morgen.

Wir kehrten danach zu sechst zum Waldsee zurück. Unser Anführer *She-gwaw-koo-sink*, der über das Geschehene etwas beunruhigt war, verließ uns in einem kleinen Kanu noch während der Nacht. Ich wollte keinesfalls um diese Zeit abreisen, auch nicht im Morgengrauen, damit *Wa-me-gon-a-biew* nicht dächte, ich hätte etwa Angst vor ihm. Ich hielt mich so lange in der Nähe seines Zeltes auf, bis ich sowohl ihn als auch *Net-no-kwa* gesehen und die Hände aller meiner Freunde geschüttelt hatte. Erst gegen Mittag folgte ich *She-gwaw-koo-sink* nach, der im Walde auf mich wartete. *Wa-me-gon-a-biew* beschwerte sich nicht darüber, daß ich ihm sein Pferd getötet hatte; wahrscheinlich sah er dies als ganz natürlich an, denn jeder Indianer erwartet, daß jede von ihm begangene Rechtsübertretung auch sofort ihre Sühne findet. Ein Mann, der in einem solchen Falle nicht die angemessene Rache nimmt, wird von ihnen nur wenig geachtet.

Am *Muskeeg*- oder Sumpf-Tragplatz wurden wir von schwerem Schneefall und bitterem Frost überrascht. Die Bäume knackten vor Kälte, trotzdem war das Wasser des

Sumpfes noch nicht tief genug gefroren, um uns tragen zu können. Andererseits konnten wir aber nicht mehr in den Kanus reisen. Selbst äußerster Kräfteaufwand genügte nicht, um sie von der Stelle zu bringen. Hungrig und übermüdet setzten wir uns nieder, um einen Ausweg zu überlegen, als wir plötzlich unsere Frauen erblickten, die vom Waldsee herkamen und ihre leichten Kanus durch Wasser, Eis und kniehohen Schnee hinter sich herzogen. Es waren meine Frau, die Frauen von *She-gwaw-koo-sink* und *Ba-po-wash* und meine Schwiegermutter. Unsere anderen drei Gefährten, deren Frauen nicht mitgekommen waren, mußten allein zum Waldsee zurückkehren. Die Frauen lachten uns aus und sagten, wir benähmen uns nicht wie Krieger, sondern wie alte Weiber, da wir uns vor ein wenig Wasser und Eis fürchteten und vor Kälte zitternd in einem festgefrorenen Kanu saßen. Sie hatten Mais, Störe und andere Nahrungsmittel mitgebracht. Wir kehrten mit ihnen zu unserem letzten Lager zurück, wo wir uns ein paar Tage ausruhten, und gingen dann zum Roten Fluß, um dort den Winter zu verbringen.

Dort lag kein Schnee, aber es war außerordentlich kalt und die Erde so hart gefroren, daß es fast unmöglich schien, irgendwelches Wild zu erlegen. Ohne den geringsten Erfolg jagte ich Tag für Tag. Wir litten bereits den äußersten Hunger, als es mir endlich unter den größten Schwierigkeiten gelang, an einen Moose-Elch heranzuschleichen. Ich wollte gerade auf ihn zielen, als mein Lieblingshund, den ich im Zelt zurückgelassen hatte, mir nachgelaufen kam und den Elch verscheuchte. Nach Hause zurückgekehrt, rief ich den Hund vor dem Zelt zu mir und sagte ihm, daß ich durch seine Schuld ohne Nahrung zu meinen Kindern hätte zurückkehren müssen. Daraufhin tötete ich ihn und gab ihn meiner Familie zu essen.

Da auch die anderen Familien sich in verzweifelter Not befanden, baten sie mich, eine Medizinjagd zu veranstalten. So schickte ich den *Me-zhick-ko-naum* nach meiner

Trommel und wies meine Familie an, sich in einer Stellung niederzulegen, die sie mindestens die halbe Nacht lang beibehalten konnte. Denn wenn ich erst mit meinen Gebeten und Gesängen begonnen hatte, durfte niemand sich bis zum Ende rühren. Ich habe stets das Gefühl gehabt, daß mein gesamtes Dasein von dem Willen einer unsichtbaren, mir überlegenen Macht abhinge. Nie aber habe ich dies stärker empfunden als zu Zeiten der Verzweiflung und der Gefahr. Ich betete mit äußerstem Ernst und in der Überzeugung, mich an ein verständnisvolles und hilfreiches Wesen zu wenden, das ich bat, die Leiden meiner Familie zu sehen und Erbarmen mit uns zu haben. Am nächsten Tage tötete ich einen Moose-Elch, und bald danach begann ein starker Schneefall, der uns aus der Gefahr unmittelbaren Verhungerns errettete.

Aber trotz dieser vorübergehenden Erleichterung kehrte keineswegs etwa der Überfluß bei uns ein. Eines Tages fand ich auf der Jagd die Spur eines Bären. Meine Hunde nahmen sie drei Tage lang auf, hatten ihn aber auch dann noch nicht gestellt. Meine Mokassins und Gamaschen waren in Fetzen, und ich fühlte mich vom unmittelbaren Hungertode bedroht. Ohne mehr als acht Fasane erbeutet zu haben, sah ich mich zur Heimkehr gezwungen. *Me-zhick-ko-naum*, *Be-po-wash* und die anderen Indianer verließen mich nun, aber allein zurückgeblieben, vermochte ich bald genug Wild zu töten, um für den Bedarf meiner eigenen Familie zu sorgen. Ich verbrachte dort noch den Rest des Winters, aber im Frühling kehrten meine Freunde zurück, und wir gingen gemeinsam zu unserem Dorf am Waldsee.

Leider erwartete mich in *Me-nau-zhe-tau-naung* vielerlei Unglück. (Ich habe hier die Erwähnung eines wichtigen früheren Ereignisses kurz nach dem Tode meines Freundes *Pe-schau-ba* vergessen.) Ich befand mich damals in unseren Maisfeldern am Toten Fluß, als ein Ojibwa vom Roten See namens *Gi-ah-ge-wa-go-mo* während meiner Abwesenheit in mein Zelt ging und einen meiner Söhne, einen sechsjährigen Jungen, mitnahm. Sobald ich zurückkehrte, teilte mir meine Frau das Geschehene mit, und ich machte mich sofort an die Verfolgung. Nach einer Tagesreise holte ich *Gi-ah-ge-wa-go-mo* ein und nahm ihm ohne seine Zustimmung eines seiner Pferde ab, um meinen Sohn darauf zurückbringen zu können. Außerdem drohte ich ihm mit strengster Bestrafung, falls er es etwa nochmals wagen sollte, seinen Versuch zu wiederholen. Aber vier Monate später, als die Erde schon von Schnee bedeckt war und ich von der täglichen Jagd zurückkehrte, mußte ich dieselbe Geschichte von der Entführung meines Sohnes durch *Gi-ah-ge-wa-go-mo* noch einmal hören. Ich war nun sehr aufgeregt, erkundigte mich bei den anderen Männern danach, welches Pferd er geritten hatte, bestieg mein eigenes bestes Reittier und verfolgte den Räuber. Er war zwar von dem Lager, wo ich ihn beim ersten Male erwischt hatte, weggezogen, aber ich holte ihn während der Reise ein. Als ich mich der Gruppe näherte, sah ich, daß *Gi-ah-ge-wa-go-mo* und sein Begleiter *Na-na-bush* als Nachhut ihrer Freunde im Gebüsch auf mich warteten. Kaum war ich in Schußweite, als ich sie anrief (damit sie wußten, daß ich sie entdeckt hatte). Mein geladenes und schußbereites Gewehr im Arm ritt ich an ihnen vorüber. Ich holte die anderen ein, erblickte meinen kleinen Jungen und nahm ihn ohne abzusteigen zu mir. Dann drehte ich mich um, um *Gi-ah-ge-wa-go-mo* und *Na-na-bush* wieder zu begegnen. Sie hatten nun das Dickicht verlassen und standen auf dem Pfad. *Gi-ah-ge-wa-go-mo* hielt sein Lieblingspferd beim Halfter. Als ich auf sie zuritt, ließ ich meinen Jungen mit den Zügeln in der Hand auf dem Pferde sitzen. Dann stieg ich ab und stach mit einem extra zu diesem Zweck mitgebrachten Messer zweimal auf *Gi-ah-ge-wa-go-mos* Pferd ein. Er packte sein Gewehr wie eine Keule und wollte es auf mich niedersausen lassen. Ich fing es jedoch auf und entwand es seinen Händen. Er drohte, mein Pferd zu erschießen, sobald er ein Gewehr erwischen würde, woraufhin ich ihm sein eigenes mit der

Aufforderung zurückgab, dies gleich jetzt zu tun. Aber er wagte es nicht. »Mir scheint«, sagte ich, »du hast vergessen, was ich dir vor vier Monaten sagte, als du meinen Sohn zum ersten Male entführen wolltest. Ich aber habe es, wie du siehst, nicht vergessen.« Damit verließ ich ihn. Meine Freunde konnten kaum glauben, daß ich sein Pferd getötet hatte. Sie machten mir jedoch keine Vorwürfe über meine Handlungsweise, was übrigens *Gi-ah-ge-wa-gomo* selbst ebenfalls nicht tat. Zum mindesten kam mir niemals eine etwa von ihm herrührende derartige Äußerung zur Kenntnis, und seit jenem Vorfall hat er mich nie wieder belästigt.[1]

Nach *Me-nau-zhe-tau-naung* zurückgekehrt, ging ich nun daran, mir ein Feld zu roden. Ich fand jedoch die dortigen Indianer, die vor allem von *Ais-kaw-ba-wis* gegen mich aufgehetzt worden waren, so unfreundlich, daß ich mich entschloß, sie zu verlassen. Da erlitt ich jedoch einen Unfall, der mir monatelang zu schaffen machte. Ich war nämlich in einen hohen Baum hinaufgestiegen und schlug ihm die Zweige ab. Nachdem der größte Teil dieser Arbeit getan war, stieg ich noch höher, um die Spitze ebenfalls abzuschlagen. Da schnellten einige der oberen Äste gegen die Krone eines anderen Baumes und schleuderten mir den von mir abgehauenen Teil des Stammes mit solcher Gewalt gegen die Brust, daß ich aus großer Höhe auf den Boden herabstürzte. Längere Zeit lag ich dort bewußtlos. Als ich endlich zu mir kam, versagte mir die Stimme, so daß ich die Indianer nicht bitten konnte, mir etwas Wasser zu bringen. Bei dem Versuch, mein Zelt zu erreichen, fiel ich dreimal in Ohnmacht.

Da einige meiner Rippen gebrochen waren, dauerte es lange, bis ich wieder imstande war, ohne Hilfe zu gehen. Als jedoch Dr. M'Laughlin, der am Regensee Handel trieb, von meinem Zustand hörte, schickte er einen Mr. Tace zu mir, der mich in sein Haus am Weißfischsee (White Fish Lake) brachte. Dort litt ich lange an blutigem Erbrechen und fühlte bei jeder Bewegung das Vorhandensein einer heißen Flüssigkeit in meinem Körperinneren. Mr. Tace und andere Herren der Nordwestkompanie behandelten mich mit größter Aufmerksamkeit und Freundlichkeit. Gegen Ende des Winters war endlich eine Besserung in meinem Befinden eingetreten, aber ich erlitt noch einmal einen Rückfall und war unfähig, zu jagen.

Als wir im Frühling die langen Stromschnellen des Regensee-Flusses (Rainy Lake River) hinauffuhren, kenterten und sanken unsere Kanus, und ich trug meine Kinder auf meinem Rücken ans Ufer. Auch Mr. Taces Kanu ging unter, aber alle darin Befindlichen wurden gerettet. Einige Tage später erreichten wir den Handelsposten des Dr. M'Laughlin am Regensee. Er war so freundlich, mir ein Zimmer in seinem Hause zur Verfügung zu stellen, wo meine Kinder eine Zeitlang meine Pflege übernahmen. Alles Notwendige wurde mir gegeben, und der Doktor wollte mich ein Jahr lang bei sich behalten; aber ich fühlte mich einsam und unbefriedigt und wollte zum Waldsee (Lake of the Woods) zurückkehren, wo meine Frau sich aufhielt. Auch hoffte ich, daß die mir durch *Ais-kaw-ba-wis* verursachten Unannehmlichkeiten nun aufhören würden.

Ich wurde dort jedoch nicht so empfangen, wie ich gehofft hatte; trotzdem blieb ich im Dorfe, bis der Mais gepflanzt worden war. Dann zogen wir fort, um die in dieser Gegend in großen Mengen wachsenden Blaubeeren zu trocknen. Danach gingen wir zu den Reissümpfen und kehrten dann zurück, um den Mais zu ernten. Das waren unsere Beschäftigungen während des Sommers.

Im Spätherbst wurde ich wieder krank, denn ich war noch immer nicht ganz von dem Fall vom Baume genesen; außerdem machte sich wieder eine neue Krankheit unter den Indianern bemerkbar. Eines Tages lag ich in meinem Zelt, ohne mich aufzusetzen oder herumlaufen zu können. Die Frauen arbeiteten auf dem Felde. Ganz unerwartet kam plötzlich meine Schwiegermutter mit einer Hacke in der Hand zu mir herein und schlug mich damit auf den Kopf. Ich konnte mich kaum wehren und versuchte es auch gar nicht, sondern fand mich mit dem Gedanken ab, sterben zu müssen, da ich glaubte, daß sie mich ganz sicherlich töten würde. Während sie auf dem Felde arbeitete, hatte sie aus Schmerz um ihre verstorbenen Kinder zu weinen begonnen, und da sie nun glaubte, den Mann, der nach ihrer Ansicht deren Tod verursacht hatte, in ihrer Gewalt zu haben, lief sie zu mir, um mich zu töten. Aus einem mir unbekannten Grunde jedoch ließ ihre Wut, nachdem sie einige Zeit lang auf mich eingeschlagen hatte, plötzlich nach, und da ich meinen Kopf mit meiner Decke geschützt und mit meinen Armen und Händen die dem ersten Angriff folgende Schläge abgewehrt hatte, war ich weniger schwer verletzt, als ich Grund gehabt hatte anzunehmen. *Ais-kaw-ba-wis* hatte meine Schwiegermutter derartig aufgehetzt, daß sie nicht mehr im geringsten an meiner Schuld zweifelte, ihre Kinder getötet zu haben. Da ich dieses klar erkannte, nahm ich ihr ihre Handlungsweise weniger übel, als ich es sonst getan haben würde. Obgleich sie jedoch davon abgesehen hatte, mir das Leben zu nehmen, verstärkten sich ihre unfreundlichen Gefühle gegen meine Frau und mich von Tag zu Tag. Dazu trug weiter der Umstand bei, daß ich wegen meiner Krankheit längst nicht mehr so gut wie vorher für meine Familie sorgen konnte. Trotz aller dieser entmutigenden und niederdrückenden Umstände kehrten meine Gesundheit und Kraft langsam zurück, und als sich die Indianer im Spätherbst auf die Wanderschaft begaben, um einen Händler aufzusuchen, war ich imstande, sie zu begleiten.

Ich besaß ein kleines Kanu, in dem ich mit meinen Kindern reiste, während meine Frau und meine Schwiegermutter mit den Nahrungsvorräten und dem Gepäck in einem größeren nachfolgten. Während des ersten Reisetages fuhr ich mit den anderen Indianern voran und überließ es den Frauen, mich an unserem ausgemachten

Lagerplatz zu treffen. Ich fällte Holz für die Zeltstangen und stellte sie auf, aber weder die *pukkwi* noch der Proviant noch die Frauen erschienen. Am nächsten Tag schämte ich mich, den anderen gestehen zu müssen, daß ich nichts zu essen hatte. Die Kinder begannen vor Hunger zu weinen, und es war mir peinlich, mich bei den übrigen Indianern aufzuhalten. Mir war klar geworden, daß meine Frau mich verlassen hatte, und es bestand kein Grund zu der Annahme, daß sie bald zu mir zurückkehren würde. Ich fuhr deshalb den anderen Indianern voraus und überholte die Stelle, wo sie, wie ich wußte, ihr nächstes Lager aufschlagen wollten. Hier gelang es mir, einen fetten Schwan zu erlegen, und ich konnten meinen Kindern dadurch etwas Nahrung geben. Es wurde bereits sehr kalt, und ich hatte eine ziemlich große Wasserfläche zu überqueren. Der Seegang war recht stark, aber ich wollte mich keinesfalls von den Indianern überholen lassen. So ließ ich denn die Kinder sich im Kanu niederlegen und bedeckte sie mit einem großen Büffelfell. Stärker und stärker wehte der Wind, und die Wellen schlugen über meinem kleine Kanu zusammen. An den Seiten bildete sich Eis, die Kinder wurden naß und hatten sehr zu leiden. Auch ich war von der Kälte so mitgenommen, daß ich das Kanu nicht ordnungsgemäß steuern und vorwärtsbewegen konnte. Ganz nahe an dem Ufer, wo ich zu landen gehofft hatte, wurde das Boot gegen eine felsige Sandbank geworfen und zerschmettert. Zum Glück war das Wasser bei diesen Felsen und von dort bis zum Ufer nicht tief, und obwohl eine dünne Eisschicht sich gebildet hatte, konnte ich sie aufbrechen und meine Kinder ans Land tragen. Da aber mein Zunderholz naß geworden war und ich über keine Möglichkeit verfügte, ein Feuer anzuzünden, wären wir dort beinahe vor Kälte gestorben. Jedoch kam mir der Gedanke, mein Pulverhorn zu zerbrechen, in dessen Mitte ich etwas trockenes Schießpulver fand, an das das Wasser nicht herangekommen war. Damit gelang es mir, ein Feuer anzuzünden, das uns allen das Leben rettete. Am nächsten Tage kam Mr. Sayre vom nahe gelegenen Handelsposten herbei, der von meiner Lage gehört hatte. Die Indianer hatten ihm gemeldet, daß ich verschwunden sei, und so hatte er mich gesucht, um mich zum Hause zu bringen. Hier nahm ich Vorschuß für meine gesamte Familie, obgleich ich nicht wußte, ob meine Frau mir nachfolgen würde oder nicht.

Der Häuptling dieses Gebietes, der mir bereits vorher die Erlaubnis gegeben hatte, auf einem von mir ausgewählten kleinen Stück Land zu jagen, ohne daß seine Leute mich daran behindern durften, versuchte nun, mich zu überreden, doch keinesfalls den Winter dort allein zu verbringen. Er sagte, ich sollte mich entweder bei den anderen Indianern aufhalten oder aber eine andere Frau nehmen. Da meine Kinder zu jung waren, um mir helfen zu können, und da meine Gesundheit noch recht schwankend war, hielt er es für außerordentlich unvorsichtig von mir, mich während des Winters allein durchschlagen zu wollen. Ich aber mochte nicht auf seine guten Ratschläge hören. Ich hatte weder Lust, mit den Indianern zu leben, noch eine andere Frau zu nehmen. Deshalb legte ich mir sofort einen Pfad an, der zu meinem Winterjagdgrund führte. Zuerst trug ich die im Handelsposten erstandenen Waren dorthin und holte dann die Kinder nach. Meine Tochter Martha war gerade drei Jahre alt, und die anderen Kinder waren noch kleiner. Kurz nachdem ich den Jagdgrund erreicht hatte, geriet ich in bitterste Not, aus der ich jedoch durch eine Medizinjagd errettet wurde.

Ich hatte keine *pukkwi* oder Matten, um mein Zelt damit zu bedecken und mußte deshalb einen Unterschlupf aus Pfählen und langem Gras bauen. Ich reinigte und gerbte Elchfelle und machte für mich und die Kinder Mokassins und Gamaschen. Außerdem beschaffte ich unser Feuerholz und kochte für mich und die Meinen, fertigte uns Schneeschuhe an usw.[2] Die viele Hausarbeit verhinderte mich am Jagen, und so war ich denn oft ganz verzweifelt und wußte nicht, woher ich uns genügend

Nahrung verschaffen sollte. Während der Nacht tat ich die im Zelt notwendigen Arbeiten, und sobald es hell genug war, holte ich das Feuerholz und erledigte die Außenarbeiten. Dazwischen besserte ich meine und der Kinder Kleider aus und reparierte die Schneeschuhe. Während dieses ganzen Winters hatte ich stets nur wenige Stunden Schlaf.

Auch im Frühling schlug ich mich noch auf diese Weise durch, als ein junger Mann namens *Se-bis-kuk-gu-un-na* (»Starkbein«), ein Sohn des inzwischen verstorbenen *Wauz-zhe-gaw-maish-koon*, mich besuchte. Er sowohl wie seine Freunde, die in der Nähe ihr Lager aufgeschlagen hatten, waren dem Hungertode nahe. Meine Hunde waren nun schon so gut abgerichtet, daß sie einen halben Moose-Elch ziehen konnten. So belud ich den Schlitten mit Fleisch und sagte ihm, er solle mit den Hunden zu seinen Leuten gehen und sie zu mir bringen, um mit mir zu leben. Drei Tage später kamen sie an. Aber obwohl ihr Hunger durch das ihnen übersandte Fleisch gemildert worden war, sahen sie so heruntergekommen aus, daß sie bestimmt gestorben wären, wenn sie mich nicht getroffen hätten.

Als die Zeit zum Säen kam, sandten die Händler der Nordwestkompanie Boten mit Geschenken an alle Indianer, um sie aufzufordern, an einem Überfall auf den Handelsposten der Hudson's Bay Company am Roten Fluß teilzunehmen. Mir kamen diese Kämpfe zwischen Verwandten[3] unnatürlich vor und ich mochte nicht daran teilnehmen, obwohl ich seit langem mit der Nordwestkompanie Handel getrieben hatte und mich gewissermaßen als zu ihr gehörig betrachtete.[4] Viele andere Indianer jedoch folgten dem Rufe, und zahlreiche Grausamkeiten und Morde wurden verübt. Auf der Seite der Nordwestkompanie waren viele Halbblutindianer, unter denen besonders einer namens Grant hervorragte. Viele Leute der Hudson's Bay Company wurden im offenen Kampfe getötet, andere wurden nach ihrer Gefangennahme umgebracht.

Einem Mr. M'Donald oder M'Dolland, der als ein Gouverneur der Hudson's Bay Company bezeichnet wurde, lauerte man auf, und er fiel in die Hände eines Mr. Herschel oder Harshield, einem Angestellten der Nordwestleute. Dieser Mann zwang ihn, mit einem Franzosen und einem Halbblut ein Kanu zu besteigen. Die Insassen hatten den Auftrag, ihn zu töten und ins Wasser zu werfen. Als sie sich in einiger Entfernung befanden, wollte das Halbblut (sein Name war Maveen) den Gouverneur töten, aber der Franzose lehnte sich dagegen auf. So ließen sie ihn denn auf einer kleinen Felseninsel zurück, von der er nicht entkommen konnte, so daß sie ihn dem sicheren Untergang preisgegeben glaubten. Er wurde jedoch dort von einigen Muskegoe-Indianern gefunden und befreit. Mr. Harshield schlug und beschimpfte den Franzosen, der es verabsäumt hatte, den in seiner Gewalt befindlichen Gouverneur zu töten. Er schickte nun andere Männer aus, um ihn zu verfolgen. Tatsächlich wurde der Gouverneur wieder gefangengenommen und aufs neue dem Halbblut Maveen übergeben, dazu einem Weißen, der einst Soldat gewesen war und dessen bekannte Brutalität ihn für den Auftrag geeignet erscheinen ließ. Die beiden ermordeten den Gouverneur in einer Weise, deren Details zu grausam und widerwärtig sind, um sie hier wiederzugeben, und kehrten mit einem genauen Bericht über ihre Tat zu Mr. Harshield zurück.

Nachdem der Handelsposten am Roten Fluß niedergebrannt und die Leute von der Hudson's Bay Company aus der Gegend vertrieben worden waren, ließen die von der Nordwestkompanie angestellten Indianer und Halbblutindianer sich an einem Ort namens *Sah-gi-uk* am Abfluß des Winnipegsees nieder, um alle Hudson's Bay Company-Leute, die etwa aus dieser Gegend kommen könnten, zu entdecken und umzubringen. Mein Schwager *Ba-po-wash* hatte endlich genug davon, dort Hunger zu leiden und kehrte in unser Dorf zurück, wo ich geblieben war, da ich mich weigerte, an diesen Kämpfen teilzunehmen, auf welcher Seite es auch sei. Auf seiner Reise traf er einen Mr. M'Dolland von der Hudson's Bay Company, der mit seinem Dolmetscher Mr. Bruce nach der gefährlichen Stelle unterwegs war. Dieser Herr wollte den Ratschlägen des Mr. Bruce, der mit der Situation in diesem Gebiet weit besser vertraut war und für seine Sicherheit fürchtete, durchaus kein Gehör schenken. Als sie *Ba-po-wash* trafen, den Mr. Bruce genau kannte, erhielten sie durch ihn unter dem Vorwand, auf Seiten der Nordwestkompanie zu stehen, genaue Nachrichten über alles Vorgefallene. Endlich konnte nun Mr. M'Dolland sich von der Wahrheit der Angaben überzeugen und ließ sich zur Rückkehr überreden, wodurch er höchstwahrscheinlich sein Leben rettete.

Er besuchte mich dann in *Me-nau-zhe-tau-nung*, und ich konnte die Mitteilungen *Ba-po-washs* nur bestätigen. Daraufhin eilte er zum Mariensprung zurück, wo er Lord Selkirk traf, der gerade im Lande eingetroffen war, um die Angelegenheiten der beiden konkurrierenden Firmen endgültig zu regeln.

Ich verbrachte den Sommer wie gewöhnlich in stiller Zurückgezogenheit, jagte, arbeitete im Maisfeld, sammelte wilden Reis und fischte. Als wir von den Reissümpfen zurückkehrten, machte ich auf dem Wege nach dem Regensee auf einer der dort gelegenen kleinen Inseln halt, um einen Bären zu jagen, dessen Versteck ich schon seit langem kannte. Nachdem ich diesen Bären getötet hatte und nachts still in meinem Zelte lag, hörte ich zu meinem Erstaunen vom Eingang her eine Stimme, die ich sogleich als die des bereits erwähnten Mr. Harshield erkannte. Ich erfuhr von ihm, daß er sich auf der Suche nach jemandem befände. Als er mein Licht aus der Entfernung bemerkte, glaubte er, es käme aus dem Lager des Lord Selkirk und hatte mein Zelt mit der listigen Heimlichkeit eines indianischen Kriegers beschlichen – sonst hätte er nicht so nahe an mich herankommen können, ohne daß ich es bemerkte. Anfangs verriet er mir seine Absicht, Selkirk umzubringen, nicht, aber ich kannte ihn und seinesgleichen und war sofort im Bilde. Sein kunstvoll verschleiertes Vorhaben wurde mir ebenfalls augenblicklich klar: mich dazu zu bringen, ihn zum Regensee zu begleiten. Als er jedoch merkte, daß seine Andeutungen und vorsichtigen Hinweise ihn nicht zum Ziele führten, gab er offen zu, daß er vorhabe, Lord Selkirk zu ermorden, sobald er seiner habhaft werden würde. Er rief nun seine beiden Kanus herbei, um sie mir zu zeigen. In jedem saßen zehn starke, tatkräftige und wohlbewaffnete Männer. Er wandte die verschiedensten Methoden an, um mich zum Mitgehen zu veranlassen; aber alle scheiterten an meiner entschlossenen Ablehnung.

Um jene Zeit faßte ich den Entschluß, das Land der Indianer zu verlassen und in die Staaten zu gehen. Einer der Gründe dafür war, daß ich unter den Indianern, vor allem in der durch *Ais-kaw-ba-wis* aufgehetzten Familie meines Schwiegervaters, allzu viele Unfreundlichkeiten erdulden mußte. Ich traf mich vor allem mit Mr. Bruce, der mir viele Aufklärungen und Ratschläge gab. Er war viel weiter gereist als ich, hatte viel mehr Weiße gesehen als ich, und seine Schilderungen gaben mir Mut.

Der Krieg von 1812 war jetzt vorüber, und ich glaubte, daß meiner Rückkehr in mein Heimatland nun keine unüberwindlichen Schwierigkeiten mehr entgegenstehen würden.

Ich hatte eine gute Maisernte gehabt und außerdem sehr viel wilden Reis gesammelt, und da ich den Winter am Regensee verbringen wollte, nahm Mr. Bruce, der die gleiche Reise machte, zwanzig Säcke meines Maises für mich mit. Ich folgte ihm mit meiner Familie nach. Als ich am Handelsposten am Regensee ankam, erwartete ich dort – da ich von den stattgefundenen Veränderungen noch nichts wußte – Mr. Tace vorzufinden. Statt dessen empfing mich der bereits erwähnte Hauptmann. Er behandelte mich mit großer Zuvorkommenheit und hätte mir auch Waren gegeben; jedoch war alles, was von der Nordwestkompanie her noch dort gewesen war, bereits an die Indianer verteilt worden. Mehrere Tage lang führten wir vielerlei Gespräche, die mich davon überzeugten, daß das Recht in dem Streite der beiden Handelsgesellschaften auf seiten der Hudson's Bay Company war und daß diese allein im Namen der britischen Regierung handelte. Er versprach mir seine Hilfe bei meiner geplanten Rückkehr in die Vereinigten Staaten, beschenkte mich reich, behandelte mich gut und machte mir so viele Versprechungen, daß ich mich erbot, ihn und seine Leute zum Handelshaus der Nordwestkompanie an der Mündung des Assiniboin-Flusses zu führen. Der Winter stand bereits vor der Tür, aber Hauptmann Tussenon (das war, wenn ich mich recht entsinne, sein Name) versicherte, daß seine Leute nicht am Regensee bleiben könnten, und daß es deshalb notwendig sei, zum Roten Fluß zu gehen.

Mit zwanzig Mann übernahm ich die Vorhut und führte sie zuerst zum *Be-gwi-o-nus-ko Sah-gie-gun* oder Binsensee (Rush Lake), wo wir die Pferde zurückschickten und der Hauptmann uns mit den übrigen fünfzig Soldaten einholte. Am Binsensee ließen wir uns Schneeschuhe machen, und *She-gwaw-koo-sink*, *Me-zhuk-ko-nong* und andere Indianer wurden als Jäger engagiert. Da wir große Mengen wilden Reises mit uns führten, waren wir mit Nahrung reich versehen. Wir mußten jedoch bei tiefem Schnee eine lange Strecke über die offene Prärie hinziehen. Wenn uns das Fleisch ausging, wurden die Soldaten meist rebellisch, es ereigneten sich aber keinerlei ernste Zwischenfälle. Vierzig Tage nach unserer Abreise vom Regensee kamen wir am Roten Fluß an und nahmen ohne jede Schwierigkeit das Fort an der Pembinah-Mündung ein, in dem sich nur Frauen, Kinder und ein paar alte Franzosen befanden.

Ich ließ meine Kinder in Pembinah zurück, und wir erreichten in vier Tagesreisen den Assiniboin zehn Meilen unterhalb seiner Mündung, nachdem wir kurz vorher den Roten Fluß gekreuzt hatten. Dort wurden wir von einem

Ojibwa-Anführer namens *Be-gwais* und einigen seiner jungen Leute empfangen. Unser Hauptmann schien selbst auf die Nachricht hin, daß nur zwölf Leute sich in dem Fort der Nordwestkompanie am Assiniboin befänden, nicht zu wissen, wie er dessen Eroberung zuwege bringen sollte.

Er beriet sich mit *Be-gwais*, der ihm den Rat gab, auf das Fort zuzumarschieren und dort seine Truppen zu zeigen. Dies würde zur sofortigen Übergabe führen. Als Hauptmann Tussenon mich am Regenfluß in seine Dienste genommen hatte, hatte ich ihm gesagt, ich wäre in der Lage, ihn direkt von dort bis zum Schlafzimmer des Mr. Harshield zu führen. Ich wußte, daß ich dies zuwege gebracht hätte, und war deshalb sehr unzufrieden, daß ich bei diesen seinen neuen Verhandlungen nicht zugezogen wurde. In der Nacht nun – wir befanden uns schon in unmittelbarer Nähe des Forts – sprach ich mit dem Dolmetscher Loueson Nowdan über meine Unzufriedenheit. Er kannte die Gegend sehr gut und hatte einen Halbbruder im Fort, der dort als Angestellter Mr. Harshields arbeitete. Als wir den Ort der Ratstagung verließen und am Feuer lagen, unterhielten wir uns noch lange, und Nowlan stimmte mit mir darin überein, daß wir beide allein durchaus in der Lage wären, vorzurücken und das Fort zu überraschen und einzunehmen, wenn wir nur entschlossen genug wären, den Versuch zu wagen. Wir teilten dies einigen Soldaten mit, die sich uns anschlossen. Weder Hügel, Gebüsche noch andere Dinge waren in Sicht, um unseren Anmarsch zu verbergen, aber die Nacht war dunkel und so furchtbar kalt, daß wir nicht an eine sorgfältige Bewachung des Forts glaubten. Wir machten eine Leiter, wie die Indianer sie benutzten, schlugen einen Baum und ließen die Ansatzstellen der Äste lang genug, um als Sprossen zu dienen. Diese Leiter lehnten wir an die Umzäunung des Forts, stiegen hinüber und gelangten ins Innere, und zwar kamen wir gerade bei der Schmiedewerkstatt an, wo wir einer nach dem anderen leise niederstiegen. Nachdem genug Männer auf diese Weise hineingelangt waren, gingen wir auf die Suche nach den Bewohnern. An der Tür jedes Raumes, in den wir eindrangen, ließen wir zwei bis drei Bewaffnete zurück, damit niemand sich dort versammeln oder anderswie zum Widerstand rüsten konnte. Erst bei Tageslicht entdeckten wir das Schlafzimmer Harshields. Als er unser Eindringen bemerkte, kam er schwer bewaffnet herbei und versuchte, uns Widerstand zu leisten, jedoch überwältigten wir ihn mit Leichtigkeit. Er wurde gebunden, da er aber sehr laut und beleidigend war, befahl uns der inzwischen mit dem Hauptmann herbeigekommene Gouverneur, ihn in den Schnee hinauszuwerfen. Es war dort jedoch so kalt, daß er einfach erfroren wäre. So durfte er wieder hereinkommen und sich am Feuer aufhalten. Als er mich unter seinen Feinden erkannte, wußte er sofort, daß ich die Gruppe geführt haben mußte, und warf mir laut meine Undankbarkeit vor, denn er behauptete, mir früher viele Gefälligkeiten erwiesen zu haben. Ich antwortete ihm, daß er seine Freunde, Menschen seiner eigenen Hautfarbe, ermordet hätte und daß ich mich wegen dieser Taten und wegen seiner anderen Verbrechen mit seinen Feinden zusammengetan hätte. »Als du im Herbst zu meinem Zelt kamst und ich dich freundlich aufnahm«, sagte ich, »sah ich noch nicht, daß deine Hände vom Blute deiner eigenen Verwandten rot waren. Ich hatte noch nicht die Asche der Häuser deiner Brüder gesehen, die du am Roten Flusse verbrennen ließest.« Aber er fuhr fort, nicht nur mich, sondern auch die Soldaten und jeden, der sonst in seine Nähe kam, zu verfluchen und zu beleidigen.

Nach zwanzig Tagen kehrte ich nach Pembinah zu meiner Familie zurück und ging dann mit *Wa-ge-to-te* in die Prärie auf die Büffeljagd. Ich erfuhr nun, daß viele Halbblutindianer dieser Gegend wegen meiner Handlungsweise gegen die Nordwestkompanie sehr aufgebracht waren, und einer der Anführer sagte, daß man mir nach dem Leben trachte. Ich ließ ihnen zur Antwort sagen, daß sie mich schon im Schlaf überfallen müßten (wie ich es mit den Leuten der Nordwestkompanie getan hatte), andernfalls würden sie nicht imstande sein, mir etwas anzutun. Sie kamen tatsächlich in meine Nähe und umschlichen mich mehrere Male in der deutlichen Absicht, mich zu töten, aber konnten ihre Absicht nicht verwirklichen.

Ich verbrachte den Rest des Winters mit den Indianern und kehrte dann an den Assiniboin zurück. Im Frühling kam auch Lord Selkirk von Fort William, und einige Tage später erschienen Mr. Cumberland und ein anderer Angestellter der Nordwestkompanie in einem Kanu. Da sie nicht am Fort haltmachten, ließ Lord Selkirk sie zu Boot verfolgen, zurückbringen und gefangennehmen.

Auch die Leute vom Handelshause am Mausfluß, das der Nordwestkompanie gehörte, kamen um diese Zeit an. Sie fürchteten sich aber, das Fort zu passieren und machten deshalb in einiger Entfernung davon halt, um ihr Lager aufzuschlagen. Nun begannen die Indianer aus den weitergelegenen Gebieten, die noch nichts von den stattgefundenen Veränderungen und Unruhen wußten, sich zu versammeln und waren sehr erstaunt, ihre gewohnten Händler nicht mehr im Besitz des Forts anzutreffen.

Lord Selkirk wartete schon lange Zeit auf die Ankunft des Richters, der allen Kapitalverbrechern den Prozeß machen und gleichzeitig den Streit der beiden rivalisierenden Handelskompanien schlichten sollte. Er wurde nun äußerst ungeduldig und schickte einen Boten mit Proviant und Geschenken nach *Sah-gi-uk*. Dieser hatte den Auftrag, so lange nach dem Richter zu suchen, bis er ihn gefunden hätte. In einem der Häuser der Nordwestkompanie in der Nähe von *Sah-gi-uk* wurde dieser Mann von einem Angestellten namens Black gefangengenommen und schwer verprügelt. Aber gerade um diese Zeit traf der Richter ein und Mr. Black floh gemeinsam mit einem Mr. M'Cloud. Sie versteckten sich unter den Indianern, und auch als Richter Codman sie vom Roten Fluß aus suchen ließ, konnten sie nicht gefunden werden.

Die Prozesse nahmen eine lange Zeit in Anspruch, und täglich wurden zahlreiche Gefangene entlassen. Mr. Harshield jedoch und das Halbblut Maveen wurden in schwere Eisen gelegt und schärfer bewacht. Um nicht parteiisch zu erscheinen, hatte der Richter in der Mitte zwischen unserem Fort und dem Lager der Leute von der Nordwestkompanie sein Hauptquartier aufgeschlagen.

Eines Morgens stand ich an der Pforte des Forts, als ich den Richter, einen großen fetten Mann, auf mich zukommen sah. In seiner Begleitung waren Mr. M'Kenzie, ein Halbblut namens Cambell und ein alter Nadoway-Indianer. Sie betraten das Haus, in dem Selkirk sich aufhielt. Cambell folgte dem Richter. Er hatte ein Stück Papier in seiner einen Hand und legte die andere auf Selkirks Schulter, wobei er etwas sagte, was ich nicht verstand. Es folgte eine lange Unterredung, von der ich kein Wort verstehen konnte, jedoch beobachtete ich, daß sowohl Mr. M'Kenzie als auch Cambell fast den ganzen Tag stehend verbrachten. Es war schon fast dunkel, als Nowlan mir mitteilte, daß der Richter die Nordwestkompanie zu einer beträchtlichen Geldstrafe verurteilt hatte (ich weiß nicht mehr, ob es dreihundert oder dreitausend Dollars waren) und daß Lord Selkirk aus der Untersuchungshaft entlassen worden war. Anschließend verließen Mr. M'Kenzie und Mr. Cambell das Fort und wurden auf dem Wege zu ihrem Lager von den Leuten der Hudson's Bay Company mit Schimpfreden überhäuft. Der Richter jedoch blieb und dinierte mit Lord Selkirk.

Oberst Dickson, der jetzt am Roten Fluß stationiert war, sandte einen Mann aus, die veränderte Sachlage mitzuteilen. Im vorhergehenden Winter waren, gerade als ich nach Pembinah zurückgekehrt war, zwei Ojibwa-Frauen dort mit Pfeifen aus dem Sioux-Lande eingetroffen, um die Ojibwa zu veranlassen, mit ihren Feinden Frieden zu schließen.[5] Diese Frauen waren Gefangene der Sioux gewesen, und ihre Freilassung sowohl wie die von ihnen überbrachte Botschaft sollte den Wunsch der Sioux anzeigen, mit den Ojibwa Frieden zu schließen.

Eine dieser Frauen war mit einem Sioux verheiratet, und ihr Mann hing sehr an ihr. Als die öffentliche Meinung der Sioux ihre Rücksendung zu den Ojibwa forderte, sandte ihr Sioux-Ehemann eine Botschaft an ihren früheren Ojibwa-Ehemann und bot ihm im Austausch gegen sie diejenige seiner eigenen Frauen an, die er zu wählen wünschte. Jener Ojibwa-Ehemann aber war nicht gewillt, das Angebot des Sioux anzunehmen, und es fand sich auch niemand bereit, seine abschlägige Antwort auszurichten, bis endlich Mr. Bruce (der vorhin erwähnte Dolmetscher) seine Vermittlung anbot. Obwohl diese Verhandlungen nicht gerade zu einem Resultat führten, machten sie doch die Gemüter der Sioux der Botschaft des Obersten Dickson zugänglicher. Sie leisteten seiner Aufforderung Folge und schickten zweiundzwanzig Abgeordnete, dazu zwei gefangene Ojibwa, die sie freiließen.

Über den angeblichen Friedensschluß zwischen den Sioux und den Ojibwa wurde viel gesprochen, und Oberst Dickson prahlte oft damit, daß die Sioux keinesfalls als erste den Friedensvertrag brechen würden, da sie nichts ohne seine Zustimmung unternähmen. Er war gerade wieder dabei, solche Reden zu führen, als ein Ojibwa-Häuptling an der Spitze von vierzig Mann erschien, die noch blutige Pfeile in ihren Händen trugen. Diese waren von den Sioux in einem Handelsposten, dessen Besitzer Mr. Dickson selbst war, auf die Ojibwa abgeschossen worden und hatten verschiedene Leute getötet. Damit hörte das Renommieren auf. Auch Lord Selkirk rief nun die Indianer zusammen, beschenkte sie mit Tabak, Alkohol usw. und hielt ihnen eine jener langen und väterlichen Reden, wie sie in den indianischen Ratsversammlungen üblich sind. »Meine Kinder«, sagte er, »der einst dunkle und bewölkte Himmel über euren Häuptern ist nun wieder klar und hell. Euer großer Vater jenseits des Wassers, dem, wie ihr wißt, die Interessen seiner roten Kinder stets am meisten am Herzen liegen, hat mich zu euch geschickt, um die Dornen aus eurem Pfade zu entfernen, damit eure Füße nicht mehr zu bluten brauchen. Wir haben jene bösen Weißen von euch genommen, die euch um ihres eigenen Vorteils willen eure Pflichten gegenüber eurem weißen Vater vergessen machen wollten; sie werden nie wieder zurückkehren, um euch zu quälen. Wir haben auch die Sioux zu uns gerufen, die, obwohl ihre Haut rot ist wie die eure, so lange eure Feinde gewesen sind. Sie werden nun in ihrem eigenen Lande bleiben. Der geschlossene Friede bringt euch Sicherheit. Dieser jetzt beendete Krieg fing schon an, längst ehe eure Väter geboren wurden; und statt still eurer Jagd nachzugehen, um eure Frauen und Kinder zu ernähren, habt ihr euch gegenseitig ermordet. Doch diese Zeit ist nun vorüber, und ihr könnt jetzt jagen, wo es euch gefällt. Eure jungen Männer müssen diesen Frieden respektieren, und jeder, der von neuem seinen Tamahawk erhebt, wird von eurem großen Vater als Feind betrachtet werden.«

Die Indianer beantworteten dies mit den üblichen Versprechungen und Beteuerungen – als sie aber am Abend das Fort verließen, stahlen sie alle Pferde, die Lord Selkirk und seinen Leuten gehörten. Am Morgen war nicht ein einziges Pferd mehr da, und die meisten Indianer waren ebenfalls verschwunden.

Es war nun schon so spät im Jahr geworden, daß ich im Herbst die Vereinigten Staaten nicht mehr hätte erreichen können. Aber Lord Selkirk, der wahrscheinlich verschiedenes aus meiner Lebensgeschichte gehört hatte, begann sich jetzt für mich zu interessieren. Er erkundigte sich nach meinem vergangen Leben, und ich erzählte ihm vieles, vor allem berichtete ich ihm von der Rolle, die ich bei der Einnahme des Forts gespielt hatte. Auch der Richter Codman, der im Fort geblieben war, sprach oft mit Lord Selkirk über mich. »Dieser Mann«, sagte er, »hat Ihre Leute im Winter unter großen Mühen vom Waldsee hierhergeführt; er hat bei der Einnahme des Forts eine wichtige Rolle gespielt und sein Leben gewagt – und das alles für eine Bezahlung von vierzig Dollars. Das mindeste, was Sie für ihn tun sollten, wäre, aus seinen vierzig Dollars achtzig zu machen und ihm eine lebenslängliche Rente von zwanzig Dollars pro Jahr zu gewähren.« Lord Selkirk stimmte zu. Das Jahresgehalt für die ersten fünf Jahre wurde mir ausbezahlt. Die zweiten fünf Jahre sind noch nicht verstrichen.

Aus Furcht vor den Nordwestleuten konnte Lord Selkirk die Assiniboin-Mündung nicht so schnell verlassen, wie er es ursprünglich geplant hatte. Denn seine Konkurrenten hatten ihre Leute, als Indianer verkleidet, zu ihm geschickt (besonders einer namens Sacksayre war darunter) und hatten auch Indianer beauftragt, ihm aufzulauern und ihn zu ermorden. Als der Lord das erfuhr, schickte er den Obersten Dickson ins Sioux-Land und ließ sich dort eine aus hundert Sioux bestehende Wache zusammenstellen. Erst als diese Indianer angekommen waren, wagte er es, auszugehen. Er floh eines Nachts aus dem Fort und holte Dickson in Pembinah ein.

Er nahm auch einen Brief mit, den er für mich und in meinem Namen an meine Freunde in den Vereinigten Staaten geschrieben hatte und der einige der wichtigsten Ereignisse meines Lebens schilderte. Er versuchte seine ganze Überredungskunst, um mich dazu zu bringen, ihn zu begleiten; aber ich glaubte ja damals, daß alle meine Verwandten von den Indianern ermordet worden waren. Und selbst wenn jemand übriggeblieben wäre, dachte ich, so war inzwischen so viel Zeit vergangen, daß wir uns wie Fremde gegenübergetreten wären. Er schlug mir auch vor, ihn nach England zu begleiten, aber ich fühlte mich zu den Indianern gehörig, und meine Heimat war das Land der Indianer. Ich hatte unter ihnen den größten Teil meines Lebens verbracht und wußte, daß es zu spät für mich wäre, neue Bindungen einzugehen. So ließ er mich denn wenigstens von sechs Mann zum Waldsee zurückbringen, wo ich im Spätherbst nach der Maisernte eintraf. Zu Anfang des Winters ging ich zum *Be-gwi-o-nus-ko*-See und, nachdem der erste Schnee gefallen war, von dort in die Prärie auf die Büffeljagd.

Dort versammelten sich viele Indianer, bis wir eine so große Gruppe geworden waren, daß der Hunger wieder bei uns einzog. Das Wetter war sehr ungünstig, und unsere Leiden nahmen immer mehr zu. Als erste starb eine junge Frau den Hungertod. Kurz darauf verfiel ihr Bruder, ein junger Mann, in eine Art Delirium, in den Wahnsinn, der dem Tode der Verhungernden vorauszugehen pflegt. In diesem Zustande hatte er das Zelt seiner entkräfteten und verzweifelten Eltern verlassen. Als ich spät am Abend von der Jagd zurückkehrte, wußten sie nicht, was aus ihm geworden war. Ich verließ das Lager gegen Mitternacht, folgte seiner Spur und fand ihn in einiger Entfernung tot im Schnee liegend vor.

DREIZEHNTES KAPITEL

Durch den Hunger verursachte Leiden der Ojibwas – Was Waw-be-be-nai-sa *mir antat und die Unfreundlichkeit meiner indianischen Verwandten – Reise nach Detroit – Gouverneur Cass – Ratssitzung in St. Mary am Miami-Fluß.*

Alle Männer, die noch zu gehen imstande waren, beschlossen nun, die Büffel zu jagen, die sich in unserer Nähe befinden mußten. Ich selbst und ein anderer guter Jäger jedoch beschlossen, zurückzubleiben, da wir die Büffeljagd nicht für sehr aussichtsreich hielten. Tatsächlich erlegten wir Zurückgebliebenen innerhalb einer kurzen Zeitspanne fünf Moose-Elche, deren sofort unter die leidenden Frauen und Kinder verteiltes Fleisch einige Erleichterung brachte. Die Ernte des unter uns umgehenden Todes wurde dadurch etwas eingeschränkt. Die Büffeljäger kehrten einer nach dem anderen zurück und zwar in noch beklagenswerterem Zustand als bei ihrem Weggang. Nur ein einziger Büffel war erlegt worden. Da allein ununterbrochene und schwerste Anstrengungen uns vom Tode erretten konnten, ging ich von neuem auf die Jagd und verfolgte drei Tage lang einen Bären, ohne ihn einholen zu können. Ich war nach dieser Zeitspanne so erschöpft, daß mir die Kraft fehlte, den Bären zu schießen. Ich hätte noch nicht einmal zu meinem Zelt zurückkehren können, wenn ich nicht einige Indianer getroffen hätte, die etwas weniger unglücklich und hungrig waren als ich. Ich hatte gerade für die Nacht haltgemacht, war aber zu schwach, ein Lager aufzuschlagen oder ein Feuer anzuzünden, und hatte mich mit dem Gedanken meines mir unmittelbar bevorstehenden Todes vertraut gemacht – als diese Leute mich fanden und mir halfen, ins Lager zurückzukehren.

Dies ist nur ein kleines Beispiel für die Lebensweise, die

viele Ojibwa des Nordens während des Winters führen müssen. Ihr unfruchtbares und ungastliches Land gibt ihnen so geringe Existenzmittel, daß sie sich nur durch äußersten Kräfteaufwand und allerschwerste Bemühungen am Leben erhalten können. Es kommt durchaus nicht selten vor, daß gerade die stärksten Männer und besten Jäger einfach verhungern.

Die Indianer beschlossen nun, gemeinsam auf die Büffeljagd zu gehen, und zwar ohne ihre Familien mitzunehmen. Nur *Oon-di-no*, ein Mann, der schon früher mit mir zusammengelebt hatte, blieb zurück, damit seine Frau das Fell eines von ihm getöteten Moose-Elches trocknen könne. Er wollte dieses Fell als Proviant mitnehmen, falls alle anderen Nahrungsquellen versiegten. Ich beschloß, bei ihm zu bleiben. Aber schon während der ersten Nacht nach dem Wegzug der anderen Indianer wurde die Verzweiflung meiner Kinder so groß, daß ich nicht länger in meinem Zelt verbleiben mochte. Ich stand auf, ging fort und sagte ihm, daß ich sofort zurückkehren würde, falls es mir gelänge, irgendein Wild aufzutreiben. So schnell es meine Kraft mir erlaubte, folgte ich dem Pfade der Indianer und erreichte am nächsten Morgen ihr Lager. Kaum war ich dort angekommen, als ich auch schon die Geräusche eines Festes hörte. Die Stimme eines alten Mannes dankte dem Großen Geist für die Nahrung, die er während der schrecklichsten Not gespendet hatte. Er nannte den Namen des erlegten Wildes nicht, sondern bezeichnete es als *Manito-wais-se*, was »das vom Geiste gegebene Tier« bedeutet. So wußte ich also immer noch nicht, auf was für eine Beute man gestoßen war, bis ich erfuhr, daß es sich um einen alten dürren Büffel handelte. Daraus entnahm ich, daß die Herden sich in der Nähe befinden mußten. Da zwei junge Männer bereit waren, mich zu begleiten, wanderten wir sofort in der Richtung, wo wir die Herde vermuteten. Nachdem wir etwa zwei Stunden lang gegangen waren und einen kleinen Berg hinunterstiegen, sahen wir vor uns die Prärie schwarz von Büffeln. Wir beschlichen sie, und ich tötete sofort zwei fette Kühe. Als ich sie zerschnitt, hörte ich die Gewehre unser anderen Gefährten, die mir gefolgt waren und sich nun unter den Büffeln befanden.

Ich kam erst spät in unserem Lager an, da die anderen Männer mir vorausgeeilt waren. Dort hatte ich Freude und Festlichkeiten vorzufinden erwartet, aber nicht eine Stimme war zu hören. Weder Frauen noch Kinder liefen im Lager herum, alles war still und traurig. Ist es möglich, dachte ich, daß unsere Hilfe zu spät kommt und daß unsere Frauen und Kinder bereits tot sind? Ich blickte in eines der Zelte hinein, dann in andere: die darin befindlichen Menschen lebten, aber niemand hatte etwas zu essen. Da die meisten Männer, die zur Jagd ausgezogen waren, aus dem Waldlande stammten und nie vorher auf der Büffeljagd gewesen waren, hatte keiner, außer mir, etwas erlegt. Der von mir und den jungen Männern mitgebrachte Vorrat vermochte jedoch immerhin einige Menschen vorm Verhungern zu retten.

Zu jener Zeit befand sich unter uns ein Mann namens *Waw-be-be-nais-sa* (»Weißer Vogel«), den ich von früher her kannte. Wegen meiner Jagderfolge war er eifersüchtig auf mich und suchte mir allerlei Böses anzutun. Da ich die Gefühle dieses Mannes kannte und weil ich jedes prahlerische Aufsehen vermeiden wollte, sah ich davon ab, in meinem Zelt ein Fest zu veranstalten, wie es sich eigentlich bei diesem Anlaß gehört haben würde. Jedoch veranstaltete einer der jungen Männer, die mich begleitet hatten, ein Fest. Ich schickte deshalb, nachdem ich den Hunger meiner Kinder gestillt hatte, das übrige Fleisch an die anderen Familien. Auch *Waw-be-be-nais-sa* war unter den geladenen Gästen. Er benutzte den Abend dazu, bei den Indianern Schlechtes über mich zu verbreiten, zieh mich des Hochmuts und der Anmaßung und behauptete, ich hätte den Indianern allerlei Übles angetan. Ich blieb währenddessen in meinem eigenen Zelt und ignorierte das ganze, statt etwa seine ungerechten Anschuldigungen zu widerlegen.

Am nächsten Tage gingen die Frauen schon vor Anbruch der Dämmerung fort, um die Überreste der von mir getöteten beiden Büffel zu holen. Den Männern gab ich einige Anweisungen, wie man auf einen Büffel zielt, und so gingen auch sie noch einmal mit dorthin, wo die Herden waren, und diesmal töteten auch sie verschiedene Tiere. Bald hatten wir Fleisch im Überflusse, und alle Kranken und dem Tode Nahen erholten sich – außer einer Frau, die vor Hunger wahnsinnig geworden war und sich noch einen ganzen Monat lang in geistiger Verwirrung befand.

Der Anführer unserer Gruppe hieß *O-poih-gun* (»die Pfeife«). Er blieb mit drei Zelten bei mir, während die anderen noch weiter auf die Büffeljagd gingen. Unter den Zurückbleibenden befanden sich *Waw-be-be-nais-sa* und sein Schwiegersohn. Ich tötete eine große Anzahl fetter Büffel und trocknete die besten Stücke von vierzig Tieren an der Luft. Wir hatten so schwer unter dem Hunger gelitten, daß ich meine Familie vor einer Wiederholung dieser Not schützen wollte. Da ich außerdem noch immer die Absicht hatte, in die Staaten zurückzukehren, mußte ich sie ja auch für einige Zeit zurücklassen, ohne für sie jagen zu können. So speicherte ich zwanzig große Säcke Pemmikan auf, füllte außerdem zehn Fünfundvierziglliterfässer, die ich mir von den Indianern verschafft hatte, mit Talg und konservierte eine große Anzahl Zungen und ähnliches.

Es dauerte einige Zeit, bis ich die Beweggründe *Waw-be-be-nais-sas*, der stets in meiner Nähe blieb, erkannte: er wollte mich nur ärgern und belästigen. Ich hatte eine gewaltige Last Fleisch bei mir, und als wir endlich weiterzogen, mußte ich mit meinen Hunden viermal umkehren, um eine Last nach der anderen zu meinem neuen Lagerplatz zu bringen. Eines Tages trat er mir an dem Platz, wo ich meine Lasten niederlegte, allein entgegen und griff mit beiden Händen in mein langes Haar, das zu beiden Seiten meines Kopfes hinunterhing. »Dies«, sagte er dazu, »ist der Anfang deines Weges. Sieh nur herunter und betrachte den Ort, wo die Wölfe und Aasgeier deine Knochen abnagen werden.« Ich fragte ihn, warum er so gewalttätig sei. »Du bist ein Fremder«, antwortete er, »und ohne Rechte unter uns. Du gibst dich für den besten Jäger aus und möchtest von uns als großer Mann behandelt werden. Ich aber habe deine Anmaßung satt und habe beschlossen, daß du nicht einen Tag mehr leben sollst.« Da irgendwelche Vernunftsgründe bei ihm nutzlos waren und da er sogar meinen Kopf gegen einen Pappelstamm stieß, warf ich ihn mit einer plötzlichen Kraftanstrengung auf den Boden und riß meinen Kopf unter dem Verlust eines Teiles meiner Haare los. Aber während des Kampfes erwischte er drei Finger meiner rechten Hand mit seinen Zähnen und biß bis auf den Knochen hinein, so daß ich ihm die Hand nicht wegziehen konnte. Jedoch schlug ich ihn mit meiner Linken auf eins seiner Augen, worauf seine Kiefer sich öffneten und er sofort auf seine Füße sprang. Neben mir lag mein Tomahawk. Er sah ihn, packte ihn und schlug damit so wild nach meinem Kopf, daß er selbst, als ich seinem Schlage auswich, durch seine eigene Gewalttätigkeit zu Boden fiel. Ich sprang auf ihn, entrang ihm den Tomahawk und warf ihn so weit fort, wie ich konnte, während ich ihn am Boden festhielt. Ich war außer mir über diesen nicht herausgeforderten, gewalttätigen Angriff; dennoch mochte ich ihn nicht töten. Da ich aber das Stück eines starken Zeltpfahles fand, nahm ich es in die Hand und befahl ihm aufzustehen. Als er sich erhob, begann ich auf ihn einzuschlagen und schlug ihn immer weiter, während er zwei- bis dreihundert Meter fortlief.

Als ich zu meinen Lasten zurückkehrte, waren dort schon sein Schwiegersohn und zwei andere junge Männer zur Stelle, die sein Geschrei gehört hatten. Einer sagte wütend zu mir: »Was hast du da getan?« und schon stürzten die drei sich auf mich, und da ich schon sehr übermüdet war, konnten sie mich auf die Erde werfen. Jetzt kam auch *Waw-be-be-nais-sa* selbst hinzu, packte mich an einem schwarzen Seidentuch, das ich um den Hals trug, würgte, trat und schlug mich und warf mich in den Schnee. Ich entsinne mich noch, daß einer von den vieren sagte: »Er ist tot«, und da ich nicht hoffen konnte, ihnen vom Boden aus irgendwelchen Widerstand entgegenzusetzen, versuchte ich sie in dieser Ansicht zu bestärken. Sie ließen mich los und standen in einiger Entfernung beieinander. Da sprang ich auf meine Füße und ergriff – wahrscheinlich völlig unerwartet für sie – einen großen Zeltpfahl. Vor Überraschung oder Angst flohen sie jetzt alle. Als ich das sah, verfolgte ich *Waw-be-be-nais-sa* und versetzte ihm weitere heftige Schläge mit dem Pfahl. Nun ließen sie mich endlich in Ruhe, und ich konnte das mitgebrachte Fleisch zum Trocknen aufhängen. Inzwischen gingen *Waw-be-be-nais-sa* und seine Gefährten zu den Zelten, wo meine Hunde, die meine Frau mit zurückgenommen hatte, erschöpft vor dem Eingange lagen. Er zog sein Messer und erstach einen der Hunde. Meine Frau hörte den Lärm und kam aus dem Zelt hervor, er aber drohte ihr, sie ebenfalls zu erstechen.

Am nächsten Tage hatte *Waw-be-be-nais-sa* zahlreiche Beulen und Wunden, und besonders sein Gesicht war sehr angeschwollen. Ich dachte, er würde wenigstens in seinem Zelt bleiben. Da ich für die Sicherheit meiner Frau fürchtete, wenn ich sie allein im Zelt ließ, schickte ich sie fort, um Fleisch zu transportieren und blieb selbst zu Hause. Aber da ich sehr müde war und mich mitten am Tage allein im Zelt befand, schlief ich ein. *Waw-be-be-nais-sa*, der das ahnte oder wußte, schlich sich mit einem Messer in der Hand herein und war fast nahe genug herangekommen, um mich erstechen zu können, als ich aufwachte und aufsprang. Da ich aber nicht unbewaffnet war, sprang er zurück und floh – jedoch verfolgte ich ihn nicht. Dennoch fuhr er fort, mich zu bedrohen und zu belästigen. Traf ich ihn zum Beispiel auf einem Pfade, so wich er mir nicht aus, auch wenn er unbeladen war und ich eine schwere Bürde auf meinem Rücken trug.

Sein Auge war mehrere Tage lang so geschwollen, daß er nichts damit sehen konnte. Seine ganze Erscheinung war überhaupt lächerlich zu nennen, denn er war ein linkischer und häßlicher Kerl. Nach einem anderen erfolglosen Versuch, mich zu erstechen, ging er nach Hause und machte in Ungeduld und enttäuschter Wut die nur den Frauen ziemende Geste der Verachtung in der Richtung meines Zeltes, was ihn sogar unter seinen eigenen indianischen Freunden der Lächerlichkeit auslieferte.

Immerhin waren seine Nachstellungen mir lästig, und ich versuchte, sie zu vermeiden. Eines Tages war ich der Gruppe vorangegangen, und da sie einem bereits vorhandenen Wege folgte, suchte ich mir einen etwas im Inneren gelegenen Lagerplatz, um *Waw-be-be-nais-sa* möglicherweise nicht begegnen zu müssen. Als er aber an die zu mir führende Wegbiegung kam, hörte ich ihn zu seinem zwölfjährigen Sohne sagen: »Warte hier, während ich gehe, um diesen weißen Mann zu töten.« Daraufhin legte er seine Lasten nieder, und obwohl sein Sohn ihn bat, nichts Böses zu unternehmen, ging er bis auf vierzig Meter auf mich zu, nahm sein Gewehr aus der Hülle, lud es und zielte auf mich. Als er es eine Weile gehalten hatte und sah, daß er mich nicht zu erschrecken vermochte, sprang er in der Art der Krieger während der Schlacht im Zickzack schreiend auf mich zu. Da er weiterhin auf mich zielte und mich mit seinem Geschrei bedrohte, wurde ich endlich doch nervös und griff nach meinem eigenen Gewehr. Der kleine Junge lief auf mich zu, umarmte mich und flehte mich an, das Leben seines Vaters zu schonen, obwohl dieser ein Narr war. Ich warf mein Gewehr weg, packte den alten Mann und nahm ihm das seine aus den Händen. Dann machte ich ihm Vorwürfe über seine lächerliche Hartnäckigkeit und seine törichten Attacken. »Ich habe«, sagte ich, »mich so oft in deine Macht begeben, daß du nun endlich wissen müßtest, daß dir der Mut, mich zu töten, fehlt. Du bist kein Mann, du hast noch nicht einmal das Herz einer Frau oder den Mut eines Hundes. Jetzt spreche ich zum ersten

Male mit dir. Bitte, merke dir, daß ich deine Dummheiten nun endlich satt habe. Wenn du mich noch weiterhin belästigst, so geschieht dies unter Gefahr für dein eigenes Leben.«

Daraufhin verließ er mich und zog mit allen anderen (außer meiner eigenen Familie) voran. Ich folgte der Gruppe am nächsten Tage, indem ich meinen eigenen beladenen Schlitten zog und meine Hunde mit den anderen Gepäckstücken vor mir hertrieb.[1] Als wir an einem Gebüsch angekommen waren, warnte ich meine Tochter Martha vor *Waw-be-be-nais-sa*, der wahrscheinlich irgendwo im Hinterhalt auf uns lauerte. Gleich darauf machte sie einen jähen Sprung und kam dann mit erhobenen Händen schreiend auf mich zugestürzt: »Vater! Vater!« Ich packte mein Gewehr, lief voran und untersuchte jedes mögliche Versteck in der Nähe der Zeltpfähle und der fast erloschenen Feuer des verlassenen Lagerplatzes, fand aber nichts. Als ich meine Tochter fragte, warum sie sich so aufgeregt hätte, sagte sie, sie hätte »Feuer gerochen«. So groß war ihre Angst, daß sie sich über die kleinste Ungewöhnlichkeit aufregte, weil *Waw-be-be-nais-sa* uns ununterbrochen bedrohte.

Um endlich den Verfolgungen dieses Störenfriedes zu entgehen, beschloß ich, am Schilfsee allein zurückzubleiben, da ich glaubte, *Waw-be-be-nais-sa* und die anderen Indianer würden unmittelbar zum Waldsee weiterziehen. So suchte ich mir denn eine Stelle aus, wo ich mein Winterlager aufzuschlagen gedachte. Hier ließ ich die Kinder zurück, um für das Zelt zu sorgen, während meine Frau und ich gingen, um unsere Fleischladungen nachzuholen. Als wir zurückkehrten, erzählten uns die Kinder, daß ihre Großmutter während unserer Abwesenheit zu Besuch gekommen wäre und daß ihre Tochter sie am folgenden Tage besuchen solle. Drei oder vier Zeltgemeinschaften mit Freunden von uns hätten in der Nähe ihre Lager aufgeschlagen. Ich gab hierzu gern meine Zustimmung und beschloß, mitzugehen, da meine Schwiegermutter auch mich ausdrücklich um meinen Besuch hatte bitten lassen. Wir wollten den Rest des Fleisches dann nach unserer Rückkehr holen. Aber während der folgenden Nacht hatte ich einen Traum: derselbe junge Mann, der mir schon öfter während meiner Vorbereitungen zu Medizinjagden erschienen war, kam, wie stets, durch die obere Öffnung meines Zeltes herein und stand direkt vor mir. »Gehe nicht«, sagte er, »gehe nicht zu dem Orte, den du morgen besuchen willst. Solltest du aber gegen meinen Rat handeln und meine Warnung mißachten, so wirst du sehen, was dir zustoßen wird. Sieh dorthin«, fuhr er fort und zeigte in die entgegengesetzte Richtung, aus der ich *She-gwaw-koo-sink, Me-zhuk-ko-naun* und andere Freunde herbeikommen sah. Dann zeigte er nach oben, und ich sah einen kleinen Habicht mit einem hellgestreiften Schwanze über meinem Kopfe fliegen. Weiter sagte er nichts, sondern verließ mein Zelt durch die Türöffnung. Ich wachte sehr verstört auf und konnte nicht wieder einschlafen. Am Morgen teilte ich meiner Frau mit, daß ich sie nicht begleiten könne. »Warum«, fragte sie, »kannst du nicht mit mir gehen, so wie du es mir gestern versprochen hast?« Ich erzählte von meinem Traum, aber sie warf mir meine Furchtsamkeit vor, und da sie immer weiter in mich drang, ging ich dennoch mit.

Am Morgen sagte ich den Kindern, daß ihr Onkel und andere Verwandte zu ihnen ins Zelt kommen würden. Sie sollten ihnen ausrichten, daß ich bis zur Mittagszeit zurück wäre – sollte ich bis dahin nicht gekommen sein, so wäre ich tot. Ich ging dann mit meiner Frau fort, aber wir waren noch keine zweihundert Meter weit gegangen, als auch schon der kleine Habicht, den ich im Traume gesehen hatte, über uns erschien. Ich wußte, daß er geschickt worden war, um mich vor drohendem Unheil zu warnen und sagte meiner Frau aufs neue, daß ich sie nicht weiter begleiten wolle. Ich war schon auf dem Rückwege in mein Zelt, als sie mir erneut meine Ängstlichkeit vorwarf und meine schlimmen Vorgefühle lächerlich machte. Da ich die

Vorurteile meiner Schwiegermutter und ihre Familie gegen mich kannte, wußte ich, daß meine Weigerung, meine Frau zu begleiten, sie nur noch verstärken würden. Ich handelte also gegen meine eigene innerste Überzeugung und ließ mich endlich überreden, mitzukommen.

Als ich beim Zelte meiner Schwiegermutter ankam, lehnte ich mein Gewehr an den Eingang und setzte mich zwischen die Schwestern meiner Frau, die die Frauen eines und desselben Mannes waren. Sie hatten kleine Kinder, mit denen ich spielte, als ich plötzlich ein lautes Geräusch hörte, und das Bewußtsein verlor. Ich sah niemanden und erinnerte mich an nichts, bis ich wieder zu mir kam. Da erkannte ich einige Frauen, die meine Hände und Arme hielten und sah den Ausdruck des Schreckens und des Entsetzens auf allen Gesichtern um mich her. Ich konnte nicht fassen, was geschehen war, bis ich außerhalb des Zeltes die laute schimpfende Stimme *Waw-be-be-nais-sas* hörte. Da ich etwas wie warmes Wasser mein Gesicht herablaufen fühlte, legte ich meine Hand auf meinen Kopf und berührte mit meinen Fingern meinen nackten Schädel. Ich riß mich von den Frauen los und versuchte *Waw-be-be-nais-sa* zu verfolgen, aber da die Indianer ihn von mir fernhielten, konnte ich ihn nicht erreichen. Gegen Abend kehrte ich schwerverwundet in mein Zelt zurück. Ich glaubte, daß die Knochen meines Schädels gebrochen seien. Zuerst hatte ich nur wenig geblutet, und einige Zeit später hörte das Bluten ganz auf. Obgleich ich seltsame Geräusche in meinem Kopf hörte, erreichte ich mein Zelt, ohne ohnmächtig zu werden oder niederzufallen. Auch mein Gewehr war fort, *Waw-be-be-nais-sa* hatte es vom Zelteingang meiner Schwiegermutter weggeholt.

In meinem Zelt fand ich *She-gwaw-koo-sink, Mezhuk-ko-ge-to-tes* und *Nah-gaun-esh-kaw-waw*, einen Schwiegersohn *Wa-ge-to-tes*, vor, er hieß *Oto-pun-ne-be*. In dem Augenblick, als ich die Hand *She-gwaw-koo-sinks* erfaßte, schoß ein Strom von Blut aus meinem Kopfe hervor. »Was ist dir zugestoßen, mein Sohn?« fragte er. »Ich habe mit einem anderen Manne gespielt«, antwortete ich, »und da das Wasser des *Be-gwi-o-mus-ko* uns betrunken machte, endete unser Spiel recht wild.« Ich wollte die Angelegenheit so nebensächlich wie möglich behandeln, fiel aber sofort darauf in Ohnmacht, und sie sahen das Ausmaß meiner Verwundung. *Oto-pun-ne-be*, den ich schon seit langem kannte, hatte sich stets überaus freundschaftlich mir gegenüber benommen. Mein Unglück schien ihn sehr mitzunehmen, und er unternahm es auf eigene Rechnung, *Waw-be-be-nais-sa* für seine ungerechtfertigte Roheit zu bestrafen. Dieser Mann, dem ich mich wegen seiner mir oft erzeigten Freundlichkeit tief verpflichtet fühlte, hat seitdem das Schicksal erleiden müssen, das so vielen Ojibwa dieser Gegend vorbehalten ist: er verhungerte.

Als ich in das Zelt meiner Schwiegermutter eingetreten war, hatte ich versäumt, die Kapuze meines dicken Elchfellumhanges abzustreifen. Aus diesem Grunde sah ich weder *Waw-be-be-nais-sa* in das Zelt hereinschleichen, noch hörte ich ihn kommen. Andererseits wäre sein Schlag ohne diese meine Kopfbedeckung bestimmt tödlich verlaufen, da die dicke Lederschicht seine Gewalt zum mindesten ein wenig verminderte. Dennoch war mein Schädeldach gebrochen, und ich habe noch heute eine tiefe Rille an der Stelle, auf die sein Tomahawk niedersauste. Es dauerte sehr lange, bis ich mich von dieser Wunde erholte. Trotzdem verbrachte ich nicht so lange Zeit auf dem Krankenlager, wie ich gefürchtet hatte.

Waw-be-be-nais-sa flüchtete nun sofort in unser Dorf am *Me-naw-zhe-tau-naung*; und die anderen Indianer, die nie vorher in der Prärie gejagt hatten, fürchteten sich außerordentlich vor dem Gedanken, daß die Sioux sie überfallen und verfolgen würden. Ich war zu schwach, um zu reisen, und wußte außerdem ganz genau, daß wir dort von den Sioux nichts zu befürchten hatten. Meine Schwiegermutter jedoch machte mir ununterbrochen Vorwürfe, da sie mit den anderen Indianern wegziehen wollte. Ich wußte, daß meine Schwiegermutter *Waw-be-be-nais-sa* bei seinem Anschlag auf mein Leben behilflich gewesen war und hatte weiterhin Grund zu der Annahme, daß auch meine Frau daran mitbeteiligt war. Deshalb sagte ich beiden, sie könnten mich gern verlassen, wenn sie das wünschten. Tatsächlich taten sie das auch und nahmen meine Kinder mit. Der einzige Mensch, der mich in dieser Not nicht verließ, war *Oto-pun-ne-be*, obwohl ihn sein Bärentotem rief; und auch sein vierzehnjähriger Neffe. Diese beiden blieben bei mir und ließen mir die Hilfe und Freundlichkeit angedeihen, die mein Zustand erforderte. Alle aber, die meine Freunde hätten sein sollen, überließen mich meinem Schicksal. Nach dem vierten Tage trat in meinem Befinden eine Verschlimmerung ein. Ich war weder imstande, mich aufzusetzen, noch auch mich überhaupt zu bewegen. Aber vom zehnten Tage an ging es mir besser.

Als ich einen Teil meiner früheren Kräfte zurückgewonnen hatte, verließen wir die Zelte, so wie sie von den furchtsamen Indianern verlassen worden waren. Alle standen noch und enthielten Fleischvorräte und andere wertvolle Gegenstände. Wir zogen zum Dorfe weiter. Da unser Händler in einiger Entfernung von diesem Dorfe lebte, verabredete ich mich an der Wegbiegung mit *Oto-pun-ne-be*, daß wir uns an einem bestimmten Ort zu einer ausgemachten Zeit wieder treffen wollten. So ging ich also zum Händler und er ins Dorf. Nach seiner Rückkehr trafen wir uns wie vereinbart, und er erzählte mir, daß er sofort nach seiner Ankunft in das Zelt eines der Anführer gegangen sei und sich dort niedergesetzt habe.

Er war noch nicht lange dort, als auch *Waw-be-be-nais-sa* erschien und ihm gegenüber ebenfalls Platz nahm. Nachdem sie sich eine Zeitlang betrachtet hatten, sagte *Waw-be-be-nais-sa*: »Du, *Oto-pun-ne-be*, bist noch niemals vorher in unserem Dorfe gewesen, und ich weiß recht wohl, aus welchem Anlaß du aus so weiter Ferne zu uns gekommen bist. Du hast keine eigenen Brüder, da die

Langmesser[2] sie alle getötet haben. Nun aber bist du töricht genug, den Mann, den ich verwundet habe, deinen Bruder zu nennen.« *Oto-pun-ne-be* erwiderte ihm: »Es ist nicht wahr, daß die Langmesser auch nur einen meiner Brüder getötet hätten; aber selbst, wenn dies so wäre, würde ich noch immer nicht dulden, daß du über meinen Freund, der wie einer der Unsrigen ist, herfällst und ihn ohne Grund beleidigst und verletzt, wie du es getan hast. Es ist wahr, ich nenne ihn meinen Bruder und werde wie für einen Bruder für ihn Rache üben. Jedoch will ich im Zelte dieses Häuptlings, der mich als Freund aufgenommen hat, kein Blut vergießen.« Mit diesen Worten packte er *Waw-be-be-nais-sa* bei der Hand, zerrte ihn aus dem Zelt heraus und wollte ihm gerade sein Messer ins Herz stoßen, als der Häuptling, ein starker Mann, ihm in den Arm fiel, ihm das Messer wegnahm und es zerbrach. Es entwickelte sich nun eine Schlägerei, wobei drei oder vier Männer sich sofort auf *Oto-pun-ne-be* stürzten. Er aber wahr sehr kräftig und hatte den Zweck seiner Reise nicht vergessen. Er ließ nicht von *Waw-be-be-nais-sa* ab, bis er ihm zwei Rippen gebrochen und ihn auch noch anderweitig schwer verletzt hatte. *Oto-pun-ne-be* war selbst in der Betrunkenheit ein ruhiger Mann, und wenn er sich je in eine Schlägerei einließ, so geschah es, wie in diesem Falle, eher um eines Freundes als um seiner selbst willen.

Ich war mit der *Waw-be-be-nais-sa* zuteil gewordenen Strafe zufrieden, da ich seine beiden gebrochenen Rippen meinem gebrochenen Schädel ungefähr gleichsetzte. Meine Genesung war so rasch fortgeschritten, daß wir gemeinsam von dem Wild essen konnten, das ich inzwischen erlegt hatte. Dann gingen wir in das verlassene Lager zurück, wo alle Zelte noch genau so standen, wie wir sie verlassen hatten. Etwa zehn Tage danach kamen auch die anderen wieder, um sich nach ihrem Eigentum umzusehen. *Oto-pun-ne-be* kehrte nun in meinem Kanu zu seiner Heimat am Roten Fluß zurück.

Alle unsere Leute waren zu ihren Zelten und zu ihrem

Eigentum am *Me-naw-zhe-tau-naung* heimgekehrt. Ich besaß jetzt einen großen Fleischvorrat, der die Bedürfnisse meiner Familie für ein Jahr oder länger sicherstellen konnte. Ich brachte meine Angelegenheiten in Ordnung, nahm ein kleines Kanu und fuhr in der Absicht ab, nach Mackinac zu gelangen, von wo aus ich in die Staaten gehen wollte, um meine Verwandten aufzusuchen – falls ich noch welche hatte.

Am Regensee traf ich Mr. Giasson und andere Angestellte der Hudson's Bay Company. Sie sagten, daß ich mich keinesfalls vor irgendwelchen Angehörigen der Nordwestkompanie sehen lassen dürfe, da sie alle wegen meiner Handlungsweise äußerst gegen mich aufgebracht seien. Da aber die Hudson's Bay-Leute keine Verbindung mit dem unteren Ende des Lake Superior hatten und mir deshalb keinerlei Hilfe gewähren konnten, und da ich allein reisen wollte, mußte ich notwendigerweise einige Mitglieder der Nordwestkompanie treffen. Ich reiste deshalb geradewegs zum Handelsposten am Regensee weiter, wo ich meinen alten Freund, den Händler Mr. Tace, wiedertraf. Als ich in meinem kleinen Kanu ankam, stand er gerade am Ufer. Er lud mich in sein Haus ein, und ich folgte ihm. Dann aber fragte er mich in strengem Tone, warum ich es wagte, ihn zu besuchen. »Warum gehst du nicht zu deinen Leuten von der Hudson's Bay Company?« fragte er. Ich antwortete, daß ich in die Vereinigten Staaten gehen wolle. »Das hättest du besser schon längst getan«, antwortete er. Dennoch blieb ich zwanzig Tage bei Mr. Tace und wurde von ihm sehr freundlich behandelt. Schließlich schickte er mich in seinem eigenen Kanu zum Fort William, von wo aus Dr. M'Laughlin mich in einem seiner Boote an den Mariensprung bringen ließ. Von dort wieder brachte mich Mr. Ermatinger nach Mackinac. Alle Angehörigen der Nordwestkompanie, denen ich auf dieser Reise begegnete, behandelten mich außerordentlich gut und erwähnten meine Verbindungen mit der Hudson's Bay Company nicht mit einem Wort.

Der in Mackinac residierende Indianeragent der Vereinigten Staaten, Major Puthuff, gab mir ein Rindenkanu, Nahrungsvorräte und einen Brief an den Gouverneur Cass in Detroit. Mein Kanu wurde an den Dampfer angebunden, der mich nach Detroit mitnahm. Dort wurde ich von einem Herrn, dessen Namen ich vergessen habe, betreut. Er war von Major Puthuff ausschließlich als mein Reisebegleiter mitgeschickt worden. Nach fünf Tagen kamen wir in Detroit an, und der Herr sagte mir, ich solle auf ihn warten, bis er zurückkäme. Aber er verließ mich, und ich habe nie wieder etwas von ihm gehört. Am nächsten Tage ging ich dann allein an Land. Als ich mich auf der Straße befand, blieb ich einige Zeit stehen und blickte um mich. Endlich sah ich einen Indianer, ging auf ihn zu und fragte ihn, wer er wäre und wohin er gehöre. Er sagte: »Ein Ottawa aus *Saw-ge-nong*.« – »Kennst du *Gish-kaw-ko*?« fragte ich. »Er ist mein Vater.« – »Und wo ist *Manito-o-geezhik*, sein Vater und dein Großvater?« – »Er ist im vergangenen Herbst gestorben.« Ich bat ihn, seinen Vater zu rufen, damit er zu mir käme. Er rief ihn auch, der alte Mann weigerte sich aber zu kommen.

Am nächsten Tage stand ich wieder auf der Straße und sah mich nach allen Richtungen hin um. Da bemerkte ich einen alten Indianer und lief ihm nach. Als er mich kommen hörte, wandte er sich um, und nachdem er mich einige Augenblicke lang aufmerksam betrachtet hatte, umarmte er mich. Es war *Gish-kaw-ko*, aber er sah dem jungen Mann, der mich vor nun schon so vielen Jahren gefangengenommen hatte, nicht mehr ähnlich. Mit hastiger Stimme stellte er mir viele Fragen: wie es mir gegangen sei, wo ich mich aufgehalten hätte und anderes mehr. Ich bat ihn, mich zum Hause des Gouverneurs Cass zu führen, aber er hatte Angst davor. Da ich ihn nicht dazu überreden konnte, nahm ich den Brief des Majors Puthuff in meine Hand. Inzwischen hatte ich von anderen Indianern erfahren, wo der Gouverneur wohnte, und ging bis zur Eingangspforte, wo ein dort auf und ab gehender

Soldat mich anhielt. Ich konnte kein verständliches Englisch sprechen. Ich sah aber den Gouverneur auf der Veranda sitzen und hielt ihm den Brief entgegen. Er befahl darauf dem Soldaten, mich passieren zu lassen. Sobald er den Brief geöffnet hatte, gab er mir die Hand, schickte nach einem Dolmetscher und unterhielt sich lange Zeit mit mir. Außerdem ließ er *Gish-kaw-ko* kommen, der die Umstände meiner Gefangennahme und meinen zweijährigen Aufenthalt unter den Ottawa von *Saw-ge-nong* bestätigte.

Der Gouverneur ließ mich mit Kleidern im Werte von sechzig bis siebzig Dollars ausstatten und wies mir eine vorläufige Wohnung im Hause seines etwa eine Meile entfernt wohnenden Dolmetschers an. Dort sollte ich warten, bis er zahlreiche Indianer und Weiße zu einer Ratstagung in St. Mary am Miamifluß einberufen hätte, von wo aus er mich zu meinen Verwandten am Ohio schicken wolle.

Ich wartete länger als zwei Monate, und da ich sehr ungeduldig wurde, reiste ich mit *Be-nais-sa*, dem Bruder des *Gish-kaw-ko*, und acht anderen an der Ratstagung teilnehmenden Leuten ab. Da ich aber ohne Wissen von Gouverneur Cass ging, hatte ich auch keinerlei Vorräte zur Verfügung. Wir waren sehr erschöpft und hungrig, besonders nachdem wir die Stromschnellen des Miami hinter uns hatten, wo wir unser Kanu verließen. Obwohl die Indianer, durch deren Gebiete wir kamen, reich mit Nahrungsmitteln versehen waren, weigerten sie sich oft, uns welche zu geben. Manchmal hielten wir in der Nähe der Maisfelder weißer Männer an, aber obwohl der Mais jetzt gerade gut zum Rösten war und wir fast verhungerten, wagten wir dennoch nicht, uns welchen zu nehmen. Eines Nachts machten wir in der Nähe eines schön aussehenden Hauses halt, das von einem großen, prächtigen Maisfeld umgeben war. Da die Indianer sehr hungrig waren, sagten sie zu mir: »*Shaw-shaw-wa ne-ba-se*, du kommst von weither, um deine Verwandten zu suchen. Nun geh hinein und sieh, ob sie dir etwas zu essen geben.«

Ich ging hin und stand an der Tür, aber die Leute drin, die gerade beim Essen waren, verscheuchten mich, und die Indianer lachten mich aus.

Kurz danach schliefen wir eines Nachts auf der Straße, als ein Mann zu Pferde daherkam, der uns im Ottawa-Dialekt fragte, wer wir seien. Einer der Indianer antwortete: »Wir sind Ottawa und Ojibwa und haben ein Langmesser vom Roten Fluß bei uns, der vor vielen Jahren von *Gish-kaw-ko* gefangengenommen wurde.« Nachdem er gehört hatte, wer wir seien und wohin wir gingen, sagte er, sein Name sei *Ah-koo-nah-goo-zik*. »Wenn ihr schnell seid«, sagte er, »könnt ihr schon übermorgen gegen Mittag mein Haus erreichen. Dort sollt ihr reichlich zu essen bekommen. Ich werde die ganze Nacht durchreiten, damit ich schon morgen dort bin.« Damit verließ er uns. Am nächsten Tage wurde ich so schwach, daß ich nur weiterkonnte, nachdem mir mein Gepäck abgenommen worden war. Einer trug mein Gewehr, ein anderer meine Decke. In dieser Nacht erreichten wir die Gabelung des Miamiflusses, wo sich eine Indianerniederlassung, ein Handelsposten und auch mehrere weiße Familien befanden. Ich bat den Händler um Hilfe und schilderte ihm unsere Lage, aber wir erhielten keinerlei Beistand, und am nächsten Tage war ich einfach unfähig, weiterzureisen. Die Indianer gaben uns wenigstens etwas Unterstützung, so daß wir dennoch am anderen Tage in der Lage waren, das gastliche Heim von *Ah-koo-nah-goo-zik* zu erreichen.

Dieser Mann hatte zwei große Töpfe mit Mais und frischem Hirschfleisch fertiggekocht, die nur auf unsere Ankunft warteten. Er setzte je einen vor mich und *Be-nais-sa* hin, dazu hölzerne Teller und Löffel. Nachdem wir gegessen hatten, sagte er uns, wir sollten mindestens zehn bis fünfzehn Tage bei ihm bleiben, um uns von unserer langen Reise zu erholen, da er viel Mais habe und es dort auch zahlreiche fette Hirsche gäbe. Ich sagte ihm, daß ich mich seit langen Jahren auf die Reise, die nun bald beendet sein sollte, gefreut hätte und daß ich es vor Ungeduld kaum mehr aushalten könne, um zu erfahren, ob einige meiner Verwandten noch lebten. Ich würde mich gerne zwei oder drei Tage bei ihm erholen und mir dann eines seiner Pferde borgen, um nach *Kau-wis-se-no-ki-ug* oder St. Mary weiterzureiten. »Du wirst schon sehen«, sagte er. Als wir nach zwei oder drei Tagen am Morgen unser Bündel zur Abreise fertigmachten, kam er auf mich zu. Er führte ein schönes Pferd am Halfter, gab mir die Zügel in die Hand und sagte: »Ich gebe dir dies für deine Reise.« Ich wiederholte nicht nochmals, daß ich das Tier für ihn in *Kau-wis-se-no-ki-ug* zurücklassen würde, da ich dies schon einmal gesagt hatte und wußte, daß die Indianer in solchen Fällen nicht gern viel Worte hörten. Zwei Tage später erreichte ich den Ort der Ratstagung. Es waren noch keine Indianer da, wohl aber befand sich dort ein Mann, der alle Ankömmlinge mit Nahrung versorgen sollte. Kaum war ich eingetroffen, als ich an Fieber und Schüttelfrost erkrankte. Ich mußte zwar nicht immer liegen, war aber sehr bedrückt und hatte große Schmerzen.

VIERZEHNTES KAPITEL

Reise nach Kentucky – Gastfreundschaft der Weißen – Rückkehr nach Detroit – General Clark – Rückkehr zum Waldsee – Oberst Dickson – Zweite Reise nach St. Louis, über Chicago und Ford Clark – Die freundlichen Pottawatomies.

Als die Ratstagung sich ihrem Ende näherte, lud Gouverneur Cass mich zum Diner ein; und da viele Herren mich aufgefordert hatten, mit ihnen Wein zu trinken, war ich nach dem Essen kaum mehr imstande, heimzugehen. Ein paar Tage später sagte mir der Dolmetscher, daß der Gouverneur gern aus Neugier wissen würde, ob ich dieselbe Begeisterung für den Alkohol empfände wie die Indianer und ob ich mich im Zustande der Betrunkenheit genau so benähme wie sie. Ich hatte jedoch den Einfluß des Weines nicht in dem Maße empfunden, daß ich mich etwa vergessen hätte oder in einen Zustand der Bewußtlosigkeit geraten wäre. Ich war sofort heimgegangen und hatte so lange in meinem Zelt gelegen, bis ich wieder nüchtern war.

Einige Pottawatomie hatten das mir von dem freundlichen alten *Ah-koo-nah-goo-zik* geliehene Pferd gestohlen. Aber die von *Be-nais-sa* angeführten jungen Leute fingen es wieder ein, und es wurde seinem ebenfalls an der Ratstagung teilnehmenden rechtmäßigen Besitzer wieder zurückgegeben. Als Gouverneur Cass hörte, wie freundlich dieser Mann zu mir gewesen war, schenkte er ihm einen sehr schönen und kostbaren Sattel. Der Alte wollte dieses Geschenk zuerst durchaus nicht annehmen, war dann aber außerordentlich dankbar dafür. »Dies«, sagte er, »ist, was die alten Männer mich vor vielen Jahren lehrten, als ich noch ein Kind war. Sei freundlich und tue allen Menschen Gutes, vor allem dem Fremdling, der von weit her kommt; vergiß niemals die Verlassenen und Elenden. Handelst du so, so wird der Große Geist auch dich nicht vergessen, er wird dir Gutes tun und dich für das Getane belohnen. Nun habe ich doch für diesen Mann nur so weniges getan – und wie reichlich und ehrenvoll bin ich belohnt wurden!« Er wollte mich durchaus veranlassen, sein Pferd zu behalten, da er noch andere besaß und da ihm der Sattel wertvoller erschien als das Pferd selbst. Ich lehnte dies aber ab, und als er noch immer auf seinem Wunsche beharrte, sagte ich zu ihm, er solle das Pferd als mir gehörig betrachten, aber es für mich in Verwahrung nehmen, bis ich zurückkehrte, um es zu holen. Mich beschenkte der Gouverneur mit Waren im Werte von einhundertzwanzig Dollars, und da ich noch eine weite Reise vor mir hatte, kaufte ich für achtzig Dollars ein Pferd, das ich mit einem Teil der erhaltenen Waren bezahlte.

An der Ratstagung hatten auch zwei Männer aus Kentucky teilgenommen, die meine Verwandten kannten. Der eine hatte von Kindheit an in der Familie einer meiner Schwestern gelebt. Mit diesen beiden Männern reiste ich ab, obwohl meine Gesundheit noch recht schlecht war. Nach zwei Tagen wurde ich so krank, daß ich nicht mehr zu Pferde sitzen konnte. So kauften sie denn ein Skiff genanntes langes, schmales Ruderboot, und einer fuhr mit mir auf dem Wasserwege weiter, während der andere mit den Pferden zu Lande weiterreiste. An dieser Stelle des Großen Miami sind viele Mühldämme und andere Hindernisse, wodurch unsere Reise wegen meines kranken Zustandes langsam, beschwerlich und für mich sehr hart wurde. Schließlich wurde ich so schwach, daß ich mich kaum mehr bewegen konnte. So hielten wir denn am Hause eines armen Mannes an, der am Ufer wohnte. Er bedauerte mich sehr und wollte alles ihm Mögliche zur Linderung meiner Leiden tun. Ich beschloß, vorerst einmal bei ihm zu bleiben. Mein Reisegefährte wollte zum Ohio weiterreisen und von dort selbst zu mir zurückkehren oder aber jemanden senden, der mich holen sollte.

Der Mann, bei dem ich geblieben war, sprach einige Worte der Ottawa-Sprache und tat, was er nur konnte, um meine Lage erträglich zu gestalten. Da kam mein Neffe bei uns an, den die Männer aus Kentucky zu mir geschickt hatten. Durch ihn erfuhr ich vom Tode meines Vaters, und er erzählte mir alle Einzelheiten über meine noch lebenden Verwandten. Ehe ich *Gish-kau-ko* in Detroit getroffen hatte, war ich stets der Meinung gewesen, daß fast die gesamte Familie meines Vaters von *Manito-o-geezhik* und seiner Bande in dem meiner Gefangenschaft folgenden Jahre ermordet waren.

Wir unternahmen eine sehr qualvolle und schwierige Reise nach Cincinnati, wo wir uns etwas ausruhten. Dann fuhren wir in einem Skiff den Ohio hinunter. Täglich erlitt ich Fieberanfälle, und wenn der Schüttelfrost mich packte, mußten wir haltmachen, so daß wir nicht gerade schnell vorwärtskamen. Wir hatten einen Mann bei uns, der meinem Neffen dabei half, mich in das Skiff zu legen oder mich herauszunehmen, denn ich war nun nicht viel mehr als ein Skelett und hatte nicht die Kraft, zu gehen oder zu stehen.

Nach einem sehr dunklen und wolkigen Tage langten wir in der Abenddämmerung in der Nähe einer schönen Farm an. Das Haus war groß und sah sehr gut aus. Als wir das Skiff verließen, war es schon dunkel, und meine beiden Begleiter trugen mich mehr als sie mich führten. Als wir am Hause ankamen, erklärte mein Neffe dem Besitzer meine Lage und sagte ihm, daß mein Leben gefährdet wäre, wenn wir weiterzureisen versuchten. Er aber antwortete, daß wir keinesfalls bei ihm bleiben könnten, und als mein Neffe ihn trotzdem um seine Gastfreundschaft bat, jagte er uns roh und gewalttätig aus seinem Hause heraus. Die Nacht war nun schon gekommen, und das nächste Haus lag anderthalb Meilen entfernt. Außerdem befand es sich nicht am Ufer, so daß wir mit unserem Skiff nicht hingelangen konnten. So hing ich mich zwischen die beiden mich stützenden Männer, und wir wanderten weiter. Kurz nach Mitternacht erreichten wir ein großes, aus Ziegeln erbautes Haus, dessen Bewohner schon schliefen.

Alle Fenster waren dunkel, aber mein Neffe klopfte an die Tür, und nach einiger Zeit erschien ein Mann. Als er mich sah, half er mir herein und rief seine Frau und seine Töchter, damit meine Gefährten etwas zu essen bekämen. Für mich holte er etwas Medizin und schickte mich dann zu Bett, wo ich bis zum Morgen ruhig schlief. In diesem Hause blieb ich noch den ganzen nächsten Tag und wurde überaus freundlich behandelt. Von diesem Tage an machte meine Genesung Fortschritte, und bald konnte ich ohne viele Schwierigkeiten den Ort erreichen, wo die Kinder meiner Schwester lebten.

Eine Nacht verbrachte ich im Hause meines Neffen John und ging dann zum Hause seines Bruders, wo ich etwa einen Monat lang krank lag.

Es kam nun ein Brief für mich an, aber obwohl sie ihn mir verschiedentlich vorlasen, konnte ich nicht ein einziges Wort seines Inhalts verstehen. Denn seit meiner Ankunft war ich ja krank gewesen, und da niemand sich längere Zeit bei mir aufhielt, hatte ich weder die englische Sprache verstehen gelernt, noch vermochte ich mich in ihr auszudrücken. Aber als es mir nun besserzugehen anfing, konnte ich, als ein zweiter Brief eintraf, aus ihm entnehmen, daß mein Bruder Edward, dessen Namen ich nie vergessen hatte, an den Roten Fluß gegangen war, um dort nach mir zu suchen. Auch hatte einer meiner Onkel, der etwa hundert Meilen entfernt lebte, mich zu sich eingeladen.

Am meisten sehnte ich mich aber nun nach meinem Bruder Edward, und verlangte sofort mein Pferd, um an den Roten Fluß zurückzukehren und ihn dort zu suchen. Als es bekannt wurde, daß ich zurückkehren wollte, versammelten sich etwa zwanzig bis dreißig Nachbarn um mich, die, wie mir klar wurde, versuchten, mich von meinem Entschlusse abzubringen. Als sie aber sahen, daß ich starrköpfig blieb, gab mir jeder etwas Geld: manche einen Schilling, andere zwei Schillinge[1], und wieder andere größere Summen. Dann bestieg ich mein Pferd und ritt davon.

Ich war etwa zehn Meilen weit geritten, als Übermüdung und Krankheit mich befielen und ich mich gezwungen sah, am Hause eines Mannes haltzumachen, der Morgan hieß, wie ich später erfuhr. Hier blieb ich vier Tage lang, und als ich nach meinem Pferde rief, versammelten sich wie früher die Nachbarn um mich herum, und jeder gab mir etwas. Einer überreichte mir Brot in einer Tüte, ein anderer band ein junges Schwein an meinen Sattel. Alles in allem erhielt ich einen guten Mundvorrat und etwas Geld. Ich wünschte, nach Detroit zurückzukehren, da ich aber noch sehr schwach war, begleitete mich Mr. Morgan nach Cincinnati. Ich hatte bemerkt, daß es mich krank machte, in einem Hause zu schlafen und weigerte mich deshalb stets, dies zu tun. So schlief denn Mr. Morgan in den Häusern, wo wir nachts haltmachten, ich aber suchte mir draußen einen guten Platz, wo ich mich hinlegte und schlief, und ich glaube, daß meine zunehmende Gesundung diesem Umstande zuzuschreiben war. In Cincinnati trennte sich Mr. Morgan von mir, und ich reiste allein weiter. Bald war ich gänzlich ohne Nahrungsmittel. Einmal ritt ich an einem Hause vorüber, vor dessen Tür ein alter Mann stand. Bei meinem Anblick rief er die Worte: »Halt an! Komm!« Ich konnte kaum mehr Englisch als diese beiden Worte verstehen, sah aber aus seinem Verhalten und seinem Gesichtsausdruck, daß seine Absichten freundlich sein mußten. So ging ich denn auf seinen Hof. Er fütterte mein Pferd reichlich mit Mais, und ich begleitete ihn ins Haus, wo man Essen vor mich hinstellte, das ich aber nicht zu mir nehmen konnte. Daraufhin brachte er mir Nüsse, von denen ich einige aß. Als er sah, daß mein Pferd gefressen hatte und daß ich durchaus fort wollte, führte er das Tier herbei und sattelte es. Ich bot ihm Geld an, aber er wollte es nicht annehmen.

Kurz danach hielt ich an einem Hause an, in dessen Hof eine große Menge Mais lag. Mein Pferd war sehr hungrig, deshalb stieg ich ab, nahm einen Dollar aus meiner Tasche und gab ihn einem dort stehenden Manne. Dann zählte ich zehn Maiskolben ab, nahm sie und legte sie vor mein Pferd. Daß ich selbst hungrig war, konnte ich den Leuten nicht klarmachen, jedenfalls schienen sie entschlossen zu sein, mich nicht verstehen zu wollen. Als ich ins Haus ging, sah die Frau mir recht unzufrieden nach. Drinnen aber bemerkte ich den Teil eines Laibes Maisbrot. Ich zeigte darauf, dann auf meinen Mund, aber sie schien mich nicht zu verstehen. So nahm ich es denn in meine Hand und hob es zum Munde, als ob ich es essen wollte. Als sie das sah, rief sie ihren Mann von draußen herein. Er kam, entriß mir das Brot und jagte mich gewaltsam aus dem Hause. Dann nahm er auch meinem Pferd den Mais weg und gestikulierte, daß ich gehen sollte.

Diese Reise war für mich recht quälend und unerfreulich. Tagelang ritt ich dahin, schwach, mutlos und allein. Die Leute, denen ich auf meinem Wege begegnete, brachten mir trotz meines Hungers und meiner Krankheit kaum irgendwelche freundlichen Gefühle entgegen. Es machte mir nichts aus, in den Wäldern zu schlafen, doch war die Jagd zu schwer, da mein Gesundheitszustand mir nicht erlaubte, weit vom Wege ab ins Innere zu gehen. Immerhin war ich nun schon fast an der Quelle des Großen Miami-Flusses. Eines Abend gab ich einem Farmer einen Dollar, wurde aber trotzdem von ihm ohne Nahrung für mein Pferd oder mich verjagt. Sobald ich glaubte, daß die Familie schliefe, kam ich aus dem Wald hervor und holte mir genug Mais, um mein Pferd füttern zu können. Auch hatte ich am Tage vorher ein Huhn für fünfundzwanzig Cents gekauft und aß nun davon, so daß ich mich ein wenig kräftiger fühlte. Die Zwischenräume zwischen den Farmen wurden nun schon immer größer, und als ich ein Rudel Schweine im Walde sah, schoß ich eines davon, zog ihm die Haut ab und hing das Fleisch an meinen Sattel, so daß ich gut mit Nahrung versorgt war.

An dem Einfluß des Miami in den Eriesee traf ich einen mir wohlbekannten Händler, der die Ottawasprache genauso gut beherrschte wie ich. Ich bat ihn um Futter für mein Pferd, aber er schickte mich fort und wollte mir nichts geben, obwohl er mir etwas Mais für das »Bärenfleisch« (das an meinem Sattel hängende Schweinefleisch) anbot. Er war mir aber so unsympathisch, daß ich lieber den Fluß überquerte und im Walde schlief.

Gerade während dieser Nacht fühlte ich mich wieder sehr krank. Am Morgen mußte ich bemerken, daß mein Pferd mir ausgerissen und zurückgelaufen war. Ich war kaum imstande, ihm nachzugehen. Als ich am Fluß gegenüber vom Hause des Händlers angekommen war und mein Pferd dort stehen sah, rief ich ihm zu, es mir doch bitte herüberzuschicken, da ich krank sei. Er weigerte sich, dies zu tun. So bat ich ihn wenigstens um ein Kanu, da ich wegen meines kranken Zustandes nicht ins Wasser gehen wollte. Aber auch dies lehnte er ab, und so war ich gezwungen, hinüberzuschwimmen. Ich nahm mein Pferd und kehrte zu meinem Lager zurück, war aber zu krank, um an diesem Tage noch meine Reise fortzusetzen.

Am nächsten Tage zog ich weiter und hatte das Glück, ein Haus zu finden, wo die Frau sehr freundlich zu mir war. Sie fütterte mein Pferd und brachte mir etwas gesalzenes Schweinefleisch, das ich ihr aber wiedergeben mußte, da es mir nicht bekam. So gab sie mir denn etwas frisches Hirschfleisch, und ich nahm ein Schulterstück. Sie machte mir Zeichen, ins Haus zu kommen, da ich aber den Wald vorzog, suchte ich mir in der Nähe einen angenehmen Lagerplatz und kochte mir dort das von ihr geschenkte Fleisch. Noch ehe das Essen fertig war, schickte sie mir einen kleinen Jungen mit etwas Brot und frischer Butter.

Ich entfernte mich nun schon immer weiter von den letzten Siedlungen. Als ich bei *Ah-koo-nah-goo-zik* vorüberkam, wollte ich mich dort keinesfalls sehen lassen, da ich ihm schon verpflichtet genug war und nicht wollte, daß er mich wieder bäte, sein Pferd anzunehmen. Als ich mich Detroit auf etwa hundert Meilen genähert hatte, wurde ich wieder sehr krank. Ich fühlte mich vollkommen reiseunfähig und beschloß endlich, etwas Brechweinstein, den Dr. M'Laughlin vom Regensee mir einst gegeben hatte und den ich seit langer Zeit mit mir herumtrug, einzunehmen. Kaum hatte ich die Medizin verschluckt, da begann es auch noch heftig zu regnen. Ich verfiel in heftige Krämpfe und konnte es nicht verhindern, durch und durch naß zu werden. Nachdem der Regen aufgehört hatte, gefror der Bach neben meinem Lagerplatz. Da ich aber von heftigem Fieber geschüttelt wurde, brach ich die Eisdecke und warf mich in das Wasser.[2] Lange Zeit blieb ich in diesem Zustande: unfähig, meine Reise fortzusetzen und ohne jede Hoffnung auf Genesung. Zwei Briefträger kamen einmal bei mir vorbei, von denen der eine ein wenig indianisch sprechen konnte. Sie sagten mir aber, sie könnten mir nicht helfen, da es ihre Pflicht sei, ihren Weg ohne Zeitverlust fortzusetzen.

Als ich endlich reisefähig war, nahm ich meinen Weg wieder auf. Zwei Tage von Detroit entfernt traf ich auf der Straße einen Mann mit einer Sioux-Pfeife in der Hand. Er sah meinem Vater sprechend ähnlich. Ich versuchte, ihn anzuhalten und seine Aufmerksamkeit auf mich zu lenken, aber er warf nur einen flüchtigen Blick auf mich und ging weiter.

Als ich zwei Tage später in Detroit eintraf, erfuhr ich, daß dieser Mann (wie ich angenommen hatte) mein Bruder war. Der Gouverneur wollte mir aber nicht erlauben, ihm nachzugehen. Er meinte, daß alle Händler auf der Strecke nach Detroit wüßten, daß ich vorübergekommen war und daß mein Bruder, der sich bei ihnen allen nach mir erkundigen würde, bald erfahren mußte, wo ich war und dann umkehren würde, um mich zu suchen. Er hatte vollkommen recht mit dieser Annahme, denn drei Tage später kam mein Bruder tatsächlich in Detroit an. Lange Zeit hielt er mich umarmt, aber da ich die englische Sprache nicht mehr verstand, so konnten wir uns nur mit Hilfe eines Dolmetschers unterhalten. Er ließ mir zuerst mein langes Haar abschneiden, in dem ich auf Indianerart Schmuckschnüre getragen hatte. Wir besuchten dann gemeinsam Gouverneur Cass, der sich sehr zufrieden darüber äußerte, daß ich die Indianertracht abgelegt hatte. Jedoch war die Kleidung der Weißen äußerst unbequem für mich, so daß ich von Zeit zu Zeit aus Gründen des Wohlbefindens meine alte Tracht wieder anlegen mußte.

Ich versuchte, meinen Bruder (mit dem ich mich noch immer nur mit Hilfe eines Dolmetschers verständigen konnte) zu veranlassen, mit mir zu meinem Haus am Waldsee zu kommen. Aber er bestand darauf, mich in sein Haus jenseits des Mississippi zu bringen, und so reisten wir denn gemeinsam dorthin. Die Besatzung von Fort Wayne war sehr freundlich zu uns, und unsere Reise war im ganzen recht angenehm. Wir brauchten vierzig Tage bis zum Mississippi, wo mein Bruder fünfzehn Meilen von Neumadrid[3] entfernt wohnte. Auch ein anderer meiner Brüder wohnte dort in der Nähe, und beide begleiteten mich nach Jackson, fünfzehn Meilen vom Cap Girardeau entfernt, wo zwei meiner Schwestern lebten. Zu fünft oder sechst reisten wir von dort über Golconda am Ohio nach Kentucky, wo in zwei kleinen Dörfern (Salem und Princeton) eine große Zahl anderer Verwandter lebte.

Meine Schwester Lucy hatte in der Nacht vor meiner Ankunft geträumt, mich durch das ihr Haus umgebende Maisfeld kommen zu sehen. Sie hatte zehn Kinder. Verwandte, Freunde und Nachbarn versammelten sich um uns, um mein Wiedersehen mit meinen Schwestern mitzuerleben, und obwohl wir uns nicht direkt unterhalten konnten, wurden viele Tränen vergossen. Am Sonntag nach meiner Ankunft kamen noch mehr Leute als vorher zum Haus meiner Schwester, wo ein Gottesdienst abgehalten wurde. Mein Schwager, Jeremiah Rukker, versuchte, mir aus der Hinterlassenschaft meines Vaters etwas zukommen zu lassen. Wir gingen zum Gericht von Princeton, wo er mich den Leuten vorstellte, aber wir konnten nichts erreichen. Meine in der Nähe lebende Stiefmutter gab mir einhundertsiebenunddreißig Dollars.

Von sieben meiner Verwandten – Männern und Frauen – begleitet, ging ich nun nach Scottsville, wo mein Onkel lebte, der mich sehen wollte. Dort veranstaltete man eine Sammlung, und ich erhielt hundert Dollars. Nach meiner Rückkehr brachte Oberst Ewing aus Hopkinsville während der einen Stunde, die ich dort war, weitere hundert Dollars zusammen, die er mir ebenfalls überreichte. Dieser Herr hat mir ganz besondere Freundlichkeiten erwiesen und ist bis zum heutigen Tage mein aufrichtiger und stets hilfsbereiter Freund geblieben.

Von Hopkinsville ging ich zum Hause meiner Stiefmutter, wo ich mich auf meine Rückkehr zum Waldsee vorbereitete. Einige Verwandte, die mich von jenseits des Mississippi begleitet hatten, waren nun in ihre Heimat zurückgekehrt; aber mein Bruder und meine Schwägerin bestanden darauf, mit mir zu reisen. Vom Hause meines Bruders Edward bei Neumadrid ging ich wieder nach Jackson, wo ich aufs neue erkrankte. Da mein Vermögen nun durch die Freundlichkeit der Menschen, denen ich inzwischen begegnet war, auf fünfhundert Dollars in Silber angewachsen war, glaubte mein Bruder, daß ich allein mancherlei Gefahren ausgesetzt sein würde und weigerte sich deshalb, mich zu verlassen.

Von Jackson reisten wir nach St. Louis, wo wir Gouverneur Clark besuchten, der schon meinem Bruder während seiner Suche nach mir wertvolle Hilfe gewährt hatte. Er empfing uns mit größter Liebenswürdigkeit und bot uns jede nur erdenkliche Hilfe bei dem zu erreichenden Ziele, meine Familie aus dem Indianerland herbeizuholen, an. Mein Bruder wollte schon deshalb mitkommen, um mehrere Männer mitzunehmen, die im Notfalle meine Kinder mit Gewalt zurückbringen sollten. Ich ging aber eines Tages allein zu Gouverneur Clark und bat ihn, nicht auf meinen Bruder zu hören, der die Gegend, in die ich reisen mußte, nicht kannte und der auch nicht in der Lage war, die zu treffenden Maßnahmen zu beurteilen. Ich wollte nicht, daß irgendein Weißer, auch nicht mein Bruder, mich begleitete, da ich wußte, daß er die Beschwerden der Reise nicht ertragen und nicht wie ich den ganzen Winter lang in einem Indianerzelt leben konnte. Außerdem glaubte ich, daß er für mich eher ein Hindernis als eine Hilfe bedeuten würde. Gouverneur Clark wollte mich über den Oberen Mississippi zum Waldsee schicken, aber ich mochte diesen Weg wegen der dort wohnenden Sioux keinesfalls einschlagen. Er gab mir ein Mackinac-Boot, das sechzig Mann befördern konnte, mit einer genügenden Besatzung, dazu drei Fässer Mehl, zwei Fässer hartes Brot, Gewehre, Zelte, Äxte usw. Nachdem ich meinen Bruder zur Rückkehr bewogen hatte, fuhr ich ab.

Die Strömungen des Mississippi unterhalb des Missouri lehrten mich bald, daß mein großes und schweres Boot für meine Unternehmung ungeeignet war. Ich verließ es deshalb an der sogenannten Sioux-Tragstelle (Portage des Sioux). Von dort reiste ich mit zwei Männern in einem kleinen Kanu zur Quelle des Illinois-Flusses bei Chicago.

Gouverneur Clark hatte mir einen Brief für Mr. M'Kenzie, den dortigen Indianeragenten, mitgegeben. Da aber gerade kein Schiff nach Mackinac fuhr, stellte er mir ein Rindenkanu mit einer indianischen Bemannung zur Verfügung. Die Indianer jedoch hielten bald an, um mehrere Tage lang zu trinken. Da aber gerade ein zurückfahrender Dampfer vorbeikam, fuhr ich mit diesem nach Mackinac, wo der Kapitän des Schiffes namens Knapp mir anbot, mich mit nach der Drummonds-Insel zu nehmen. Dort wurde ich von Dr. Mitchell und dem Indianeragenten Oberst Anderson sehr freundlich aufgenommen und von dem letzteren nach dem Mariensprung geschickt.

Dort mußte ich zwei bis drei Monate warten, da der dort stationierte Oberst Dickson mir nicht erlauben wollte, in dem Schiff der Nordwestkompanie zum Lake Superior zu fahren, das während meiner Wartezeit dreimal hin- und herfuhr. Endlich war ich reisefertig und fuhr mit dem Schiff des Obersten. Kaum hatten wir das Ufer verlassen, so gab er mir ein Ruder und zwang mich, trotz meines schlechten Gesundheitszustandes, zu rudern, solange ich überhaupt noch imstande war, aufrecht zu sitzen. Als ich schließlich zusammenbrach, ließ er mich etwa zwanzig Meilen entfernt von Fort William am Ufer aussetzen, wo ich Mr. Griarson begegnete, der dort irgendwelche Besitzungen der Hudson's Bay Company verwaltete. Ich war über die mir durch Oberst Dickson zuteil gewordene Behandlung sehr aufgebracht und hatte ihm, als er mich verließ, gesagt, ich würde dennoch vor ihm in *Me-naw-zhe-tau-naung* sein. Ich ließ mein gesamtes Gepäck unter der Obhut von Mr. Griarson und fuhr mit einem von mir engagierten alten Franzosen in einem kleinen Kanu los. Wir überkreuzten glücklich den See, und ich war tatsächlich vor Dickson am Ziele.

Alle meine Familienmitglieder waren gesund. Am nächsten Tage richtete man mir aus, daß der »rothaarige Engländer« (wie Oberst Dickson genannt wurde) auf dem Wege zu meinem Zelte sei. Ohne mich von meinem Lager zu erheben, sagte ich, daß er durchaus nicht hereinkommen brauche. »Jetzt finden Sie mich hier in meinem Zelt«, sagte ich zu ihm, »obwohl Sie mich in der Fremde und weit von jeder Stätte, wo ich Hilfe hätte erwarten können, ausgesetzt haben. In meinem Zelt sind Menschen wie Sie nicht willkommen, und ich hoffe, daß Sie es nicht betreten werden.« Ich wußte, daß er mich um Nahrungsmittel bitten wollte, war aber entschlossen, ihn weder zu empfangen noch auch ihm irgend etwas zu geben. Er verließ unser Dorf und reiste auf dem Indianerwege nach dem Roten Fluß. Da der Wasserstand aber ungewöhnlich niedrig war, gestaltete sich seine Reise äußerst schwierig, und er wäre fast Hungers gestorben. An diesem Wege befand sich ein Begräbnisplatz, wo einer meiner Schwäger, ferner eine Tochter *Oto-pun-ne-bes* und andere meiner Freunde und Bekannten ruhten. Diese Gräber waren sorgsam bedeckt. Oberst Dickson jedoch brach die sie umgebenden Einfriedungen nieder und zerstörte die kleinen über den Gräbern errichteten Häuser, womit er die Indianer tief verletzte. Sie drohten, ihm das Leben zu nehmen, und hätten dies bei geeigneter Gelegenheit auch getan. Jedoch reiste er nach Pembinah weiter und von dort zum Queersee (Lake Traverse), worauf er niemals wieder ins Land der Ojibwa zurückkehrte.

Als der Winter kam, ging ich an den Roten Fluß auf die Büffeljagd, stellte Trockenfleisch her und bereitete mich auf meine Rückkehr in die Staaten vor. Ich hatte mich zehn Jahre vor der Zeit, von der ich jetzt spreche, von meiner ersten Frau getrennt. Jedoch hatten mich die Vorstellungen der Indianer und auch zum Teil meine eigenen Lebensnotwendigkeiten veranlaßt, eine andere zu nehmen. Von dieser zweiten Frau hatte ich drei Kinder, während die Kinder meiner ersten Frau sich nicht im Dorfe befanden. Da aber auch diese Frau sich weigerte, mich zu begleiten, nahm ich meine drei Kinder und reiste ohne sie ab. Am Regensee holte sie mich jedoch ein und war bereit, mich nach Mackinac zu begleiten.

Bei meiner Rückreise halfen mir die Leute von der Nordwestkompanie. Auf der Drummond-Insel jedoch wurde ich enttäuscht, da man mir dort auf der Hinreise reichliche Geschenke gegeben hatte, die ich aber nicht mitnehmen wollte und die man mir auf der Rückfahrt auszuhändigen versprach. Der kommandierende Offizier, der so freundlich zu mir gewesen war, war abgelöst worden, und der neue zeigte eine völlig andere Einstellung, vor allem gegen Leute, die irgend etwas mit den Indianern zu tun hatten. Dieser Mann weigerte sich, mich zu empfangen oder mir irgendwelche Hilfe angedeihen zu lassen. Ich konnte jedoch Mackinac durch die Freundlichkeit von Mr. Ermatinger vom Mariensprung erreichen.

Oberst Boyd war damals Indianeragent in Mackinac. Er ließ mich kommen und bot mir eine Stellung als Gehilfe in seiner Schmiede an. Aber mir gefiel diese Art Beschäftigung nicht, und deshalb wollte ich auch nicht dortbleiben. Er stattete mich mit hundert Pfund Mehl, derselben Menge Speck, etwas Whisky, Tabak usw. aus. Zwei Schiffe fuhren nach Chicago, aber keines von beiden wollte mich an Bord nehmen, obwohl ich genügend mit Geld versehen war und sie bezahlen wollte. So blieb mir kein anderer Ausweg, als von den Indianern ein schlechtes altes Rindenkanu zu kaufen, für das ich sechzig Dollars zahlte. Fernerhin engagierte ich drei Franzosen als meine Begleiter – jedoch verbot Oberst Boyd ihnen, mit mir zu gehen. Er gab mir aber einen Brief an Dr. Wolcott, den damaligen Indianeragenten in Chicago, mit, und ich fuhr mit nur einem Begleiter ab.

Bei der Ottawa-Niederlassung *Waw-gun-nuk-kiz-ze* machte ich halt, da ich erfahren hatte, daß mein Kanu zu zerbrechlich und zu undicht für die Reise war. Dort kaufte ich ein anderes, neues, für das ich achtzig Dollars bezahlte. Verschiedene meiner Ottawa-Freunde beschlossen, mich zu begleiten, und so fuhren wir denn ab: acht Männer in einem Kanu und sechs in dem anderen, dazu einige Frauen. Sie fuhren mit mir bis zwei Tagesreisen vor Chicago, wo wir andere Indianer mit schlechten Nachrichten über den Wasserstand des Illinois-Flusses trafen. Daraufhin verließen sie mich und kehrten um. Mein Frau kehrte mit ihnen zurück.

Bei meiner Ankunft in Chicago hatte ich wieder Fieber, hatte keine Provisionen mehr und befand mich in einer schweren Notlage. Ich ging zu Dr. Wolcott, um ihm den Brief des Indianeragenten von Mackinac, Oberst Boyd, zu überreichen, aber er wollte ihn nicht annehmen und ignorierte mich vollkommen. Er wußte genau, wer ich war, da er mich schon vorher in Chicago gesehen hatte. Ich weiß nicht, warum er mir seine Hilfe versagte. Ich schlug mein Zelt in geringer Entfernung von seinem Hause in der Nähe eines wilden Reissumpfes auf und ernährte meine Kinder tagelang mit Amselfleisch. Denn obwohl es mir so schlecht ging, daß ich kaum fünf Minuten lang sitzen konnte, schoß ich die Vögel, die sich im Reisfelde niederließen.

Endlich vermochte ich es, mit Hilfe von zwei Stöcken

zum Hause Dr. Wolcotts zu kriechen. Ich stellte ihm vor, daß meine Kinder dem Hungertode nahe seien, aber er trieb mich brutal fort. Als ich seiner Türe den Rücken kehrte, vergoß ich einige Tränen, was bei mir etwas höchst Ungewöhnliches war, aber die Krankheit hatte mich weibisch gemacht. Auf dem Wege von seinem Hause zu meinem Zelt fiel ich drei- oder viermal in Ohnmacht und lag an der Straßenseite. Aber meine Leiden und die meiner Kinder wurden bald durch einen Franzosen erleichtert, der einige Boote über die Tragstelle gebracht hatte. Seine Frau war eine Ojibwa und begleitete ihn stets, wenn er die Boote herüberbrachte. Obgleich seine Pferde von der weiten Reise sehr erschöpft waren, willigte er ein, mich und mein Kanu sechzig Meilen weit vorwärtszubringen, und, falls seine Pferde es aushielten, die ganzen hundertzwanzig Meilen (dies war bei dem augenblicklichen Wasserstand die Länge der Tragstrecke). Dafür bezahlte ich ihm den geforderten Satz, der mir sehr bescheiden vorkam. Auch lieh er mir ein junges Reitpferd, da ich viel zu schwach zum Gehen war und er glaubte, daß ich auf einem Pferde bequemer vorwärtskäme als in seinem Karren auf dem Kanu. Ehe wir noch das Ende der ersten sechzig Meilen erreicht hatten, wurde er krank. Es war jetzt etwas Wasser im Flusse. Ich trug mein Kanu hinein und versuchte, darin weiterzufahren. In der Nacht, nachdem ich das junge Pferd an seinen Besitzer zurückgegeben hatte, wurde es von den Pottawatomie gestohlen. Er selbst aber erkrankte an der Ruhr. Jedoch hatte er einen jungen Mann als Beistand. So ließ ich ihm alle in meiner Macht stehende Hilfe angedeihen und schickte ihn zurück. Mein Franzose hatte mich schon gleich hinter Chicago verlassen, und ich hatte nun zu meiner eigenen Hilfe niemanden als einen alten Indianer namens *Gos-so-kwaw-waw* (»Raucher«). Wir legten das Kanu aufs Wasser, konnten es aber nicht selbst besteigen, sondern setzten nur ab und zu die Kinder hinein und ließen sie langsam dahinfahren, während einer von uns den Bug, der andere den Stern des

Bootes führte. Als wir uns drei Meilen weit auf diese Weise fortbewegt hatten, erwies sich diese Methode als so mühselig und langsam, daß ich einen Pottawatomie engagierte, der für eine Decke und ein Paar Ledergamaschen mein Gepäck und meine Kinder an die Mündung des *An-num-mun-ne-Se-be* oder Gelben Ockerflusses (Yellow Ochre River) zu bringen versprach. Die Entfernung betrug sechzig Meilen. Der *An-num-mun-ne* kommt vom Mississippi her, und unterhalb seiner Einmündung führt der Illinois stets genug Wasser für Kanus. Ich war etwas besorgt, dem Pottawatomie meine Kinder und mein Gepäck anvertraut zu haben, aber der alte *Gos-so-kwaw-waw* war der Meinung, daß er ehrlich wäre. Als er die Kinder auf die Pferde setzte, hatte er gesagt: »In drei Tagen werde ich an der Mündung des *An-num-mun-ne*-Flusses sein. Dort will ich auf dich warten.«

Wir trennten uns ohne weitere Redensarten, und der alte Raucher und ich selbst setzten unsere mühselige und schwierige Route entlang des Illinois-Flußbettes fort. Zu beiden Seiten der Straße zwischen Chicago und dem Gelben Ockerfluß erstreckt sich die Prärie, und man kann dort Pferde und Karren ohne Schwierigkeiten vorwärtsbewegen. Als wir an dem verabredeten Platze ankamen, fanden wir den Pottawatomie dort bereits vor. Alles war in Sicherheit.

Wir packten nun unsere Sachen ins Kanu und fuhren zum Fort Clark hinunter, das auf einer Landenge zwischen zwei Seen liegt und von den Indianern *Ka-gah-gum-ming* (»Fast Wasser« = der Isthmus) genannt wird. Hier fanden wir einige Bekannte oder besser Leute, die irgendwie mit der indianischen Familie, zu der ich gehört hatte, verwandt waren und mich deshalb als Verwandten betrachteten.

Eines Tages hatte ich mich sehr warmgearbeitet, schoß einen Kranich und ging ins Wasser, um ihn zu holen. Gleich danach fühlte ich mich sehr schlecht, dachte aber nicht über die Ursache meines Übelfindens nach, sondern

Fort Clark

ging nochmals ins Wasser, um eine neue Beute zu holen. Da fiel ich plötzlich nieder und war unfähig, mich zu erheben. Mein Fieber hatte mich mit solcher Heftigkeit von neuem gepackt, daß ich in unmittelbarer Lebensgefahr zu schweben meinte. Ich gab dem alten Raucher die Anweisung, meine Kinder zu Gouverneur Clark zu bringen, der – davon war ich überzeugt – ihnen behilflich sein würde, meine Verwandten zu erreichen. Aber entgegen meinen Befürchtungen ging es mir langsam besser, und nach einigen Tagen konnte ich meine Reise fortsetzen. Wir kamen an vielen Pottawatomie vorüber, deren Zelte in großer Anzahl fast an jeder Flußwindung errichtet waren. Einige bestiegen ihre Kanus und gaben mir für eine Strecke das Geleit. Einmal kam ein Mann von seinem Zelt am Flußufer herbeigelaufen und fragte mich, wer ich sei. Als ich es gesagt hatte, fragte er, ob meine Kinder Honig essen dürften. Als ich meinte, das könnten sie wohl, schickte er mir zwei junge Männer, die jeder eine große Schüssel Honig trugen und sie mir überreichten.

Auf diese Weise fuhr ich den Illinois-Fluß herunter und jagte auch eine Menge Wild, so daß wir stets genug zu essen hatten. Auch mein Gesundheitszustand besserte sich, und bald waren wir in St. Louis. Hier erzeigte Gouverneur Clark uns wieder seine gewohnte Freundlichkeit, und zwar nicht nur mir und den Kindern, sondern auch dem alten Raucher, der mich während meiner Reise so gut unterstützt hatte. Nachdem er dem alten Manne ein schönes Geschenk gegeben hatte, entließ er ihn und sorgte für seine Rückkehr in die Heimat.

In St. Louis mußten neue Kleider für meine Kinder gemacht werden, deshalb hielt ich mich länger als beabsichtigt in dieser Stadt auf. Da einige Kleider vor meiner Abreise immer noch nicht fertig waren, sandte der Gouverneur sie mir später nach Kentucky. Mit einem Brief des Gouverneurs Clark an den Indianeragenten von Cape Guirardeau ausgerüstet, reiste ich nun in meinem Birkenrindenkanu dorthin. Ich ließ es am Cap, wo ich mich nur sehr kurze Zeit aufhielt. Dort traf ich einige der Herren, die mit dem Major Long gerade von ihrer berühmten Reise zu den Rocky Mountains zurückkehrten.[4] Dies war im Jahre 1820, ein Jahr nach meiner ersten Rückkehr an den Ohio. Seit meiner Gefangennahme durch *Manito-o-geezhik* und *Gish-kaw-ko* waren, als ich meine Reise vom Waldsee aus 1819 unternahm, genau dreißig Jahre verstrichen. So war wohl 1789 das Jahr meiner Gefangennahme. Ich bin heute siebenundvierzig Jahre alt.

Vier Monate lang blieb ich bei meinen Schwestern in dem fünfzehn Meilen von Cape Guirardeau entfernten Jackson. Dann ging ich nach Kentucky und kehrte im darauffolgenden Herbst nach St. Louis zurück, um Gouverneur Clark wiederzusehen. Er war aber gerade nicht in dieser Stadt, und da in St. Louis eine Fieberepedemie herrschte, an der viele starben, hielt ich mich dort nur ganz kurz auf. Auf dem Heimweg überfiel mich an der Grand Prairie, achtzig Meilen von dem Orte entfernt, wo ich meine Kinder zurückgelassen hatte, ein heftiges Fieber. Glücklicherweise aber traf ich dort eine Frau, die mich mit großer Menschlichkeit und Liebenswürdigkeit behandelte, so daß ich bald wieder gesund wurde. Ich erfuhr nun, daß meine Kinder ebenfalls schwer an dem Fieber, das die ganze Gegend heimsuchte, erkrankt waren, und so eilte ich denn, trotz meines eigenen unglückseligen und entkräfteten Zustandes, zu ihnen. Jedoch starb nur eines der Kinder. Die anderen wurden trotz ihrer sehr schweren Erkrankung wieder gesund. Ich war jedoch nicht das einzige Opfer dieser Heimsuchung. Aus dem engsten Kreise meiner Verwandten starben sieben, und die Sterbeziffer in diesem Teil des Staates war eine ungeheure.

Im nächsten Frühling wurde ein neuer Versuch unternommen, mir aus dem Erbe meines Vaters etwas zukommen zu lassen. Meine Stiefmutter jedoch sandte einige der Negersklaven, die ich zu erhalten hoffte, nach der Insel Kuba, wo sie verkauft wurden. Diese Angelegenheit ist immer noch nicht geregelt und liegt zur Zeit noch in den Händen der Rechtsanwälte.

Im Frühling 1822 ging ich wieder nordwärts, da ich mich bei meinen Freunden in Kentucky doch nicht so ganz wohl fühlen konnte. Ich reiste über die Grand-Prairie-Tragstelle, gab mein Kanu meinem Bruder, nahm mir Pferde und ritt mit meinen Kindern am Illinois entlang nach St. Louis.

Der für das Fort Clark zuständige Indianeragent wohnte zu jener Zeit in einem Orte namens Elchherz (Elk Heart). Er sowohl wie die meisten anderen Leute dieser Gegend waren freundlich zu mir gewesen und hatten mir in allen Notlagen ihre Hilfsbereitschaft erzeigt. Auf dieser Reise nun machte ich in Elchherz halt, und obwohl der Agent selbst nicht zu Hause war, erhielt ich doch kostenlos Futter für meine Pferde sowie die für meine Kinder und mich erforderlichen Nahrungsmittel. Am nächsten Tage traf ich den Agenten, der gerade von Fort Clark zurückkehrte, und erzählte ihm von dem freundlichen Empfang, den ich in seinem Hause während seiner Abwesenheit erfahren hatte.

In Chicago sah ich mich gezwungen, meine Pferde weit unter ihrem Wert an Hauptmann Bradley und Mr. Kenzie, die jetzt an Dr. Wolcotts Stelle Agenten waren, zu verkaufen. Sie sagten mir, daß man sie keinesfalls für mich nach Mackinac befördern würde. Für ein altes Pferd, das ich als wertlos zurücklassen wollte, erhielt ich von einem der Herren fünfzehn Dollars. Er hätte es von mir umsonst haben können. Als Kapitän Keith mit dem Dampfer »Jackson« ankam, und den mir von Gouverneur Clark mitgegebenen Brief las, sagte er, daß er meine Pferde kostenlos für mich mit nach Mackinac genommen hätte. Da sie aber bereits verkauft waren, ließ sich daran nichts mehr ändern.

Der Hauptgrund meiner Rückkehr nach Mackinac war, mich dem dortigen Indianeragenten Oberst Boyd als Dolmetscher anzubieten. Er hatte oft den Wunsch ausgespro-

chen, daß ich dies tun sollte, sobald meine neuzuerwer-
benden englischen Sprachkenntnisse mir gestatteten, mei-
nen Amtspflichten nachzukommen. Ich war deshalb sehr
enttäuscht, zu erfahren, daß ich zu spät kam, weil gerade
ein anderer Dolmetscher engagiert worden war. Er teilte
mir jedoch mit, daß ein für den Mariensprung neuange-
stellter Indianeragent sich gerade auf dem Wege dorthin
befinde, und der Oberst meinte, daß ich die dortige Dol-
metscherstelle vielleicht erhalten könne. Als der erwartete
Herr, Mr. Schoolcraft, in Mackinac eintraf, nahm er mei-
nen Vorschlag bereitwilligst an. Er konnte sich aber nur
eine Stunde lang bei uns aufhalten und sagte mir, ich soll-
te ihm zum Mariensprung nachfolgen, und zwar gab er
mir vier Tage Zeit. Ich machte die entsprechenden Vorbe-
reitungen und war gerade reisefertig, als ein Brief von Mr.
Schoolcraft eintraf, der mir mitteilte, daß er am Marien-
sprung bereits einen Dolmetscher vorgefunden hätte und
mich deshalb bäte, von meinem Kommen abzusehen. Dar-
aufhin trug ich die Möbel und anderen Gegenstände, die
ich bereits für meine neue Stellung eingekauft hatte, zu
den Händlern zurück, und sie gaben mir bereitwillig mein
Geld wieder.

FÜNFZEHNTES KAPITEL

Die Betätigungen der Vertreter der Amerikanischen Pelzkompanie in der Gegend des Waldsees – Verrat einer Indianerfrau – Gescheiterte Versuche, meine Kinder aus dem Indianerland wegzubringen.

Da ich nun stellenlos war[1], nahm ich das Angebot von Mr. Stewart (eines Vertreters der Amerikanischen Pelzkompanie) an, die Händler in das Indianergebiet zu begleiten. Dies zog ich der mir vom Indianeragenten angebotenen Stellung als Gehilfe in der Schmiede vor. Als Gehalt wurden mir von der Amerikanischen Pelzkompanie jährlich zweihundertfünfzig Dollars und ein Anzug versprochen

Ich ließ meine Kinder in der Schule[2] von Mackinac und ging mit Mr. Morrison, einem der Hauptangestellten der Pelzkompanie, zum Mariensprung. Von dort aus wurde ich in einem Boot mit einigen Franzosen nach Fond Du Lac geschickt. Ich war so unvertraut mit den Sitten dieser Leute, daß ich bei ihnen verhungert wäre. Zum Glück aber konnte ich gelegentlich meinen Gefährten einige Nahrungsmittel abkaufen.[3]

Von Fond Du Lac ging ich mit Mr. Cote zum Regensee. Da ich aber geschäftlich völlig unerfahren war, erlitt ich viele Unbequemlichkeiten. Ich hatte einige Fallen bei mir und fing während der Reise eine Menge Moschusratten. Zu meinem Erstaunen und Ärger mußte ich jedoch hören, daß deren Pelze mir nicht gehörten. Aber nicht nur die Felle mußte ich abgeben, sondern auch allein in einem schwer mit wildem Reis beladenen Kanu fahren und mich den niedrigsten Arbeiten unterziehen – was ich sehr ungern tat.

Als wir am Regensee ankamen, ging ich auf die Jagd, erlegte aber nichts. Bald darauf schickten sie mich zu den Stromschnellen am Regensee-Fluß, und dort fing ich vor Beginn der Eisbildung einhunderfünfzig Störe. Der Winter war nun gekommen, und Mr. Cote sandte mir durch einen Angestellten und vier Franzosen eine kleine Warenladung, etwa im Werte von hundertsechzig Dollars, um damit unter den Indianern Handel zu treiben. Wir bekamen keine anderen Nahrungsvorräte als wilden Reis (und zwar achtzehn Liter pro Mann) und erhielten den Auftrag, keinesfalls eher zurückzukommen, als bis alle unsere Waren in Pelze umgetauscht wären. Da ich wußte, daß wir erst lange reisen mußten, ehe wir zu den Indianern kamen, bat ich Mr. Cote um einen kurzen Aufenthalt, um ein Gespann von zwei guten Hunden, die ich besaß, mit Zugriemen auszurüsten und außerdem für uns Schneeschuhe anzufertigen; aber er wollte auch nicht die geringste Verzögerung gestatten.

Vier Tage nach unserer Abreise gerieten wir in einen schweren Schneesturm, und da unser Vorrat an wildem Reis aufgebraucht war, verließen mich der Kommis und die drei Franzosen und kehrten zum Fort zurück. So waren nur noch ich selbst und ein alter Franzose namens Veiage übrig, der ein kräftiger, geduldiger und ausgezeichneter Mann war. Wir beide kämpften uns zusammen mit unserer schweren Last durch den Schnee vorwärts.

Nach einigen Tagen stießen wir, durch Nahrungsmangel sehr entkräftet, auf einige Indianerzelte, deren Bewohner jedoch ebenfalls dem Hungertode nah waren. Veiage ging mit diesen Leuten und einigen Waren zu einem anderen in der Nähe befindlichen Lager, aber auch dort herrschte die bitterste Hungersnot. Als ich an die Stelle zurückkehrte, wo mein Gefährte mich verlassen hatte, waren die Zelte verschwunden, und niemand war dageblieben. Hier nun verließ mich meine letzte Kraft, und da die Nacht sehr kalt war, setzte ich mich hin, um auf den Tod zu warten. Ein Indianer aber, der nach seinen Fallen sehen wollte, kehrte zurück, fand mich, machte Feuer und half mir sein Zelt zu erreichen. Er hatte einen Biber gefangen, der nun unter zwanzig Personen aufgeteilt werden mußte, von denen jede seit zwei Tagen nicht einen Mundvoll Essen erhalten hatte – und alle waren dem Verhungern nahe.

Kurz darauf setzte ich dennoch mit neuer Kraft meine Reise fort und fand das Zelt meines Freunde *Oto-pun-ne-be*, der mich einst an *Waw-be-be-nais-sa* gerächt hatte. Als seine Frau meine körperlich Verfassung sah, fing sie an zu weinen, denn der Hunger und die Erschöpfung hatten mich abgezehrt und mein Aussehen ganz verändert. Um diese Zeit besuchten uns auch noch acht halbverhungerte Franzosen, die Mr. Cote mir nachgeschickt hatte, da er annahm, ich hätte Büffel gefunden und müßte nun Fleisch im Überflusse haben. Als einer meiner Hunde starb, aßen wir ihn. Wir reisten auf einem alten Indianerwege, aber seit ihrem Vorbeikommen war hoher Schnee gefallen. Unter dieser Schneedecke fanden wir einige tote Hunde und andere von den Indianern weggeworfene Dinge wie Knochen, abgetragene Mokassins und Lederstücke. Mit Hilfe dieser Vorräte konnten wir uns am Leben erhalten. Auch töteten und verzehrten wir meinen letzten Hund. Wir hatten aber noch einen weiten Weg vor uns, ehe wir das Gebiet der Büffel erreichten; und da wir alle immer schwächer wurden, berieten wir uns untereinander und beschlossen, einen der Hunde der Pelzkompanie zu töten. Wir handelten dementsprechend und konnten dadurch die Büffel erreichen. Wo unsere Not ein vorläufiges Ende nahm.

Nachdem ich zahlreiche Büffel erlegt hatte und der Fleischvorrat in unserem Lager reichlich war, wurden die Franzosen immer fauler und gleichgültiger und weigerten sich, das erjagte Fleisch herbeizuschleppen, Bündel zu tragen oder mir überhaupt irgendwelche Hilfe zu leisten. Als wir uns auf den Rückweg zum Handelshause machten, weigerten sich alle diese Männer, außer ihrer Decke und ihren Nahrungsmitteln irgend etwas zu tragen. Veiage war der einzige, der mir beistand. So teilten denn er und ich unsere Pelze (die sechshundert Pfund wogen). Wir brauchten natürlich sehr lange, um diese schweren Lasten zum Fort zurückzubringen.

Als ich ankam, legte ich für alles Rechenschaft ab. Für jedes Stück Ware hatte ich die entsprechenden Pelze eingetauscht, und wir hatten nur etwas Schießpulver und einige Kugeln für die Jagd verbraucht, deren Preis von meinem Gehalt abgezogen wurde. Für den Hund, den wir in der äußersten Hungersnot hatten töten und verzehren müssen, wurden mir weitere zehn Dollars abgezogen, obwohl er nicht nur mein Leben, sondern auch das der mit mir reisenden neun Franzosen gerettet hatte. Mr. Cote bemängelte außerdem noch mein Handelstalent und machte mir Vorwürfe, keinen Whisky mitgenommen zu haben, der mir noch viel mehr Pelze eingebracht haben würde. Ich erwiderte ihm, daß ich mit der Hilfe von Whisky vielleicht tatsächlich mehr Pelze erhalten haben würde, daß ich aber entschieden dagegen wäre, mit betrunkenen Indianern Handel zu treiben, und daß ich keinesfalls und bei keiner Gelegenheit die große Schuld auf mich laden möchte, den Genuß von Alkohol bei ihnen einzuführen. Er aber hatte beschlossen, mich nochmals auf eine solche Handelsreise zu schicken und diesmal Whisky mitzunehmen. Ich ließ mich bereden, dies ein einziges Mal zu tun und nach seinen Vorschriften zu handeln. Diese lauteten: »Jede erdenkliche Methode anzuwenden, um die größtmöglich Anzahl Felle zum geringsten Preis zu erhalten.«

Diesmal reiste ich in die Gegend des Waldsees, und zwar mit einer Warenladung im Werte von zweihundert Dollars. Tatsächlich gelang es mir, unter Anwendung von Whisky mehr als doppelt so viele Pelze wie früher einzuhandeln. Diesmal zeigte Mr. Cote sich höchst befriedigt über meinen Erfolg. Ich teilte ihm jedoch mit, daß er bei dieser Handelsmethode eine andere Persönlichkeit als mich engagieren müsse, da ich mich keinesfalls nochmals zu solchem Betrug und solcher Ungerechtigkeit mißbrauchen lassen würde. Ich hatte so lange unter den Indianern gelebt, daß viele von ihnen zu meinen engsten Freunden zählen, und da ich den Einfluß des vergiftenden Alkohols auf sie mit eigenen Augen oft genug gesehen hatte, wollte ich diesen Mißbrauch, wenigstens soweit es in meiner Macht stand, verhindern. Keinesfalls wollte ich in der Verbreitung dieses

Giftes unter ihnen eine aktive Rolle spielen. Auch wollte ich nicht den Vorteil, den ihr unbesiegbarer Drang nach Alkohol mir über sie gab, handelsmäßig ausnutzen, denn obgleich sie sich leicht betrügen ließen, erkannten sie doch später diesen Betrug. Die Folge waren Feindschaft und Haß, die dem Ausmaß ihrer Leiden entsprachen, und die sie ganz besonders mir gegenüber empfinden mußten, da sie mich als einen der Ihren betrachteten.

Fünfzehn Monate lang war ich der Angestellte der Amerikanischen Pelzkompanie. Während dieser gesamten Zeit schlief ich nur dreizehnmal im Hause dieser Firma – so anstrengend waren die mir auferlegten Beschäftigungen. In meinem Kontrakt mit Mr. Stewart befand sich ein Paragraph, der mir gestattete, zum Roten Fluß zu gehen, um meine Kinder wiederzusehen, und den Versuch zu unternehmen, sie zu mir zu holen. Als daher die Zeit des jährlichen Besuchs der Händler in Mackinac gekommen war, durfte auch ich sie in eigenen Angelegenheiten begleiten. Jedoch betrog mich Mr. Cote hinsichtlich der mir versprochenen Mokassins und anderer Ausrüstungsgegenstände, so daß ich viele Beschwerden zu erleiden hatte, besonders, da ich in einem kleinen Kanu allein reiste. Ich hatte drei Kinder, zwei Töchter und einen Sohn, von denen ich lange getrennt gewesen war – auch schon, ehe ich zum ersten Male das Land der Indianer verließ.

Mr. Clark von der Hudson's Bay Company, der nun am Roten Fluß stationiert war, und an den ich einen Empfehlungsbrief mit hatte, weigerte sich, mir irgendwelche Hilfe bei der Auffindung meiner Kinder zu geben. Als ich am Morgen dort ankam, hatte ich meine Schlafdecke in seinem Hause in der Erwartung gelassen, daß ich zum mindesten dort schlafen dürfe. Aber als die Nacht kam und ich hineinwollte, schickte er mir die Decke in einer Art zu, die mir zeigte, daß ich herausgeworfen werden würde, wenn ich etwa versuchen sollte, das Haus nochmals zu betreten. So suchte ich mir einen Platz im Walde, um dort zu schlafen. Mr. Bruce jedoch, der bereits von mir erwähnte Dolmetscher, sah mich, lud mich in sein Zelt ein und forderte mich in der gastfreundlichsten Weise auf, bei ihm zu bleiben.

Da ich also von Mr. Clark, der sowieso das Land bald verlassen wollte, keine Hilfe zu erwarten hatte, wandte ich mich an den militärischen Kommandeur Hauptmann Bulger. Ich trug ihm mein Anliegen vor, und er hörte mir mit der freundlichsten Aufmerksamkeit zu. Da er wußte, daß ich am Tage vorher angekommen war, fragte er mich, wo ich geschlafen hätte. Als er hörte, daß man mich auf dem Handelsposten zurückgewiesen hatte, lud er mich sofort zum Essen ein und ließ mich in seinem Hause schlafen, solange ich dort war. Auch fragte er mich nach dem Aufenthaltsorte meiner Kinder, und ich versicherte ihm, daß sie sich bei den Indianern in der Nähe der Prärie-Tragstelle befänden.

Einige Indianer aus der Umgebung des Forts berichteten, daß die Gruppe, bei der meine Kinder sich aufhielten, von meiner Ankunft gehört und beschlossen hätte, mich zu töten, falls ich darauf bestünde, die Kinder von ihnen wegzunehmen. Dennoch suchte ich sie, sobald ich die Reise unternehmen konnte, auf und ging in das Zelt des Anführers, der mich freundlich empfing. Ich blieb dort einige Zeit, und zwar im Zelte meiner Kinder, die sich über das Wiedersehen mit mir zu freuen schienen. Dennoch bemerkte ich, daß die Indianer keineswegs gesonnen waren, sie mit mir gehen zu lassen. *Giah-ge-wa-go-mo*, der Mann, der meinen Sohn gestohlen hatte, und den ich deshalb hatte schlagen müssen, behandelte mich sehr unfreundlich und drohte, mir das Leben zu nehmen. Ich sagte zu ihm: »Wenn du ein Mann wärest, so hättest du mich schon vor langer Zeit umgebracht, statt mich nun zu bedrohen. Ich fürchte mich nicht vor dir.« Da ich aber ganz allein war, konnte ich zur Zeit nichts anderes tun, als die Gruppe zum Weiterwandern zu bewegen, und zwar in die Nähe des Forts vom Roten Fluß. Dies war eine beträchtlich weite Reise, während der man meine Kinder und mich schwere Lasten tragen ließ und uns überhaupt wie Sklaven behandelte.

Was ich persönlich zu tragen hatte, war nicht allzu schwer, aber sie bepackten meine Kinder so sehr, daß ich ihnen beistehen mußte. Als wir in der Nähe des Forts ihr Lager aufgeschlagen hatten, bat ich die Indianer, mir die Kinder zu überlassen, aber sie weigerten sich absolut, dies zu tun. Besonders *Giah-ge-wa-go-mo* leistete mir erbitterten Widerstand, und die Meinungsverschiedenheiten mit ihm drohten bereits in Tätlichkeiten auszuarten. Ich wollte aber keinesfalls etwa Blut vergießen, ohne nicht zuerst Hauptmann Bulger um Rat zu bitten, da er sich mir gegenüber so freundlich gezeigt hatte. Ich ging also zu ihm hin, erklärte ihm die Lage und sagte, daß ich überzeugt sei, die Kinder nicht ohne Gewaltmaßnahmen gegen *Giah-ge-wa-go-mo* erhalten zu können. Er hielt mein Unternehmen für gerechtfertigt und schickte sofort Mr. Bruce aus, der die Kinder in das Fort bringen sollte. Sie kamen dort auch an, aber von zehn oder zwölf Indianern begleitet, die sie nicht verließen. Die Kinder stellte ich dem Hauptmann vor, und er schickte einen Diener zu ihnen, um ihnen Essen zu bringen. Da er selbst gerade beim Essen war, wurde etwas von seinem eigenen Tische gebracht und ihnen gegeben. Die Indianer jedoch nahmen es ihnen sofort weg, so daß sie nicht einen Mundvoll davon erhielten. Als ein Laib Brot gebracht wurde, ereignete sich genau dasselbe, und sie bekamen nicht ein Stückchen davon ab. Daraufhin ließ Hauptmann Bulger ein Vorratshaus öffnen und wies mich an, dort etwas Eßbares zu holen. Ich fand einige Säcke voll Pemmican, nahm einen halben von etwa zwanzig Pfund, ließ sie sich niedersetzen, und alle langten zu.

Genau wie mir verweigerten die Indianer auch Hauptmann Bulger die Auslieferung der Kinder. Deshalb berief er am nächsten Tage alle Anführer (unter denen sich auch *Giah-ge-wa-go-mo* befand) zu sich, um eine Ratssitzung abzuhalten. Der Häuptling selber war durchaus der Meinung, daß ich die Kinder haben sollte, und setzte sich im Beratungsraum zwischen Hauptmann Bulger und mich, womit er die anderen vier Männer, die die Auslieferung verweigern wollten, öffentlich als seinen Wünschen zuwiderhandelnd brandmarkte.

Nachdem Geschenke im Werte von hundert Dollars hereingebracht worden und auf dem Fußboden zwischen den beiden Parteien ausgebreitet worden waren, sagte Hauptmann Bulger das Folgende zu den Indianern:

»Meine Kinder, ich habe eine Pfeife mit Tabak vor euch hinlegen lassen, nicht etwa, um euch das Recht dieses Mannes, das ihm Gehörende mitzunehmen, abzukaufen, sondern um euch zu sagen, daß ich freundschaftlich eure Hand ergreife, solange ihr aufmerksam meinen Worten zuhört. Dieser Mann kommt nicht nur aus eigenem Antriebe und mit seinen eigenen Worten; er spricht auch die Worte des großen Vaters jenseits der Wasser und des Großen Geistes, in dessen Händen wir alle sind und der ihm diese Kinder gegeben hat. Deshalb ist es eure Pflicht, ihm keine weiteren Schwierigkeiten zu machen und ihm seine Kinder zurückzugeben. Als ein Zeichen unseres Einvernehmens sollt ihr diese Geschenke annehmen.«

Daraufhin berieten sich die Indianer. Ehe sie jedoch antworteten, sahen sie vor der Tür eine beträchtliche Soldatengruppe erscheinen und dort Posten beziehen. Sie sahen sich von ihnen völlig eingeschlossen, nahmen die Geschenke an und versprachen, die Kinder auszuliefern.

Die Mutter dieser Kinder war nun schon eine alte Frau.[4] Da sie diese zu begleiten wünschte, stimmte ich sogleich zu. Mein Sohn war nun schon alt genug, um über sich selbst bestimmen zu können. Er zog es vor, bei den Indianern zu bleiben, und da es schon zu spät war, ihn zu eineranderen Lebensweise als der indianischen zu erziehen, gab ich ihm dazu meine Einwilligung.

Auf unserer Rückreise begleiteten uns einige Indianer vier Tagesreisen weit, worauf alle außer meiner Frau und meinen beiden Töchtern zurückkehrten.

Ich ging nicht wieder über den *Be-gwi-o-nus-ko-Se-be* zum Waldsee, sondern wählte einen anderen Weg, teils zu

Wasser, teils zu Lande. Wenn man den »Schlechten Fluß« (Bad River) hinauffährt, muß man einen kurzen Umweg über den Störfluß (Sturgeon River) und eine Trapstelle nehmen. Dann gelang man wieder zum Hauptfluß. Nahe der Mündung, dieses Störflusses hatten einige Indianer – sechs oder sieben Zeltgemeinschaften – ihr Lager aufgeschlagen. Dort befand sich auch ein junger Mann namens *Ome-zhuh-gwut-oons*, der vor kurzem von Mr. Cote wegen eines in der Nähe des Handelspostens tatsächlich begangenen oder angeblichen Verbrechens ausgepeitscht worden war[5] und die heftigsten Rachegefühle hegte. Als er von meiner Ankunft hörte, fuhr er mir in seinem kleinen Kanu nach und holte mich bald ein. Sobald wir uns getroffen hatten, ließ er sich in lange Gespräche mit mir ein und behauptete sogar, irgendwie mit mir verwandt zu sein. Er verbrachte die Nacht in unserem Zelt und reiste am nächsten Morgen mit uns weiter. Als wir später haltmachten und uns am Ufer ausruhten, beobachtete ich, daß er einer meiner Töchter im Gebüsch nachstellte. Sie kehrte aber sofort in etwas aufgeregtem Zustande zu mir zurück. Ihre Mutter redete während dieses Tages öfter auf sie ein, aber das junge Mädchen schien traurig und weinte einige Male.

Als wir das nächste Nachtlager aufschlugen, verließ jener junge Mann uns sehr bald, aber da er sich in der Nähe aufhielt und scheinbar sehr eifrig an irgend etwas arbeitete, sah ich nach ihm und fand, daß er den gesamten Inhalt seines Medizinsackes um sich herum ausgebreitet hatte. Er versuchte gerade, ein Stück Hirschsehne von etwa zwölf Zentimeter Länge in eine Kugel hineinzupraktizieren.[6] »Mein Bruder« sagte ich zu ihm (denn so hatte auch er mich genannt), »falls du Pulver, Kugeln oder Feuersteine brauchen solltest, so kannst du sie von mir erhalten, denn ich habe genügende Vorräte davon zur Hand.« Er antwortete aber, daß er selbst genug Munition besäße, und so verließ ich ihn denn und ging in mein Zelt zurück. Nach einiger Zeit kam er zu mir herein, und zwar gekleidet und geschminkt wie ein Krieger für die Schlacht. Da er mich sehr scharf beobachtete, verstärkte sich mein Verdacht gegen ihn immer mehr. Er plauderte jedoch freundlich wie immer mit mir. Dann bat er mich um mein Messer, angeblich um etwas Tabak damit zu schneiden. Aber statt es mir zurückzugeben, steckte er es in seinen Gürtel. Ich nahm an, daß er es mir am Morgen wiedergeben wollte.

Da ich sein Mißtrauen nicht wecken wollte, legte ich mich zur gewohnten Zeit schlafen. Jedoch hatte ich nicht mein Zelt aufgestellt, sondern mir nur einen Windschirm aus etwas bemaltem Stoff, den ich am roten Fluß als Geschenk erhalten hatte, errichtet. Ich legte mich in einer Stellung nieder, die mir gestattete, die Bewegungen des jungen Mannes genau zu beobachten. Mit offenen, wachsamen Augen saß er mir am Feuer gegenüber und schien augenscheinlich nicht die geringste Absicht zu haben, sich zur Ruhe zu begeben. Ein Gewitter zog auf, und er erschien mir noch unruhiger als vorher. Als es zu regnen anfing, forderte ich ihn auf, sich neben mich zu legen, um den Schutz meines Windschirmes zu teilen. Er tat es. Der Regen war sehr heftig und löschte unser Feuer völlig aus. Sofort danach wurden die Moskitos außerordentlich aufdringlich. *Ome-zhuh-gwut-oons* machte ein neues Feuer an, brach sich einen Zweig von einem Busche ab und vertrieb damit die Moskitos aus meiner Nähe. Ich war mir bewußt, daß ich nicht einschlafen durfte, aber ich wurde sehr müde. Da kam ein zweites, noch heftigeres Gewitter. Zwischen den einzelnen Regengüssen lag ich wie ein Schlafender, ohne mich zu bewegen und mit kaum geöffneten Augen. Ich beobachtete meinen Gast: wenn ein besonders lauter Donnerschlag kam, warf er etwas Opfertabak ins Feuer. Da er mich eingeschlafen glaubte, warf er mir ab und zu einen Blick zu wie eine Katze, die auf ihre Beute springen will. Ich blieb jedoch wach.

Er frühstückte mit uns und verließ uns dann, noch ehe ich ganz fertig war. Meine Tochter (die er im Gebüsch belästigt hatte) war höchst aufgeregt und weigerte sich, das Kanu zu besteigen. Ihre Mutter jedoch bemühte sich sehr, sie zu beruhigen und versuchte, meine Aufmerksamkeit von ihr abzulenken. Endlich stiegen alle ein, und wir setzten unsere Reise fort. Der junge Mann fuhr vor uns her, aber gegen zehn Uhr morgens, als man an einer sehr schwierigen Wendung des Fußlaufes eine gute Fernsicht hatte, war ich erstaunt, weder ihn noch sein Kanu zu erblicken. An dieser Stelle ist der Fluß etwa siebzig Meter breit. Auch befindet sich dort eine kleine kahle Felseninsel. Ich hatte meine Jacke ausgezogen und kämpfte in meinem Kanu mit der gefährlich Gegenströmung, wobei ich mich ganz nahe am Ufer halten mußte, als ein Gewehrschuß mich plötzlich aufschreckte. Eine Kugel sauste nahe an meinem Kopfe vorbei, ich fühlte mich verletzt, und gleichzeitig fiel mir das Ruder aus der rechten Hand, die alle Kraft verloren hatte. Trotzdem das Ufergebüsch vom Rauch des Schusses verdunkelt war, sah ich *Ome-zhuh-gwut-oons* dort die Flucht ergreifen. Meine Töchter begannen zu schreien. Ich lenkte meine Blicke auf das Kanu und sah, daß es sich von meinem Blute gänzlich rot gefärbt hatte. Mit meiner linken Hand versuchte ich, das Kanu ans Ufer zu steuern, um meinen Feind zu verfolgen, aber die Strömung war zu stark für mich, trug das Kanu zur Flußmitte und warf es gegen die Felseninsel. Ich stieg nun aus, zog mit der linken Hand das Boot auf die Felsen und versuchte, mein Gewehr zu laden. Ehe mir dies aber gelang, fiel ich in Ohnmacht und sank auf die Felsen nieder. Als ich wieder zu mir kam, befand ich mich allein auf der Insel. Das Kanu mit meinen Töchtern entschwand gerade meinen Blicken. Wieder verlor ich das Bewußtsein, aber nicht für lange.

Da ich annahm, daß der Mann, der mich verwundet hatte, mich von seinem Versteck aus noch beobachtete, untersuchte ich meine Wunden. Ich fand meine Lage hoffnungslos: mein rechter Arm war zerfetzt, und die Kugel steckte in meinem Leibe in der Richtung Lunge. So rief ich *Ome-zhuh-gwut-oons* Namen und bat ihn, meinem Leben auf der Stelle ein Ende zu machen, damit ich von dem mich erwartenden sich ewig hinschleppenden Leiden erlöst würde. »Du hast mich umgebracht« rief ich, »aber obwohl meine Wunden bestimmt tödlich sind, fürchte ich, noch lange leiden zu müssen. Komm deshalb, wenn du ein Mann bist, und gib mir den Gnadenschuß.« Dies rief ich viele Male, aber es kam keine Antwort. Ich war nun fast nackt, denn als ich verwundet wurde, trug ich nur meine Hosen und ein sehr altes löchriges Hemd, das ich mir während des Manövrierens sehr zerrissen hatte. So lag ich der Sonne ausgesetzt auf dem kahlen Felsen an diesem Juli- oder Augusttag, von schwarzen und grünen Fliegen umschwärmt – mit keiner anderen Hoffnung als auf den langsam mich beschleichenden Tod.

Als aber die Sonne untergegangen war, kehrten Hoffnung und Kraft zu mir zurück. Ich sprang in den Fluß und schwamm ans Ufer. Als ich merkte, daß ich auf meinen Füßen stehen konnte, stieß ich den *sas-sah-kwi* oder Kriegsruf als Racheschrei gegen meinen Freund aus. Durch das Schwimmen jedoch hatte ich einen neuen Blutverlust erlitten und verlor aufs neue das Bewußtsein. Als ich wieder bei Sinnen war, verbarg ich mich in der Nähe des Ufers, um meinem Feinde aufzulauern. Tatsächlich sah ich *Ome-zhuh-gwut-oons* aus seinem Versteck kommen, sein Kanu ins Wasser heben, einsteigen und abfahren. Er kam sehr nahe bei mir vorbei, und ich fühlte mich versucht, auf ihn springen, ihn zu packen und im Wasser zu erdrosseln, aber ich fürchtete, daß meine Kraft hierzu nicht ausreichen würde und ließ ihn deshalb gehen, ohne meine Anwesenheit zu verraten.

Ich litt nun an fürchterlichstem Durst, aber da das Ufer steil und felsig war, konnte ich mich mit dem verwundeten Arm nicht hinlegen, um zu trinken. Deshalb mußte ich so weit ins Wasser hineinsteigen, bis mein Mund die Oberfläche erreicht hatte, und auf diese Weise konnte ich trinken. Da es am Abend etwas kühler geworden war, kehrten auch meine Kräfte wieder etwas zurück. Mein Blut jedoch floß sehr reichlich, und ich versuchte deshalb, meine Armwunde zu verbinden.

Auch versuchte ich, obwohl das Fleisch bereits sehr geschwollen war, die gebrochenen Armknochen in die rechte Lage zu bringen. und zwar mit Hilfe der letzten Streifen meines Hemdes, die ich mit meinen Zähnen und mit meiner linken Hand um meinen Arm band – erst lose, dann immer fester, bis es einigermaßen normal aussah. Dann brach ich mir kleine Äste ab, die ich als Schienen benutzte, und legte meine Hand in eine um meinen Hals gebundene Schlinge. Danach nahm ich etwas Rinde von einem Nordkirschstrauch (choke cherry bush), kaute sie fein und legte dies auf die Wunden, um damit das Blut zu stillen. Die ganz Strecke zwischen mir und dem Fluß war voller Blut. Als die Nacht kam, legte ich mich auf eine reich bemooste Stelle, mit einem umgefallenen Baumstamm als Kissen. Ich blieb nahe beim Fluß, um jeden etwa Vorüberkommenden bemerken zu können, auch wegen meines Dursts. Ich wußte, daß das Kanu eines Händlers auf dem Wege nach dem Roten Fluß hier vorüberkommen mußte. Von ihm erwartete ich Rettung und Hilfe. Es waren keine Indianer in der Nähe (außer im Lager, das *Ome-zhuh-gwut-oons* verlassen hatte), und ich hatte allen Grund anzunehmen, daß er, meine Frau und meine Töchter viele Meilen von mir entfernt waren.

Etwa um Mitternacht hörte ich Frauenstimmen, die wie die meiner Töchter klangen, und zwar in einer Entfernung von knapp zweihundert Meter auf der anderen Seite des Flusses. Ich nahm an, daß *Ome-zhuh-gwut-oons* ihr Versteck entdeckt und sich ihnen gewalttätig genähert habe (denn es schien sich um Angstschreie zu handeln), aber meine Schwäche war so groß, daß jeder Versuch einer Hilfeleistung völlig außerhalb meiner Macht lag. Später erfuhr ich, daß meine Töchter, als sie mich ohnmächtig auf den Felsen hinfallen sahen, mich für tot gehalten hatten und daß ihre Mutter sie veranlaßte das Kanu flußabwärts zu drehen und zu fliehen. Meine Frau steuerte dann das Kanu dem Ufergebüsch zu und warf meine Jacke und einige andere Gegenstände heraus. Sie fuhren dann ziemlich weit fort und versteckten sich. Dort aber fiel es meiner Frau ein, daß es klüger gewesen wäre, mein Eigentum zu behalten, und so kehrte sie denn zurück, um es zu holen. Als meine Töchter diese Dinge wiedersahen, begannen sie laut zu weinen – und das waren die Schreie, die ich gehört hatte.

Kurz vor zehn Uhr am nächsten Morgen hörte ich Menschenstimmen auf dem Flusse und konnte von meinem Liegeplatz aus ein mit Weißen bemanntes Kanu sehen. Sie landeten ganz in meiner Nähe und begannen, ein Frühstück zu bereiten. Es handelte sich, wie ich wußte, um das Kanu Mr. Stewards von der Hudson's Bay Company, der mit Mr. Grant um diese Zeit vorüberkommen mußte. Da ich aber wußte, daß mein Anblick sie erschüttern würde, beschloß ich zu warten, bis sie gegessen hätte, ehe ich mich ihnen zeigte. Nach dem Frühstück brachten sie ihr Kanu wieder zu Wasser, und ich watete ein Stück in den Fluß hinein, um ihre Aufmerksamkeit auf mich zu ziehen. Sobald sie mich gesehen hatten, hörte der Franzose auf zu rudern, und alle starrten mich an, als ob sie ihren eigenen Augen nicht trauten. Da die Strömung sie sehr schnell von mir wegtrug und meine wiederholten Rufe in der Indianersprache keine Wirkung zu haben schienen, rief ich Mr. Stewart beim Namen und fügte einige englische Worte hinzu, die ich kannte. Ich bat sie, zu kommen und mich zu holen. Einen Augenblick später waren ihre Ruder im Wasser, und sie brachten das Kanu so nahe an meinen Standort heran, daß ich einsteigen konnte.

Obwohl ich Mr. Stewart und Mr. Grant gut kannte, war keiner im Kanu in der Lage, mich wiederzuerkennen. Ich war zu schwach gewesen, um das Blut von meinem Körper abzuwaschen, und wahrscheinlich hatten die ausgestandenen Leiden mein Äußeres sehr verändert. Sie fragten mich sehr eindringlich und schnell, und bald hatten sie herausgefunden, wer ich war und wie ich in diese Lage geraten war. Sie machten mir ein Bett im Kanu zurecht und fuhren auf meine dringende Bitte dorthin, wo ich meine Kinder schreien gehört hatte und wo ich sie ermordet aufzufinden fürchtete. Aber wir suchten dort und auch anderswo nach ihnen – ohne Erfolg.

Nachdem sie die Identität meines Feindes erfahren hatten, beschlossen die beiden Händler, mit mir in das Lager *Ome-zhuh-gwut-oons* zu fahren. Sollten sie ihn dort einfangen können, so versprachen sie mir, ihn sofort hinrichten zu wollen. Deshalb verbargen sie mich im Kanu und landeten in der Nähe der Zelte. Als ein alter Mann zu ihnen ans Ufer kam, fragte er sie: »Gibt es etwas Neues?« und Mr. Stewart antwortete: »Nichts. Alles ist in Ordnung.« Da sagte der alte Mann: »So behandeln uns die Weißen. Ich weiß genau, daß in der Gegend, aus der ihr kommt, etwas vorgefallen ist, aber du verschweigst es uns. *Ome-zhuh-gwut-oons*, einer unserer jungen Männer, fuhr vor zwei oder drei Tagen flußaufwärts, und er erzählte uns, daß das Langmesser *Shaw-shaw-we-ne-ba-se* (»Der Falke«, der kürzlich hier mit seiner Frau und seinen Kindern vorüberkam, sie alle ermordet hat. Mir scheint jedoch, daß er selbst etwas verbrochen hat, denn er ist ruhelos, paßt scharf auf und ist gerade, ehe ihr hier anlegtet, ausgerissen.« Mr. Stewart und Mr. Grant suchten ihn darauf in allen Zelten, als sie aber merkten, daß er wirklich verschwunden war, sagten sie zu dem alten Mann: »In der Gegend, aus der wir kommen, ist in der Tat ein Verbrechen verübt worden. Aber der Mann, den *Ome-zhuh-gwut-oons* ermorden wollte, ist hier in unserem Kanu; wir wissen jetzt noch nicht, ob er leben oder sterben wird.« Dann zeigten sie mich den Indianern, die sich am Ufer versammelt hatten.

Wir ruhten uns nun ein wenig aus und untersuchten meine Wunden. Da die Kugel direkt unter dem gebrochenen Arm in meinen Körper eingedrungen war und in der Nähe des Brustbeins saß, bat ich Mr. Grant, sie herauszuschneiden. Aber weder er noch Mr. Stewart wollten dies versuchen, und ich war gezwungen, dies, so gut ich es vermochte, selbst mit meiner linken Hand zu tun. Eine Lanzette, die Mr. Grant mir geliehen hatte, brach sofort ab, auch ein Federmesser – so hart und muskulös war das Fleisch an dieser Körperstelle. Dann gaben sie mir ein großes Rasiermesser mit weißem Griff – damit brachte ich die Kugel heraus. Sie war ganz abgeflacht. Das Stück Hirschsehne und die Medizinen *Ome-zhuh-gwut-oon's* blieben noch in meinem Körper zurück. Als ich merkte, daß die Kugel nicht unter meinen Rippen saß, begann ich zu hoffen, daß ich vielleicht doch noch genesen könnte, wenn ich auch Grund zu der Annahme hatte, daß die Wunde vergiftet war und deshalb lange zum Heilen brauchen würden.

Nachdem die Operation vorüber und die Brustwunden verbunden war, reisten wir zum *Ah-kee-ko-bow-we-tig* (dem »Kesselfall«, wo der Bruder *Ome-zhuh-gwut-oon's*, ein Mann namens *Waw-wish-e-gah-bo*, Häuptling war. Auch hier war Mr. Stewart so vorsichtig, mich im Kanu zu verstecken. Dann gab er jedem Manne im Dorfe, den er namentlich herbeirief, etwas Tabak. Als aber mein Feind nicht auftauchte, erzählten die Händler dem Häuptling, daß sein Bruder mich zu ermorden versucht hatte.

Der Häuptling senkte den Kopf und gab keine Antwort auf die Fragen nach *Ome-zhuh-gwut-oons*. Wir erfuhren jedoch von anderen Indianern, daß meine Töchter und deren Mutter hier auf ihrem Wege nach dem Regensee kurz haltgemacht hatten.

Als wir am Regensee am Handelsposten der Nordwestkompanie ankamen, erfuhren wir, daß meine Töchter und deren Mutter auf Grund ihrer verdächtigen Angst und Aufregung von den Händlern festgehalten worden waren, vor allem, weil ich mit ihnen zusammen erst vor einigen Tagen dort durchgekommen war. Als man mich am Fort erblickte, lief die alte Frau mit den Mädchen in den Wald hinein. Aber die Angestellten der Kompanie gingen ihnen nach und brachten sie zurück. Mr. Stewart und Mr. Grant überließen es nun mir, die Höhe der Strafe zu bestimmen, die meine Frau dafür erhalten sollte, daß sie mitschuldig an dem an mir verübten Mordversuche gewesen war. Sie sagten, sie sei genau so schuldig wie *Ome-zhuh-gwut-oons* und müsse deshalb zum Tode oder zu jeder anderen von mir zu bestimmenden Strafe verurteilt werden. Ich sagte ihnen jedoch, daß man sie schnellstens und ohne Proviant aus dem Fort verjagen und ihr jedwede Rückkehr dorthin verbieten solle. Da sie die Mutter meiner Kinder war, wollte ich sie nicht am Galgen oder von den Arbeitern totgeschlagen sehen, wie man mir vorschlug. Da ich aber ihren Anblick haßte, bat ich um ihre Verbannung, und so wurde sie ohne Bestrafung entlassen.

Mr. Stewart verließ mich am Handelsposten am Regensee. Dort sorgte Simon M'Gillevray (der Sohn des einst so einflußreichen Mitbesitzers der Nordwestkompanie) für mich. Er gab mir ein kleines Zimmer, wo meine Töchter für mich kochten und meine Wunden verbanden. Ich war sehr schwach. Mein Arm war schrecklich angeschwollen, und von Zeit zu Zeit kamen Knochensplitter daraus hervor. Ich lag dort achtundzwanzig Tage, als Major Delafield, der Grenzoffizier der Vereinigten Staaten, das Handelshaus besuchte. Nachdem er meine Geschichte gehört hatte, schlug er vor, mich in seinem Kanu nach Machinac zu bringen. Aber obwohl ich ihn gern begleitet hätte, war ich zu schwach für eine so weite Reise. Major Delafield sah dies ein und gab mir eine große Menge ausgezeichneten Proviants: zwei Pfund Tee, Zucker und andere Dinge, ein Zelt und Kleider. Dann reiste er ab.

Zwei Tage später konnte ich aus meinem Arm die Hirschsehne, die an der Kugel befestigt gewesen war, herausziehen. Sie war noch immer etwa zwölf Zentimeter lang, aber nun so dick wie mein Finger und von grüner Farbe. Als *Ome-zhuh-gwut-oons* auf mich schoß, hatte er zwei Kugeln in seinem Gewehr gehabt. Die eine war gerade noch an meinem Kopfe vorübergegangen.

Gleich nach der Abreise von Major Delafield wurde Mr. M'Gillevray sehr unfreundlich gegen mich. Nur die Angst vor dem Offizier hatte ihn veranlaßt, mir einige Aufmerksamkeit zu widmen. Er überhäufte mich mit Beleidigungen und Beschimpfungen und warf mich endlich aus seinem Hause heraus. Aber ein paar Franzosen waren so freundlich, mir eines Nachts Zeltpfähle zu verschaffen und mir ohne Mr. M'Gillevrays Wissen mein Zelt zu errichten. Dank der Großherzigkeit Major Delafields besaß ich genügend Vorräte von allem, was ich brauchte, auch meine Töchter blieben bei mir, obwohl Mr. M'Gillevray mehrmals drohte, sie zu vertreiben. Denn auch nachdem ich das Fort längst verlassen hatte, setzte er seine Verfolgungen fort und ging so weit, meine Töchter von mir zu nehmen und sie im Männerquartier schlafen zu lassen. Aber sie entkamen und flüchteten in das Haus eines alten Franzosen, der der Schwiegervater Mr. M'Gillevrays war und mit dessen Töchtern sie sich angefreundet hatten.

Ich hatte nun schon dreiundvierzig Tage lang in diesem Handelsposten oder in seiner unmittelbaren Nähe gelegen und befand mich in einer höchst unglücklichen Lage, da ich schon lange ohne die Hilfeleistungen meiner Töchter auskommen mußte. Da kam eines Abends unerwartet mein alter Freund Mr. Bruce in mein Zelt. Er war mit Major Long und einigen anderen vom Winnipegsee zurückkehrenden Herren zusammen. Mr. Bruce meinte, daß diese Herren vielleicht bereit und in der Lage wären, meine Töchter aus der Umgebung von Mr. M'Gillevray zu entfernen und sie von Machinac fortzubringen.

Dreimal besuchte ich Major Long in seinem Lager zu jener späten Nachtstunde, obwohl ich kaum zu gehen imstande war. Aber jedesmal sagte er mir, daß seine Kanus besetzt seien und daß er nichts für mich tun könne. Endlich hörte er mehr über meine Lebensgeschichte und begann sich für mich zu interessieren. Als ich ihm dann die Papiere zeigte, die ich von Gouverneur Clark und anderen bekommen hatte, sagte er, ich sei ein Narr, sie ihm nicht schon längst gezeigt zu haben. Er hatte mich, wie er sagte, für einen jener nichtswürdigen Weißen gehalten, die aus Faulheit in die Wildnis gehen, um Indianerinnen zu heiraten. Nun aber verstand er erst, wer ich war, und versuchte mir zu helfen. Er selbst ging mit einigen Männern in das Handelshaus, um meine Töchter zu suchen. Er hatte am Morgen nach seiner Ankunft wieder abreisen wollen, aber nun blieb er einen Tag länger und machte weitere Anstrengungen, um meine Kinder aufzufinden. Aber sosehr wir auch nach meinen Töchtern suchten, konnten wir doch nichts über sie erfahren, als daß sie wahrscheinlich durch Mr. M'Gillevrays Machenschaften und auch durch die Familie seines Schwiegervaters in die Hände von *Kaw-been-tush-kwaw-naw* gefallen waren, des Häuptlings unseres Dorfes in *Me-nau-zhe-tau-naung*. So mußte ich denn für dieses Jahr die Hoffnung aufgeben, sie zurückzubringen. In meiner elenden Lage sehnte ich mich danach, meine eigenen Verwandten und meine drei Kinder in Mackinac wiederzusehen und den Winter in Ruhe zu verbringen.

Ich kannte den Charakter von Mr. M'Gillevray und überhaupt die Einstellung aller Händler der Nordwestkompanie. Sie wären freundlicher zu mir gewesen, wenn ich nicht an der Expedition des Lord Selkirk teilgenommen und bei der Einnahme des Handelspostens am Roten Fluß mitgewirkt hätte. Ich wußte ebenfalls, daß mein seltsames Verhältnis zu den Indianern es fast unmöglich machte, mich mit Erlaubnis in oder in der Nähe der Posten der Nordwestkompanie und der Amerikanischen Pelzkompanie aufzuhalten. Ich war von einem Indianer schwer und gefährlich verwundet worden und mußte mich nach den indianischen Gesetzen an ihm oder irgendeinem Mitglied seines Stammesverbandes rächen. Würde es erst bekannt, daß ich mich in einem der Häuser der Handelsgesellschaften aufhielte, so würden nur sehr wenige Indianer dies zu besuchen wagen.

In Anbetracht aller dieser Tatsachen nahm ich das freundliche Angebot von Major Long, mich in die Staaten zu bringen, an und begab mich in eines seiner Kanus. Aber schon nach einer oder zwei Stunden war ich überzeugt, daß ich eine so lange und schwierige Reise in meinem gegenwärtigen Zustande nicht überstehen konnte. Deshalb vertrauten sie mich einem Handelsangestellten an und schickten mich ins Fort zurück.

Da ich wußte, daß die Türen des Nordwestkompanie-Hauses für mich geschlossen bleiben würde, wandte ich mich an meinen früheren Arbeitgeber, die Amerikanische Pelzgesellschaft. Der junge Mr. Davenport, der damals das Haus verwaltete, erhörte meine Bitte und gab mir ein Zimmer. Da aber die Vorräte knapp zu werden begannen, sorgte Dr. M'Laughlin von der Nordwestkompanie, der Mr. M'Gillevray inzwischen abgelöst hatte, täglich für meine Ernährung und auch für die des Mr. Davenport und seiner Frau. Ich war noch nicht lange dort, als Mr. Cote ankam, um das Haus von Mr. Davenport zu übernehmen. Mr. Cote kam in mein Zimmer, und als er mich im Bett liegen sah, machte er nur die Bemerkung: »Nun, du hast ja einen Krieg ganz für dich allein gemacht.« Am Abend ließ er das für mich gebrachte Essen nicht bis zu mir gelangen, und am nächsten Morgen warf er mich hinaus. Aber das genügte ihm noch nicht. Er verbot mir, auf der amerikanischen Seite der Grenze zu bleiben und änderte diesen Beschluß auch dann nicht, als selbst Dr. M'Laughlin ihn zu meinen Gunsten umzustimmen suchte. In dieser Notlage nahm Dr. M'Laughlin sich meiner an. Und obwohl er wußte, daß er damit den Erfolg seines Winterhandels in Frage stellte, lud er mich auf die britische Seite ein, wo er mich pflegte und ernährte. Zu Anfang des Winters waren meine Wunden etwas geheilt, und ich konnte ein wenig jagen, indem ich das Gewehr in der linken Hand hielt. Aber gegen Neujahr, als ich eines Abends Wasser holen wollte, rutschte ich auf dem Eise aus und fiel hin. Dabei brach ich nicht nur den Arm wieder an derselben Stelle, sondern auch das Schlüsselbein.

Nun endlich nahm Dr. M'Laughlin meine Behandlung, die ich bis dahin ganz allein übernommen hatte, in seine eigenen Hände, und ich mußte noch einmal genauso lange liegen wie im Herbst.

Im Frühling konnte ich wieder jagen. Ich erlegte eine

große Menge Hasen und auch andere Tiere, deren Pelze der Doktor mir sehr großzügig bezahlte. Als die Zeit herankam, wo die Händler die Winterplätze verlassen, sagte er mir, daß die Nordwestkompanie keine Schiffe nach Mackinac unterwegs hätte, daß er aber Mr. Cote beauftragen würde, mich hinzubringen. Dies wurde ausgemacht, und Mr. Cote versprach, mich in seinem eigenen Kanu bis nach Fond Du Lac zu bringen. Statt dessen aber schickte er mich in einem Boot mit einigen Franzosen fort. Mr. Morrison versprach dann meine Beförderung von Fond Du Lac zum Mariensprung. Aber die mir durch das Schiffspersonal zuteil gewordenen Behandlung war so roh, daß ich sie bat, mich am Ufer abzusetzen. Ich legte die fünfunddreißig Meilen bis zum Mariensprung zu Fuß zurück.

Mr. Schoolcraft wollte mich nun als Dolmetscher engagieren, aber das bescheidene Eigentum, das ich in Mackinac zurückgelassen hatte, war beschlagnahmt worden, um damit den Unterhalt meiner Kinder zu bezahlen. Da ich wußte, daß sie meiner bedurften, ging ich zu ihnen. Dort nahm mich Oberst Boyd als indianischen Dolmetscher in seine Dienste – eine Stellung, die ich bis zum Sommer 1828 einnahm. Dann war ich nicht mehr mit der mir von ihm zuteil gewordenen Behandlung zufrieden, verließ Machinac und ging nach New York, um dort die Veröffentlichung meiner Lebensgeschichte in die Wege zu leiten. Nach meiner Rückkehr in den Norden wurde ich von Mr. Schoolcraft, dem Indianeragenten am Sault Ste. Marie, als sein Dolmetscher engagiert. Ich holte meine Kinder dorthin nach und habe seitdem dort gewohnt.

Drei meiner Kinder leben noch immer im Norden unter den Indianern. Meine beiden Töchter würden, wie mir mitgeteilt worden ist, gern zu mir kommen, wenn sie nur könnten. Der Sohn ist älter und hängt an dem Jägerleben, das er nun schon so lange geführt hat. Jetzt kann ich nur hoffen, daß es mir doch noch möglich sein wird, einen zweiten Versuch zur Zurückerlangung meiner Töchter zu unternehmen.

NACHWORT

1823 erschien in den Vereinigten Staaten unter dem Titel *Die Ansiedler oder Die Quellen des Susquehanna* der erste jener später als *Lederstrumpf-Geschichten* bezeichnete Roman von James Fenimore Cooper. Bis 1841 folgten noch vier weitere Bände. Mit ihnen begründete der Autor das Genre des Indianerromans. Die Wirkung war, das darf man ohne Übertreibung sagen, geradezu einmalig. Das Werk fand im angelsächsischen Raum, bald aber auch in anderen europäischen Ländern, zahlreiche Nachahmer. Das in der Aufklärungszeit in Europa allmählich aufgekeimte Interesse an den Indianern (damals vorwiegend im Sinne der »edlen Wilden«) wurde durch sie neu entfacht, zugleich aber in andere Bahnen gelenkt.

Weitgehend unbeachtet blieb daneben ein Buch, das 1830 unter dem langatmigen Titel *A Narrative of the Captivity and Adventures of JOHN TANNER, (U. S. Interpreter at the Saut de Ste. Marie) during Thirty Years Residence among the Indians in the Interior of North America. Prepared for the Press by Edwin James, M. D. Editor of the Account of Major Long's Expedition from Pittsburgh to the Rocky Mountains* erschien und in dem ein Weißer von seinem Schicksal während seines dreißigjährigen Aufenthalts unter den Indianern erzählte. Herausgegeben wurde das Werk von dem Arzt Dr. Edwin James, dem Tanner seine Lebensgeschichte erzählt hatte. So wie sie James niederschrieb, war es eine einfache, stilistisch nicht besonders ausgefeilte Schilderung, die offensichtlich ziemlich genau dem Erzähler folgte, die aber gerade in ihrer schlichten Art besonders bestach. »Den Schauplatz bildete der Mittelwesten der Vereinigten Staaten, das nordwestlich der Großen Seen gelegene Gebiet und die mittleren kanadischen Provinzen Ontario und Manitoba, ferner der US-Staat Kentucky, der von der Stadt Cincinnati durch die breiten, gelben Fluten des schlemmigen Ohio getrennt ist« (E. Lips). Ein Gebiet übrigens, das zum Zeitpunkt des Erscheinens von Tanners Buch in der amerikanischen Literatur noch verhältnismäßig wenig, in deutschen Reiseberichten bis dahin gar nicht behandelt worden war. John Tanner erzählt in dem Werk von seinem merkwürdigen Lebensweg. Er war als Neunjähriger von Indianern geraubt worden und hatte von 1789 bis 1819, also volle dreißig Jahre lang, bei ihnen leben müssen. Erst als Vierzigjähriger kehrte er in die Welt der weißen Amerikaner zurück.

Der Name Tanner deutet auf deutschstämmige Herkunft. Er wurde 1781 in Virginia geboren, wo er noch seine ersten Kinderjahre verbrachte. Nachdem die Mutter gestorben war und der Vater wieder geheiratet hatte, zog dieser mit der Familie nach dem Mittelwesten und ließ sich einige Tagesreisen westlich der damals noch kleinen Siedlung Cincinnati mitten in der Wildnis an der Mündung des Großen Miami-Flusses in den Ohio nieder. Hier nun wurde der neunjährige John von Indianern aufgegriffen und verschleppt. Seine Entführer gehörten zum Stamm der Ottawa, der eng verwandt war mit den Ojibwa. Solche Entführungen kamen immer wieder einmal vor und waren gefürchtet, da sich in den allermeisten Fällen die Spur der Kinder für immer verlor. Tanner wurde von einer indianischen Familie adoptiert und erhielt den Namen Shaw-shaw-wane-ba-se (Der Falke). Auch die Adoption war geradezu selbstverständlich. Entführte Kinder und Kinder von Besiegten dienten auf diese Weise als eine Art Ersatz für verlorene eigene Kinder. Man konnte sie regelrecht kaufen und verkaufen, wie ja das Beispiel Tanners beweist, der von seinen ersten Adoptiveltern für zwei Fässer Whisky, eine Schlafdecke und Tabak an eine Ojibwa-Frau verkauft wurde, die einen Ersatz für ihren verstorbenen Sohn suchte. Derartige Kinderkäufe waren nach den Stammesgesetzen ein durchaus rechtmäßiges Verfahren. Im Falle Tanners erwies sich der Verkauf sogar als ein Glücksfall, wurde er doch von der neuen Mutter wesentlich besser behandelt als von den ersten Adoptiveltern.

Erstaunlicherweise hören wir von Tanner nirgends Klagen über sein tragisches Schicksal. Er schien sich mit ausgesprochenem Fatalismus in seine Lage gefügt und sein ganzes Sinnen statt auf Flucht mehr auf das Überleben gerichtet zu haben. Vielleicht hing dieses Verhalten auch damit zusammen, daß er ja schon als kleines Kind seine Mutter verloren hatte und das Verhältnis zum Vater und den Geschwistern nicht gerade das beste gewesen zu sein schien.

Man kann Tanners Bericht über sein Leben bei den Indianern einfach als autobiographisches Zeugnis lesen und wird immer wieder erschüttert sein über die so nüchtern geschilderte Härte des Lebenskampfes. Er ist aber in doppelter Hinsicht auch ein wichtiges ethnologisches und kulturhistorisches Zeugnis. Als sozusagen eine Art Gegenstück zu den Indianerromanen in der Nachfolge Coopers bietet es authentische Aussagen über die Lebens- und Wirtschaftsformen der subarktischen Jäger, zu denen die Ojibwas gezählt wurden. Sie gehörten zu der großen Algonkin-Sprachfamilie, kamen ursprünglich von der Atlantik-Küste und hatten sich allmählich bis zum Missouri ausgebreitet. Die Jagd prägte ihr Leben, im Frühjahr die Fallenjagd vor allem auf Biber, im Sommer Fischfang und Büffeljagd, im Herbst Jagd auf Bären und Elche mit dem Gewehr und Fallenjagd auf Kleinwild. Tanner beschreibt den Kampf ums Überleben und die häufigen Hungersnöte in allen Einzelheiten. Er gibt aber auch ein Bild der verschiedenen Kriegszüge, die kaum etwas mit den heroischen Schilderungen der Abenteuerromane gemeinsam haben. Zwar bestand zwischen Ojibwa und Dakota (Sioux) eine alte Feindschaft, auch wurden immer wieder Kriegszüge gegeneinander unternommen, aber Tanners Schilderungen hinterlassen keine heldenhaften, sondern eher tragikomische Eindrücke.

Besonders ergiebig sind die Erinnerungen als Quelle für das Verhältnis von Indianern und weißen Amerikanern im Zusammenhang mit dem Pelzhandel. Die weißen Händler folgten ursprünglich den Indianern an ihre Sommerversammlungsplätze und kauften ihnen dort die im Winter erjagten Pelze ab. Tanners nüchterner Bericht entlarvt die dabei üblichen Handelspraktiken. Die Indianer wurden häufig bei dem Tauschhandel betrogen, wobei sie selbst allerdings eine gewisse Mitschuld trugen, wenn sie in ihrer Gier nach Alkohol ihre kostbaren Pelze gegen Whisky und Rum eintauschten oder besser verschleuderten. Oft genug nutzten die Händler aber auch den nackten Hunger ihrer Handelspartner für ihre betrügerischen Geschäfte.

Tanner nennt verschiedene Handelsstationen, von denen zwei in der Geschichte des Pelzhandels besondere Bedeutung erlangt haben: die wichtigste war die schon seit dem 17. Jahrhundert existierende Station Sault Ste. Marie an den Stromschnellen zwischen dem Huronen- und dem Oberen See, wo der Tauschhandel bis 1840 blühte, und die zweite das in der Nähe der ersten gelegene Michilimackinac – heute Mackinaw. Beide waren gleichzeitig auch von den Jesuiten gegründete Missionsstationen. Zur Zeit Tanners war der Pelzhandel aber längst nicht mehr Sache einzelner Privatleute, sondern lag in den Händen zweier großer Handelsgesellschaften, die sich im Konkurrenzkampf mit den kleineren Unternehmen seit dem 17. Jahrhundert durchgesetzt hatten, der Hundson's Bay Company und der Northwest Company. Letztere wurde 1821 mit der Hundson's Bay Company vereinigt. Beide Kompanien hatten im Laufe der Zeit weite Gebiete erworben. Gegen eine Ablösungssumme von 300 000 Dollar ging das in ihrem Besitz befindliche sogenannte Nordwestterritorium an Kanada über. Heute lebt die Kompanie als Einzelhandelsgesellschaft weiter. Zur Zeit Tanners rivalisierten beide Gesellschaften noch miteinander. Wenigstens daraus konnten die Indianer, wie wir bei Tanner lesen, gelegentlich Nutzen ziehen.

Die Erstausgabe der Erinnerungen brachte neben der Erzählung Tanners noch eine ausführliche Einleitung und einen sehr speziellen völkerkundlichen Anhang von Dr. Edwin James. Aus Platzgründen mußte bei der vorliegenden Neuausgabe auf diese beiden Texte verzichtet werden. Zumindest die Einleitung verdient aber einen besonderen Hinweis. Sie beschäftigt sich weniger mit Tanners Schilderung, aber ausgehend davon mit der Lebenswelt und der damaligen Stellung der Indianer in den jungen Vereinigten Staaten. Der Autor kannte die von ihm angeschnittenen Probleme aus eigener Anschauung, denn er hatte 1819/20 an einer Expedition des Majors Long in die Rocky Mountains teilgenommen. Auf der Rückreise war er dann 1820 erstmals Tanner begegnet.

In der Einleitung trat er zuerst einmal für Tanner ein, gegen den »in der Gegend des letzten Aufenthalts ... einige harte Anschuldigungen gegen seinen Charakter« lautgeworden waren. Er leitet über zu einer kurzen Analyse indianischen Denkens und beschäftigt sich dann mit dem Verhältnis zwischen Indianern und Weißen. Hier werden seine Ausführungen zu einer scharfen Anklage gegen die Geschäftspraktiken der Pelzhandelsgesellschaften. Er betont, daß »die Beziehungen zwischen den beiden Rassen seit über 200 Jahren stets zu einer schnellen Erniedrigung und einem Herunterkommen der Indianer geführt« hätten. Bedeutsam sind seine Überlegungen, wie man die Lage der Indianer verbessern könne. Sie gipfeln in der Feststellung: »Von allen bisher entworfenen Plänen, den Indianern zu nützen, wäre der beste, aber auch in der Ausführung schwierigste, sie in Ruhe zu lassen.« James verfaßte die Anklage gegen das Vorgehen seiner Landsleute zu einer Zeit, als es noch gar nicht zu den übelsten Ausschreitungen und den daraus erwachsenen Indianerkriegen im letzten Drittel des 19. Jahrhunderts gekommen war. Aber seine im Geiste wahrhafter Humanität erhobenen Mahnungen verhallten unbeachtet.

Die erste deutsche Ausgabe der Tannerschen Erinnerungen veröffentlichte schon 1840 der Geograph und Völkerkundler Dr. Karl Andree im Verlag Wilhelm Engelmann, Leipzig. Er verzichtete dabei auf die Einleitung von Dr. James und brachte den Bericht Tanners in einer etwas schwächeren und kaum mehr geeigneten Übersetzung. Es darf daher als ein Glücksfall angesehen werden, daß die bekannte Völkerkundlerin Dr. Eva Lips 1951 eine sorgfältige Neuübersetzung vornahm. Da sie zusammen mit ihrem Mann Julius Lips selbst längere Zeit die Lebensverhältnisse der heutigen Indianer Nordamerikas erforscht hatte, konnte sie als erfahrene Kennerin der Verhältnisse fundierte Anmerkungen und ein umfassendes Nachwort liefern (auf dessen Angaben auch das vorliegende Nachwort weitgehend basiert).

Unsere Ausgabe bringt diese Übersetzung. Aus editorischen Gründen mußte außer auf das Vorwort von James und dessen völkerkundlichen Anhang auch auf das sehr ausführliche Nachwort von Eva Lips verzichtet werden. Dagegen wurden ihre Anmerkungen übernommen, soweit sie nicht auf dieses Nachwort verweisen. Der Text Tanners wurde nur um ein paar unwesentliche Weitschweifigkeiten gekürzt. Da die Originalausgabe keine Illustrationen enthält, wurden einige Bilder des bekannten Schweizer Indianermalers Karl Bodmer (1809–1893) beigefügt. Er nahm als Begleiter des Prinzen Maximilian zu Wied an dessen zweiter Forschungsreise nach Nordamerika teil und bereiste 1832–34 auch jene Gegenden, in denen nur rund drei Jahrzehnte zuvor Tanner seine Jugend- und Gefangenenjahre verbracht hatte. Seine auch heute noch berühmten und prachtvollen Bilder können deshalb durchaus als authentische Illustrationen für Tanners Bericht dienen.

ANMERKUNGEN

Erstes Kapitel

1 Als »Flachboote wurden, um Gegensatz zu den rundkieligen Indianerkanus aus Birkenrinde, die Boote der Weißen bezeichnet.
2 Die als Eigentum der weißen Familie gehaltenen Negersklaven, die zum Haushalt gehörten.
3 Hickory (eine Art Walnußbaum) wird als angeblicher Lieferant von Kanurinde auch auf Seite 16 erwähnt. Es muß sich hier um einen Irrtum Tanners handeln, da die Rindenkanus der nordamerikanischen Indianer stets aus Birke hergestellt werden.
4 Die Handelsposten privater weißer Unternehmer, die als merkantile Zentren bis weit ins Indianerland hinausgerückt waren, dienten zu Zeiten Tanners als wichtigste Berührungs- und Sammelpunkte sowohl der Indianerstämme untereinander als auch der Indianer und der Weißen, die dort gegenseitig ihre Produkte austauschten. Schon 1534 fand Cartier am St.-Lawrence-Strom derartige Handelsplätze vor. Der erste Handelsposten an dem bei Tanner häufig erwähnten Saguenay wurde 1603 eröffnet. Diese Sammelplätze wurden wegen der militärischen Eingriffe der Weißen und wegen der Kriege der Indianer untereinander zu regelrechten Forts ausgebaut und dienten auch den den Weißen verbündeten Indianern als Zufluchtsstätten.
5 Korrekter *Mukuk* oder *Mocuck*. Dies sind aus Birkenrinde verfertigte ornamentierte Behälter, in denen vor allem die Ojibwa den von ihnen im Frühling aus dem Saft der Ahornbäume gewonnenen Zucker oder Sirup verwahren. Der Durchschnittsinhalt eines *Mukuk* beträgt etwa vierzig Pfund.
6 Der Skalptanz war ein von den Frauen ausgeführter lustiger Tanz.
7 Es ist eine allgemein verbreitete Sitte der indianischen Jäger, Fleischvorräte, deren Menge das unmittelbare Bedürfnis überschreitet, an der Luft zu trocknen und auf diese Weise haltbar zu machen. Aus pulverisiertem getrocknetem Hirschfleisch, das mit Blaubeeren, Fett und Mark gemischt wird, stellt man als Dauerkonserve den berühmten »Pemmican«, die äußerst nahrhafte »eiserne Ration« der Arktis und Subarktis, her.
8 Die Plätze im Zelt sind durch Tradition ganz genau bestimmt. In der Mitte befindet sich die Feuerstelle. Der Ehrenplatz ist zwischen Feuerplatz und hinterer Zeltmitte, während der zwischen Eingang und Feuer der schlechteste ist.
9 Im Originaltext: »to the sugar grounds«. Diesen Zucker gewinnen die Indianer im Frühling aus dem Saft des Zucker-Ahornbaumes (*Acer saccharinum*), den sie zu Sirup verkochen.
10 Die an der Südseite der Straße von Michilimackinac gegründete Mission. Erst war dort ein französischer Handelsposten, dann ein Fort, dann die Mission, wo besonders der Jesuitenpater Marquette wirkte.

Zweites Kapitel

1 Allein die bei der Jagd gezeigte Geschicklichkeit bestimmt die Achtung, die ein Mann bei den Indianern genießt.

2 Die von den Weißen eingeschleppten Krankheiten sind einer der Hauptgründe für die Dezimierung der Indianer gewesen. So sind an Blattern, Tuberkulose, Influenza, Masern und Keuchhusten in Nord- sowohl wie in Südamerika ganze Stämme zugrunde gegangen. Indianer werden von diesen Krankheiten viel schrecklicher befallen als Weiße. Die zwei großen Blattern-Epidemien (1781/82 und 1801/02) töteten die Hälfte der nördlichen Prärieindianer. Der »Fieberkrankheit« erlagen um 1830 siebzigtausend kalifornische Indianer und die meisten der heute ausgestorbenen Stämme von Oregon und am Columbia-Fluß.

3 Polygamie (Vielweiberei) kam häufig vor und ist auch heute noch nicht gänzlich verschwunden. Trotzdem *Net-no-kwa* den Rang eines »Oberhäuptlings der Ottawa« bekleidete, duldete sie widerspruchslos zwei Nebenfrauen ihres Gatten.

4 Es ist ein typisches Merkmal indianischen Denkens, daß ein Schwerkranker oder Sterbender sich selbst bereits als Toter fühlt und auch von seiner Umgebung schon als solcher behandelt wird.

5 »Portage« ist der Ausdruck für Gebiete mit Stromschnellen, die nicht mit dem Kanu befahren werden können. Man steigt am Ufer aus, leert die leichten Rindenfahrzeuge und trägt diese zur nächsten Stelle, von der aus man zu Wasser weiterfahren kann. Dann holt man die Waren nach. Um die bekanntesten »portages«, wo die Indianer sich wegen des notwendigen Umladens länger aufhalten mußten, entwickelten sich Treffpunkte und Handelsposten, zum Beispiel an der Prairie Portage, der Portage du Chien usw. Das Wort »portage« ist im Folgenden zuweilen mit »Tragstelle« übersetzt worden.

6 Bei diesen Schneeschuhen handelt es sich um die mit allergrößter Sorgfalt hergestellten Rahmenschneeschuhe aus Zedernholz, die nicht zum Gleiten (wie unsere Skis), sondern zum Laufen im hohen Schnee – um das Einsinken zu vermeiden – getragen werden.

7 Diese Ledergamaschen sind die bekannten »leggings« der Indianer: aus Hirschleder bestehende Beinfutterale, die mit Lederfransen, Stachelschweinborstenstickerei und Glasperlen verziert werden und im Winter vor Frost, im Sommer vor Dornen und Insektenstichen schützen.

8 »Muskegoe«, unkorrekte Schreibweise von *Maskegon* (nicht zu verwechseln mit der Sprachfamilie der *Muskhogee*, denen z. B. die Chocktaw, Seminolen usw. angehören). Die *Maskegon* sind ein Algonkinstamm, der eng mit den Cree, aber auch mit den Ojibwa verwandt ist.

9 Das Wort Winnipeg ist vom dem Algonkin-Wort *ouinipeg* abgeleitet, das »schmutziges« oder »stinkendes Wasser« bedeutet – ein Name, den die Indianer dem salzigen Meerwasser (im Gegensatz zum Süßwasser der Seen) beilegen. Die später um den Winnipeg-See gruppierten *Ouinipigou* (heute Winnebago genannt) leiten ihre Herkunft

vom Meere ab und wurden deshalb von ihren Nachbarn die »Leute des stinkenden Wasser« (französisch *gens puants*, englisch *Stinkards*) genannt; dieser Name übertrug sich auf den See, wo sie ihre spätere Heimat fanden.

Drittes Kapitel

1 Hier handelt es sich bereits um Stahlfallen, die von den weißen Händlern eingetauscht worden waren.

2 Das Erlegen des ersten Bären ist das wichtigste Ereignis im Leben eines jungen Indianers. Bei vielen Algonkinstämmen wird er von diesem Augenblick an als mündig betrachtet und mit dem Respekt behandelt, der einem erwachsenen Jäger geziemt

3 Der flache, fette Biberschwanz ist der größte Leckerbissen dieser Indianer, der auch ein beliebtes Zahlungsmittel für erwiesene Dienste (z. B. des Medizinmannes) und für wertvolle Waren darstellt. In getrocknetem Zustand ist er lange haltbar und an Nährwert und Wohlgeschmack etwa mit einer Speckseite zu vergleichen

4 Die Sitte, rohe Fische zu essen, wird von den Indianern als barbarisch betrachtet und lächerlich gemacht. Die Eskimo (die sich selbst *inuit* = »Menschen« nennen) verdanken dieser Angewohnheit ihren Namen, der von dem Ojibwa-Wort *ashkimeq* (»Rohesser«) abgeleitet ist.

Viertes Kapitel

1 Dieses Kind wird von Tanner im Verlauf seiner Erzählung als das »Bowwetig-Mädchen« bezeichnet.

2 Es muß sich hier um eine derartige Quantität Rum gehandelt haben, daß, wie ja auch aus dem Folgenden hervorgeht, wohl fast die gesamte Lokalgruppe *Net-no-kwa* beim Trinken geholfen hat. Daß die sonst so umsichtige Frau ihre gesamte Jagdausbeute des vergangenen schweren Winters auf diese Weise verschleudern konnte, ist ein typisch indianischer Charakterzug.

3 Um Indianer, die völlig ohne Felle (d. h. Tauschmittel) sind, vor dem Tode zu retten, der die Handelskompanien weiterer gewinnbringender Ausbeute dieser Jäger wertvoller Pelztiere berauben würde, ist es üblich, den Indianern Kredite zu gewähren, die nach dem Wert von Biberfellen berechnet werden.

Fünftes Kapitel

1 Diese Medizinbeutel sind unerläßliche Träger des Jagdzaubers und werden noch heute von den Jägerstämmen Labradors getragen. Sie bestehen aus einem winzigen Lederbeutel, in den ein Tierfötus eingenäht ist, der der Spezies entstammt, die der Jäger zu erlegen hofft.

2 »Karibu« ist die Bezeichnung für das Waldrentier *Rangifer caribou*,

aber auch für *Rangifer arcticus.* Es gehört zu dem begehrtesten und wohlschmeckendsten Jagdwild der nördlichen Indianer.

3 Das heißt: zu einem von gastfreundlichen Indianern bewohnten Zelt.

Sechstes Kapitel

1 Der Begriff »Onkel« umschließt hier alle Stammesmitglieder, die älter sind als Tanner und ist in der Gesellschaftsstruktur dieser Indianer verankert.

2 Das heißt, einen zum Kampfe bereiten Indianer. Während der warmen Jahreszeit warf man vor dem unmittelbaren Kampfe alle Kleidungsstücke ab und bemalte sich das Gesicht mit roter Farbe. Daher der Ausdruck »Rothaut«, der auf die Kriegsbemalung der Indianer, nicht etwa auf eine »kupferrote« Hautfarbe zurückgeht. Die Hautfarbe der Indianer, ein Braun mit gelblichen Untertönen, ist eines der Kennzeichen der asiatischen Herkunft.

3 Das heißt: der französischen Handelskompanie, die hauptsächlich mit den Ojibwa Handel trieb.

4 Die Dienste der Medizinmänner werden bei den meisten Algonkinstämmen mit kostbaren Gegenwerten bezahlt. Ebenfalls nur gegen Bezahlung erhältlich sind etwa die Geheimnisse des Buntfärbens von Schilf- und Zedernrindenflechtereien mit Pflanzensäften und vor allem die Aufnahme und das Höheraufrücken in der Medizingesellschaft des Midéwiwin.

5 Um zauberkräftige Handlungen vorzunehmen, baut sich der Schamane oder Medizinmann ein Sonderzelt aus verschiedenen genau vorgeschriebenen Holzarten und ruft darin die zur Krankenheilung, zur Deutung von Träumen oder etwa zur Identifizierung von Dieben notwendigen Geister herbei.

6 Je nach den von ihnen erzielten zauberischen Erfolgen schreibt man den einzelnen Medizinmännern größere oder geringere magische Kräfte zu. Die Stimmen der »Geister«, mit denen der Medizinmann sich unterhält, werden von ihm durch Bauchrednerkünste imitiert, die sich auch auf Tierlaute, auf das Rauschen von Vogelflügeln usw. erstrecken.

7 Mit Ausnahme einiger weniger südamerikanischer Stämme glauben fast alle Indianer beider Amerikas, daß man Krankheiten durch Entfernung von »Fremdkörpern«, die sich angeblich in den Leib des Patienten als Träger bösen Zaubers eingeschlichen haben, heilen kann. Deshalb ist es einer der Haupttricks der Medizinmänner, diese »gefährlichen Objekte« aus dem Kranken herauszuzaubern und als »Beweise« der Heilung sichtbar zu machen.

8 Dr. James bemerkt hier in Form einer Fußnote: »Needjee – mein Freund, wird im allgemeinen bei freundlicher Unterhaltung angewandt, kann aber auch mit besonderer Betonung ausgesprochen werden, wenn es sich um eine beabsichtigte Drohung handelt.«

9 Diese Handlungsweise gegenüber notleidenden Mitgliedern einer befreundeten Gruppe ist außerordentlich selten und entspricht kei-

neswegs der indianischen Tradition. Wahrscheinlich wurde diese Haltung nach schlechten Erfahrungen mit weißen Händlern künstlich angenommen.

10 Die beim Nähen der Mokassins mit dem Schultersehnen»faden« eines Karibus benötigten Löcher werden mit einer Ahle in das Leder gebohrt, mit deren Hilfe auch Gehfalten in den Schuh eingeritzt werden.

11 Das heißt: zehn Zelte.

Siebtes Kapitel

1 Das Wort Whisky wurde wahrscheinlich von Dr. James eingesetzt. Korrekter wäre »Schnaps«, da es sich hier um die verschiedensten Arten von Fusel handelte, die man den Indianern verkaufte.

2 Das Vorkommen von Transvestiten ist eine bei zahlreichen Indianerstämmen Nord- sowie Südamerikas vorkommende Erscheinung. (In Nordamerika etwa an der pazifischen Nordwestküste, in Südamerika zum Beispiel bei den *Aruaken* und den *Pueltsche*.)

3 Tanner spricht im folgenden von diesem homosexuellen Mann in der weiblichen Person.

4 Es handelt sich bei diesem »Reis« um die in ungeheuren Mengen wildwachsende Haferart *zizania aquatica*, die die Nahrungsgrundlage der heutigen Ojibwa bildet, die vom reinen Jägertum zur sogenannten »Erntewirtschaft« (d. h. dem Einernten der Früchte einer nicht selbst gesäten nahrungsspendenden Wildpflanze) übergegangen sind.

5 Gegen die meisten der ihnen bekannten Krankheiten besitzen die Indianer wirkungsvolle pflanzliche Heilmittel, zum Teil auch Quacksalbermedikamente, die wegen des Glaubens des Patienten an die jeweilige Medizin oft zu seiner Wiederherstellung führen. Den »neuen« von den Weißen eingeschleppten Krankheiten hingegen standen die Indianer hilflos gegenüber, und zwar nicht nur wegen der mangelnden Heilmittel, sondern vor allem auch, weil man diese Krankheiten als Ausdruck eines übermächtigen Zaubers betrachtete, dem die Eingeborenen sich rettungslos verfallen glaubten.

6 Es handelt sich hier um das sogenannte Schüsselspiel oder »bowl game«, das in Nett Lake zu einem reinen Frauenspiel geworden ist.

7 Die sogenannten »Dörfer« der jagenden Indianer sind meist nichts anderes als die während des kurzen Sommertreffens entstehenden Zeltgemeinschaften an den traditionellen Versammlungsplätzen. Bei den bereits relativ seßhaften Erntevölkern kann man von dorfähnlichen Siedlungen sprechen, die um das »Erntefeld« herumgruppiert sind.

Achtes Kapitel

1 Diese Kriegergruppen (»war parties«) bildeten sich, wie ja auch Tanners Buch zeigt, meist saisonmäßig und dienten hauptsächlich dem

Zweck des Zusammentreffens von Angehörigen verschiedener Stämme, die bei dieser Gelegenheit gemeinsam jagten, einen allgemeinen Kulturaustausch vollzogen und nur allzuoft, wie Tanners Memoiren ebenfalls gut zum Ausdruck bringen, unverrichteter Dinge wieder heimkehrten.

2 Bei der von Tanner beschriebenen Zeremonie des *kozau-bun-zichegun*, die der Feststellung der Position des Feindes dient, fällt das Resultat meist erstaunlich richtig aus, weil nämlich die das Ritual vornehmenden Medizinmänner oder Häuptlinge meist andere Mittel und Wege haben, die Position des Feindes zu kennen (durch ausgesandte Späher oder durch Verräter aus den Reihen der Gegner) und das »Orakel« dann selbstverständlich danach einrichten.

3 Jener sehr bekannt gewordene einäugige Shawnee-Prophet, der ursprünglich *Lalawéthika* (»Rassel«) hieß, sich aber den Namen Tenskwatawa (»Die offene Tür«) oder *Elskwatawa* beilegte, trug durch seine fanatischen religiösen Lehren, hinter denen sich ernste politische Forderungen verbargen, eine für die Kolonisatoren sehr gefährliche Unruhe unter die Indianer. Um 1775 geboren, wurde ihm 1805 plötzlich eine »Erleuchtung« zuteil, auf Grund deren er sich als Träger und Ausführungsorgan des Willens des »Herrn des Lebens« ausgab. Er kasteite sich und bildete sich zu einem Medizinmann aus, der feste Gesetze vor allem gegen die Institutionen der Weißen aufstellte. Da die Indianer äußerst aufnahmefähig für derartige mystische Vorschriften sind, wenn sie von einem der Ihren kommen, wuchs seine Anhängerschaft beträchtlich, besonders als er 1806 eine Sonnenfinsternis genau im voraus als kommende »Offenbarung des Großen Geistes« ankündigte. Er unterhielt Gesandtschaften, die bis zu den Seminolen (also nach Florida) und den Siksika (nördliche Prärieindianer, auch als »Blackfeet« bekannt) hin den Verkehr mit ihm aufrechterhielten. Durch militärische Siege der Weißen über die Indianer (vor allem durch Harrisons Sieg bei Tippecanoe, am Westufer des Wabashflusses in Indiana, am 7. November 1811) verlor er seinen Einfluß ebenso schnell, wie er gewonnen worden war.

4 Das Fangen von Wild mit handgeführten Lederschlingen (den »Lassos« der südamerikanischen Indianer) ist bis in die Südspitze des südamerikanischen Kontinents hinunter verbreitet.

5 Der *Waw-be-no* wurde von den meisten Ojibwa, deren traditionelle Religion im Midéwiwin verankert war, als ein Irrglaube betrachtet. Die erwähnte Reifentrommel des *Waw-be-no* ist die traditionelle Reifentrommel des arktischen Schamanen, wie sie von Sibirien über den gesamten Nordstreifen des nordamerikanischen Kontinents hin bis zu den europäischen Lappen noch heute benutzt wird.

6 Die Yankton sind eine der sieben Haupt-Untergruppen der Dakota-Indianer (»Sioux«).

7 Dies ist sehr wenig für einen Kriegszug, da die für das Laufen auf dem weichen Waldboden und für das Fahren im leichten Birkenrindenkanus bestimmten Mokassins nur aus dünnem Elch- oder Karibuleder bestehen und bei Märschen sehr schnell durchgelaufen werden.

8 Der bekannte »Marterpfahl« der populären Indianergeschichten. Der

Gefangene wurde dort angebunden und zum Gegenstand von Opfertänzen gemacht. Der englische Ausdruck »they had danced some prisoners« läßt sich leider in seiner Einfachheit und Präzision nicht im Deutschen wiedergeben. Im allgemeinen tanzte man um den am Pfahle Angebundenen herum und zwang ihn auch, ebenfalls zu tanzen und zu singen. Folterungen und Verbrennungen von Gefangenen kamen vor, waren aber keinesweg die Regel. Die Irokesen und einige Algonkinindianer ließen den Gefangenen zuweilen zwischen einer mit Keulen bewehrten Männerreihe Spießruten laufen; gelang es ihm dabei, ein gegebenes Ziel zu erreichen, so konnte er sich als gerettet betrachten. Viel häufiger aber kam es vor, daß man einen Gefangenen als Adoptivsohn in den Stamm aufnahm, so wie es ja auch mit Tanner geschah, und daß man ihm den Platz eines Verstorbenen einnehmen ließ.

Neuntes Kapitel

1 Die Sitte des Nichtsehendürfens angeheirateter Verwandter herrscht bei vielen primitiven Stämmen der Erde.

2 Man opfert Tabak nicht nur den Überirdischen aus rituellen Gründen, sondern benutzt eine solche Gabe auch als Rechtssymbol, um Verbündete zu gewinnen oder Friedensschlüsse einzuleiten.

3 »Pemmican« ist die bekannte »eiserne Ration« der Arktis und Subarktis. Es ist ein außerordentlich konzentrierter Nahrungsextrakt aus Bärenfett, pulverisiertem getrocknetem Hirschfleisch, Knochenmark und Heidelbeer-Fruchtmark, von dem schon geringe Mengen genügen, um einen Verhungernden ins Leben zurückzurufen. Das Wort ist der Algonkinsprache der Cree entnommen, in der *pimikeu* »er macht Fett« bedeutet.

4 Es handelte sich um einen Jünger und Gesandten des Propheten *Tenskwatawa*.

5 Jedes Mitglied des *Midéwiwin* besitzt einen Zaubersack (medicine btg), der meist aus dem ganzen Balg eines kleinen Säugetieres (Marder, Iltis usw.) oder auch eines Vogels verfertigt ist und geheime Pflanzensubstanzen, Jagdfetische, rituelle Farbstoffe und ähnliches enthält. Er ist der heiligste Besitz der Indianer. Sein Aufgeben bedeutet das Abschwören der alten Religion.

Zehntes Kapitel

1 Die Missionare nannten diesen See, da er nach Manito benannt ist, »Teufelssee« (Devil Lake); auf der Karte der Nordwestkompanie wird er hingegen als »Gottessee« (God's Lake) bezeichnet. Tanner nennt ihn (wörtlich) »See des Geistes« (Spirit Lake). Heute heißt er wieder Lake Manito.

Elftes Kapitel

1 Tanner sah hier wahrscheinlich als Erwachsener das erste Bett, wie die Zivilisation es kennt, und benutzt auch beim Diktieren seiner Memoiren noch die ihm damals natürliche Umschreibung: »der Ort, den er mir zum Schlafen anwies ...«.

2 Dr. James erklärt dieses *Mut-zin-ne-neen-suk* in einer Fußnote folgendermaßen:
»Diese kleinen Darstellungen oder Zeichnungen, denen man beide Bezeichnungen beilegen kann, da sie aus geschnitztem Holz oder Lumpen bestehen oder auch nur in Birkenrinde eingeritzt oder in dem Sand gezeichnet werden, sind bei vielen Stämmen und wahrscheinlich bei allen Algonkin in regem Gebrauch. Sie werden nicht nur für die Jagd benutzt, sondern dienen sowohl dem Bemühen, Liebe zu erwecken als auch allen aufs Böse gerichteten Leidenschaften wie der Befriedigung des Hasses und der Rache.« Es sind dies Manifestationen des sogenannten Analogiezaubers, und zwar dienen solche Figuren oder Zeichnungen vor allem dem »Personenzauber«. Sie sind fast allen primitiven Stämmen der Erde bekannt und werden selbst heute noch etwa in europäischen Dörfern als Mittel abergläubischer Zauberhandlungen benutzt.

3 Der mythische Held *Nanabusch* oder *Manibusch* spielt eine sehr wichtige Rolle in den Überlieferungen der Ojibwa. Nach der Vollendung seiner Taten wurde er als Nordwestwind an den Himmel versetzt.

4 Der »Höchste« ist hier keinesfalls personifiziert vorzustellen, da Manito als sogenannter »Großer Geist«, also eine Art monotheistischer Gottheit, durchaus als eine nachträgliche Interpretation der Missionare anzusehen ist. Das zuweilen ist die allen Dingen und Geschöpfen innewohnende Zauberkraft, die zuweilen bei gewissen Gelegenheiten konkretere Gestalt annimmt.

5 »Wertlos« sein bedeutet bei den Indianern: ein schlechter Jäger oder ein Mann zu sein, der aus seinen Erfahrungen nichts gelernt hat.

6 Selbst die heutigen Angestellten der Hudson's Bay Company in Kanada sind zum größten Teil Schotten. Es war ganz natürlich, daß schottische Immigranten sich in der Nähe eines Postens dieser Kompanie ansiedelten. Die Sprache dieser Neusiedler war Gaelisch, also die Heimatsprache der Schotten.

7 Es wird sich hier wohl kaum um den tatsächlichen Gouverneur der Company, dessen Sitz in London ist, gehandelt haben. Er war wahrscheinlich ein hoher Beamter dieser halbstaatlichen Organisation, der als Hauptverwalter mit dem Titel »Gouverneur« angeredet wurde.

Zwölftes Kapitel

1 Diese Feststellung ist unkorrekt, da derselbe *Gi-ah-ge-wa-go-mo* der Mann war, der später die Auslieferung von Tanners Kindern an ihren Vater verhinderte.

2 Das heißt, er verrichtete Arbeiten, die sonst ausschließlich von den Frauen ausgeführt werden.

3 Da beide Kompanien sich im Besitz von Weißen befanden, wurden auch die Angestellten beider feindlicher Kompanien von den Indianern als »Verwandte« angesehen, was ihren Konzeptionen von Sippenhaftung usw. entspricht.

4 Die einzelnen Kompanien sprachen von »ihren«, das heißt, von den nur mit ihnen Handel treibenden Indianern. Die Indianer ihrerseits betrachteten sich als zu »ihrer« Kompanie gehörig – was sie aber nicht davon abhielt, auch mit der Konkurrenz gelegentlich Geschäfte zu machen.

5 Es handelt sich hier um die bekannten »calumets« oder Friedenspfeifen aus rotem Catlinit, die in Pipestone, Minnesota, noch heute hergestellt werden und die hier als Rechtssymbole dienten.

Dreizehntes Kapitel

1 Vor Tanner her zog ein Hundegespann mit einem zweiten, mit den Gepäckstücken beladenen Schlitten.

2 »Long Knives« (»Langmesser«): indianischer Ausdruck für die Weißen, wahrscheinlich von den Säbeln der Kolonialsoldaten abgeleitet.

Vierzehntes Kapitel

1 Zu Tanners Zeit waren in den Vereinigten Staaten auch noch englische Münzen im Umlauf.

2 Es ist auch heute noch ein beliebtes Heilmittel der Indianer, bei Fieber in eiskaltes Wasser zu springen. Oft wird vorher sogar noch ein Dampfbad genommen. Der Dampf wird oft in besonderen Schwitzhäusern erzeugt, indem man Steine glühend macht und diese mit Wasser begießt.

3 Fort Wayne, heute ein wichtiger Eisenbahnknotenpunkt auf der Strecke New York – Chicago, war einer der militärischen Vorposten dieses Gebiets. Cap Girardeau (wo Tanner dem Dr. James erstmalig begegnete) liegt westlich des Mississippi im Staate Missouri.

4 Unter diesen Herren befand sich Dr. Edwin James, dessen Bekanntschaft Tanner bei dieser Gelegenheit machte.

Fünfzehntes Kapitel

1 Tanner denkt hierbei scheinbar plötzlich als Weißer und gebraucht den englischen Ausdruck »destitute of employment«, nicht »jobless«. Wie ein Mann seiner Bildungsstufe in Amerika sagen würde. Dieser Ausdruck stammt daher offensichtlich von Dr. James.

2 Der von den Weißen eingerichteten Schule für Indianerkinder.

3 Da er nun für die weißen Händler arbeitete, mußte er auch die Sitten der Weißen annehmen und Nahrungsmittel kaufen, eine Notwendigkeit, die bei von der Zivilisation unbeeinflußten Indianerstämmen unbekannt ist.

4 Indianerinnen altern sehr früh. Dreißigjährige Frauen sehen zuweilen schon wie Fünfzigjährige aus. Die harte Arbeit und das schwere Winterleben verursachen diesen frühen physischen Verfall, der dann aber im hohen Alter durch eine erstaunliche Vitalität und Frische wieder wettgemacht wird. Es gibt unter den Indianerinnen Frauen von siebzig und mehr Jahren, die weit mehr Strapazen aushalten und weit fröhlicheren Gemütes sind als manche Vierzigerinnen. *Net-no-kwa* ist ein gutes Beispiel für diesen Typ.

5 Das Personal der Handelsposten übte zu jener Zeit eine regelrechte Jurisdiktion in diesen Gebieten aus. Die Strafe des Auspeitschens (»whipping« oder »flogging«) ist vom englischen Recht übernommen und wurde auch gegen Weiße angewandt.

6 Traf eine derartig präparierte Kugel einen Menschen, so erzeugte sie meist Blutvergiftung und verhinderte die Heilung.

Die authentische Bibliothek über das Leben der Indianer

John Ross Browne
Abenteuer im Apachenlande
336 Seiten mit Illustrationen und Karten
ISBN 3 522 60080 0

John und Sebastian Cabot
Die Entdeckung von Nordamerika 1497 und die Expeditionen nach Südamerika und in das Nördliche Eismeer
200 Seiten mit Illustrationen und Karten
ISBN 3 522 61160 8

George Catlin
Die Indianer Nordamerikas
Abenteuer und Schicksale 1832–1840
320 Seiten mit Illustrationen und Karten
ISBN 3 522 61220 5

Alexander Mackenzie
Mit Gewehr und Kanu
In 80 Tagen zum Pazifik 1793
304 Seiten mit Illustrationen und Karten
ISBN 3 522 60270 6

John Palliser
Vom Mississippi zu den Rocky Mountains
Die abenteuerliche Ersterkundung des Nordwestens 1847
264 Seiten mit Illustrationen und Karten
ISBN 3 522 60360 5

Die authentische Bibliothek über das Leben der Indianer

Sir Walter Raleigh
Gold aus Guyana
Die Suche nach El Dorado 1595
240 Seiten mit Illustrationen und Karten
ISBN 3 522 60960 6

Die Ankunft der Weißen Götter
Dokumente und frühe Berichte der großen Eroberer von Nordamerika bis Peru
340 Seiten mit Illustrationen und Karten
ISBN 3 522 61200 0

David Thompson
Im wilden Norden Amerikas 1784–1812
356 Seiten mit Illustrationen und Karten
ISBN 3 522 60700 7

Paul Wilhelm von Württemberg
Reisen und Streifzüge in Mexiko und Nordamerika 1849–1856
376 Seiten mit Illustrationen und Karten
ISBN 3 522 60720 1

Diese und weitere Bände aus der Reihe ***»Alte Abenteuerliche Reiseberichte«*** *erhalten Sie im Buchhandel.*

EDITION ERDMANN